CAFÉ DE MADRID

JORGE F. HERNÁNDEZ

Jorge F. Hernández

Café de Madrid

La Pereza Ediciones

Café de Madrid

© *Jorge F. Hernández*

ISBN: 978-1-6237522-2-4

Diseño de los forros de la colección:
Estudio Sagahón / Leonel Sagahón
www.sagahon.com
Portada y Maquetación Julián Herrera

CAFÉ DE MADRID

JORGE F. HERNÁNDEZ

LA PEREZA EDICIONES

UNO SOLO,
CORTAO Y DOS PARA LECHE

Uno se hace de rutinas que parecen volverse costumbres intocables para siempre. Uno que camina todos los sábados por la mañana al quiosco de la Plaza de Felipe II, a la sombra del viejo edificio color limón que fue lugar de Lorca y cree que el ritual será eterno.

El primer sábado de septiembre de 2018 me sentí cortao al cruzarme con un lector que me dio los buenos días con "...¿y hoy qué pasa con ése Café?", a lo que le respondí "Estoy en ello", *creyendo* que entendería que me dirigía al quisco para recoger los dos ejemplares del periódico El País y de allí, iría al café de costumbre para desayunarme leyendo "Café de Madrid" y tomarme de rutina uno solo... sólo que aquél sábado de septiembre de 2018 me quedaría cortao.

Lo que había querido advertirme aquél lector fiel lo descubrí al abrir el diario en el café de siempre: el nuevo editor responsable de la sección Madrid del diario había decidido suspender –sin aviso ni advertencia– la publicación de la columna "Café de Madrid". Así se las gastan algunos y lo que a través de todos los sábados acumulados en tres años de párrafos y dibujos que prometían longevidad, concluía de pronto con la misma fugacidad con la que se esfuma en la taza un café solo y cortao, sin bollería que lo acompañe ni recortes rectangulares del periódico a partir de ése sábado. Peor le fue a Federico en el '36, que salió de ese edificio color limón rumbo a Granada.

No me quejo. En la prehistoria de la edición mexicana de El País, impreso en delgadísimas hojas de papel cebolla, tuve el honor de empezar a soltar la pluma con un puñado de "Otros reflejos" que se publicaron entre junio de 1996 a febrero de 1997[1]. Mi filiación y gratitud hacia el periódico El País permanecen intactas hasta el Sol de hoy, pues mantengo vivas las columnas "Cartas de Cuévano" (que nació el 10 de enero de 2014) con entregas más o menos semanales y "Estar sin Estar" que aparece semanalmente en las ediciones América y México del diario desde el 30 de diciembre de 2017.

Si Jorge Ibargüengoitia sentía como su panacea de hace medio siglo sostener dos columnas periodísticas por semana con el suficiente tiempo que le quedaba libre para Joy, los cuentos perfectos y sus magníficas novelas, más los paseos donde ejercía el pensamiento andante, a mí me toca reconocer que el privilegio de escribir tres columnas en El País –y una más que me sostiene desde julio de 2000 en todos los jueves hasta ahora en MILENIOdiario de México con el título "Agua de Azar"[2]– se acerca mucho a un delirio casi insostenible o una forma más de la esquizofrena funcional y, sin embargo, celebro las tres ventanas que siguen abiertas como columnas que a menudo no son más que puro cuento, intento de ensayo y aperitivo de crónica.

"Café de Madrid" apareció por primea vez el sábado 9 de octubre de 2015 gracias a la invitación y hospitalidad de Antonio Caño y Juan Cruz. Esa misma semana nació mi amistad eterna con Bernardo Marín y la fructífera navegación semanal con Vicente González Olaya, a la sazón editor responsable de la sección Madrid de El País hasta pocas semanas antes de la llegada del nuevo equipo que decidió cerrar el "Café de Madrid" aquél sábado de septiembre tres años después.

A la tercera entrega de la columna se me concedió ilustrar yo mismo cada Café de los sábados con dibujos a menudo acuareleados y no pocas veces microscópicos que fueron apuntalando el gusto con el que los lectores favorecieron la publicación semanal de "Café de Madrid", cuya última entrega apareció el 15 de septiembre de 2018, día del Grito de la Independencia de México.

---

[1] Debidamente recopilados junto con la columna "Espejo de historias" que publiqué en el suplemento cultural El Ángel del diario Reforma entre noviembre de 1993 a abril de 1996 y ahora publicados como libro electrónico en El Ediciones.

[2] También recogidas en tres libros: *Escribo a ciegas* con prólogo de Antonio Muñoz Molina en Editorial Trilce y *Solsticio de infarto*, prologado por Juan Villo y *Llegar al mar*, con prólogo de Hernán Bravo Varela, bajo el sello de Almadía.

Al reunir ahora los recortes para este libro evoco con nostalgia las horas –dos o tres días a la semana que viví en la Redacción de El País y a todos y cada uno de los compañeros de quienes aprendí muchísimos gajes del oficio y de los Maestros con mayúscula que ponían el ejemplo hasta en la forma de hojear un diario de ayer. Hablo de Miguel Ángel Bastenier en especial y también de los empeños del novicio: cuando me pedían que redujera un texto en quien sabe cuántos caracteres, para luego pedir que le aumentara quién saber cuántas palabras y de los bomberazos de obituarios inesperados o relámpagos instantáneos que había que convertir en nota al vapor. Hablo también de las muchas veces en que me pidieron reducir el tamaño de algún dibujo y limitarme a cinco centímetros (de allí que algunos aparecen aquí con la regla a pie de foto) o bien elongarlos como Dalí para que salieran verticales y aledaños al párrafo... todo en una época en que esa operación se puede hacer fácilmente con las yemas de los dedos sobre la pantalla del teléfono móvil. Empeños de novicio y méritos para irse ganando un lugar entre tanto buen profesional en una época que ya marcaba el paso del peso del papel a la pantalla.

No es común que una columna periodística se extienda y multiplique como programa de televisión, pero así pasó con "Café de Madrid" que proyectó 3 temporadas de 13 capítulos cada una a través de SDP Noticias, el canal público de la televisión mexicana. Por esa pantalla pasaron entrevistas con protagonistas de la cultura española e iberoamericana, notables escritores, músicos y artistas, además de filmarse en escenarios emblemáticos no sólo de la Villa del Oso y el Madroño, sino algunos paisajes entrañables de la España profunda. Fue un programa que se desdobla aún en las llamadas redes electrónicas sin tiempo ni caducidad.

Como mexicano es imperativo asumir que *Periodista* es el noble título que sólo merecen quiénes se juegan la vida literalmente en su afán por informar, historiar el presente con latidos no tan ajenos a los rigurosos y ejemplares historiadores del pretérito y rastrear huellas, pistas, restos y hechos con la inteligencia, astucia, valor y tenacidad de los legendarios detectives e inspectores de la gran literatura... pero México es desde hace tiempo y tristemente el país más peligroso para el ejercicio del buen y verdadero periodismo y por ello, uno debe asumir sin cortarse que los textos que pergeñamos para periódicos en forma de columna no son más que "literatura con prisa", como bien dice Juan Villoro y por ende, mi impagable deuda de gratitud con el periódico El País se mantiene creciente y exponencial con la continuidad semanal de las "Cartas de Cuévano" y "Estar sin estar", pero "Café de Madrid" quedaba varada como columna de cierto sabor amargo al filo del olvido y por ello había que reunirla aquí como libro que la libre de la amnesia.

Lo que me cortaba aquél primer sábado de septiembre del '18 no era quedarme a dos velas, sino no poder despedirme de los lectores que leían la columna, algunos para guardar los dibujos que la ilustran y otros, no pocos, para comentar, contradecir, debatir o celebrar algunas líneas conmigo o en tertulias que llegué a presenciar sin que los parroquianos supieran que yo era autor del aforismo o greguería que discutían con su mús. Especialmente, aquél último sábado me quedé con las ganas de abrazar al anónimo lector fiel que con su "...¿y qué pasa con el Café?" avisaba sin saber que desde aquél sábado de un septiembre empezaría a juntar los recortes que conforman ahora este libro y ordenar cada uno de los dibujos y retratos[1] y que ya sólo de vez en cuando visito el quiosco de la vieja costumbre en la Plaza de Felipe II...

¡Ah, faltaban dos con leche!, para Santiago y Sebastián que desde niños se han hecho hombres y lectores viendo cómo se van amarillando las columnas que terminan como sostén de libros habiendo envuelto vasos en las mudanzas, pescado en el mercado, alfombra para travesuras de cachorro, edredón de indigente, barquito de estanque, bicornio de pirata... y adrenalina pura para tanta literatura (como el café).

J.F.H.
XXIII / V / MMXXI

---

[1] Agradezco la labor de Sofía Crespo Tovar, sobrina de mi antiguo jefe Guillermo Tovar de Teresa, quien por pura agua del azar pudo ayudarme a reunir, escanear y ordenar rodas las ilustraciones que aparecieron aparejadas con las columnas.

COMALA EN MONCLOA

... mándeme un guasap.

El ánimo con el que nace esta columna va envuelto en su nombre: llegar al café de siempre, peinar el mármol de la mesa con la mano extendida y compartir con los amigos de tertulia la vida que se habla, las noticias que se cuentan y las palabras que se mojan en el café como churros o se vuelven aperitivo de mediodía. Llegar hoy mismo y celebrar que se cumplen cuarenta años del Fondo de Cultura Económica en España y recordar que hubo un ayer en que los libros de ese sello se tenían que vender envueltos en papel como si fueran anónimos regalos para el saber de toda una generación que ansiaba despertar de entre las largas sombras de una época gris, de una dictadura que intentó de más de una manera mermar el pensamiento y las opiniones de toda una generación de España.

El escaparate del Fondo de Cultura Económica ha sido y es la librería Juan Rulfo de la calle Fernando el Católico en Moncloa. Comala en Moncloa es pues metáfora de los fantasmas que hablan en los estantes, todas las voces de los amigos entrañables de ayer y hoy que han tendido puentes entre Iberoamérica y la Península con todas sus Españas: aquí el espectro del propio Rulfo que decía que los cuentos había que narrarlos de una sola sentada... y ya luego, llevarlos a la peluquería de una personal edición para corregirlos. Así la librería también se crece como relato: cuatro décadas después, la ventana que abrió Arnaldo Orfila Reynal ha sido reabierta por José Carreño Carlón —con la presencia de la embajadora Roberta Lajous— y el anuncio de que la señora Manuela Carmena ha comprometido ya un espacio para un nuevo centro cultural que en un futuro ya muy próximo será el lugar que teníamos pendiente México y Madrid: no sólo otro santuario de libros, sino un espacio donde florezca y transpire la vasta y ancha cultura que nos une, la que platicamos de sobremesa y charlamos al andar.

La vida de una librería se mide en lectores, además de ventas. Se contabiliza en libros pero también en el rostro de quien nos orientó una tarde de frío por las páginas perfectas de un ensayo de Octavio Paz, esa precisa novela de Carlos Fuentes o los cuentos de un tal Jorge Ibargüengoitia, pero también en que no se olvidará jamás la necia manía que tenían algunos radicales empecinados que llegaron a romper cristales e intentar quemar los libros en una época prohibidos por un régimen de amnesias. Así que por hoy, pido el café sonriendo, que pienso abrir las páginas del mismo libro que leí hace años por obra y gracia de haberlo hallado en la entrañable librería mexicana donde literalmente hablan mis muertos y deambulan ya mis hijos.

ALCALÁ BLUES

Por ahora, el jazz es un remanso entre dos aguas, donde confluye Gran Vía con Alcalá. Es la música congelada en las fotografías de Hermenegildo Sábat que tuvo a bien retratar al paso de décadas los silencios y la sonora saudade de muchos grandes del jazz, pero también son todas las fotografías que Jorge Mara ha comprado a otros grandes fotógrafos y de pronto, en pleno Círculo de Bellas Artes me mira de frente Duke Ellington y Ella Fitzgerald levanta el cuello para soltar una nota tan perfecta que todos los músicos del mundo se detienen a afinar sus instrumentos con su tesitura y el tono preciso que suelta desde una fotografía esa negra con plumas de ave en la cabeza que embelesa a Dizzy Gillespie. Al lado, te mira sonriente Count Basie y dan ganas de abrazar a Chet Baker o predecirle a la foto de Sinatra la gloria garantizada que le regala su voz desde el instante mismo en que a alguien se le ocurrió que la música sincopada como un sueño no necesariamente tenía que seguir los patrones de las partituras sinfónicas, sino soltarse libremente en el aire de la improvisación con duende.

Jorge Mara es el coreógrafo de la deliciosa exposición que reúne imágenes invaluables de casi una treintena de fotógrafos que han clonado las teclas del piano del alma y Hermenegildo Sábat ha retratado sus más entrañables pasiones por el jazz no sólo con su cámara infalible, sino con una personal manera de cuajar acuarelas. Juntos, han convertido al Círculo de Bellas Artes en un barco de vapor en plena confluencia de Alcalá con Gran Vía: los ojos recorren las caras del jazz, fijos en las voces y sus vestidos, luego los metales y su desgarro, los pianos que se salen de la imagen con el eco de sus nostalgias y todas las percusiones de ese mundo llamado jazz que se han sincronizado con el corazón de cualquiera que se atreva a escuchar las letras que partieron de los viejos sermones de púlpito cantado y evolucionaron hasta repetir murmullos íntimos de todo amor o desgracia callada y luego, las acuarelas de Hermenegildo que son agua de colores, neblina azulada que sale de una parvada de trompetas, algodón impalpable como humo de tabaco que rodea la grandeza de Pee Wee Russel y su clarinete de Hamelin.

Decía Alfonso Reyes que en las charlas de cafés en Madrid, "una tenuísima corriente de evocaciones pasa cosquilleando el espíritu. No se define nada. Precisar, duele. ¡Oh, voluptuosidad! Rueda por las terrazas de Alcalá —calle arriba, calle abajo— un vago rumor de almas en limbo". Como el sueño de la dama de mármol que duerme ya para siempre en el Círculo de Bellas Artes oyendo como mantra de puro jazz la música que llevamos tatuada en el alma.

OFICIO DE ESCRITOR

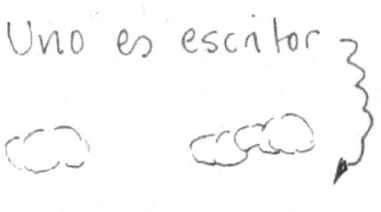

Antonio Muñoz Molina es un escritor entrañable, voz tenue y luz bajo piel. Habla con ideas y expresiones puras del alma. Es un auténtico hombre de letras por encima de quienes se fardan intelectuales todoterreno u opinadores *light* de esa suerte de "unanimidades obligatorias" que tanto dañan al diálogo y a la fertilidad del pensamiento. Es un hombre que no se calla ante la injusticia, la sinrazón o el sinsentido de la necedad proliferante, pero también la callada sombra de quien escribe por oficio, con los gajes aledaños de saber saborear el silencio de la lectura, el mínimo bullicio de las bibliotecas o la sinfonía azarosa de algún paseo sin rumbo. Ciclista en prosa o paseante de páginas, a Muñoz Molina le han ido cambiando —para bien y todo este tiempo— el rostro, la voz, los párrafos y la vida misma, siendo el mismo que soñaba cuentos desde niño.

Las pasadas tres décadas desde que publicó su primer libro marcan el amanecer siempre ascendente que lo ha convertido en un autor leído y admirado por miles de lectores en diversos países e idiomas y que al mismo tiempo no ha cejado en el honesto resguardo de su intimidad y sus querencias intactas. Eso revela el documental *Antonio Muñoz*

Molina, el oficio del escritor que RTVE estrenó en la cineteca de Madrid en el antiguo y ahora renovado Matadero con un pase gratuito donde asistió el propio autor y luego la proyección en cadena nacional por La 2 de TVE.

Es el escritor que deslumbró a crítica y lectorio desde sus primeros libros, el ganador del Premio Nacional de Literatura, el galardonado con el Premio Planeta, más joven y digno Académico de la RAE y Premio Príncipe de Asturias de las Letras, pero el documental dirigido puntualmente por Álvaro Giménez Sarmiento (coproducido por TVE con Malvalanda y la diputación de Jaén) desvela que este hombre que vive entre Manhattan y Madrid pervive en el paisaje íntimo de Úbeda, el cante callado de su cuna, el jazz en las venas cuando España se nublaba de grises y el joven que se lanzó a reinventar Lisboa en tinta. Es el que puso a Rembrandt en palabras, sigue pistas de asesinos o redacta toda historia como un asunto amoroso y es también el hombre ya maduro, testigo del mundo que aboga por las formas más elementales de la convivencia sensata y sensible de sus respectivas comunidades.

Ese que lee al fondo del café, quien frecuenta librerías como si fueran farmacias y el que mira las ventanas de los viejos edificios. Aquél que se calla cuando todos gritan en las tertulias o el que garabatea letritas sobre papel como quien puntea sobre un pentagrama... pues ése es precisamente quien ejerce de pura alegría el oficio de escritor y se nota entre todos los demás porque quizá ya se sabe leído.

LA VERBENA INTEMPORAL

En alguna representación de *La verbena de la Paloma* llamaban la atención los pañuelos que se veían amarrados en los balcones de una escena callejera que se canta con las ventanas al fondo. Al preguntarle a un sabio amigo si acaso esos pañuelos tenían algún significado me contó que antiguamente se anudaban paños blancos en las barandillas o barandales de las casas que ponían alguna habitación en alquiler. Eran tiempos previos incluso a la bombona de gas color naranja y años de los retretes compartidos por pisos, con las plaquitas de Asegurada de Incendio y serenos con su chuzo en las esquinas: el escenario de esa zarzuela que se sigue representando todos los días, aunque no sean vísperas del festejo de la Paloma.

Se trata de una inevitable enfermedad que aparece sigilosamente de vez en cuando: escuchar los diálogos a gritos en cualquier patio interior o detenerse a la puerta de una finca y recibir del portero los chismes, circunstancias, reparto y escenas de todos los vecinos que conforman la zarzuela de cada día. El taxista que informa de los enredos de su segundo matrimonio o el camarero que aprovecha el entreacto entre platos para opinar sobre la noticia que se asoma en el periódico abierto son de pronto cantantes de una feliz opereta que anima los días, por no mencionar la chulapona de siempre que paraliza todo tráfico y vuelve bizcas las miradas de todos por la acera como si levitara al ritmo de una música imposible, aunque ya no lleve su vestido entallado, su pañoleta con clavel y los lunares pintados.

No es la necia baba de la nostalgia, sino el honesto afán por aliviar con inventos el tedio de los días; además, me divierte en silencio y a nadie ofendo con transformarlo —pura imaginación— en gendarme de siglos pasados aunque camine con la mirada perdida en su tableta electrónica o soñar que la señora gordita que va arrastrando literalmente a un diminuto perrito por la sombra no es más que un personaje de zarzuelas que no merecen amnesia. Imaginar para hoy mismo La verbena de la Paloma, aunque hoy Julián —que hace 100 años era cajista de imprenta, transformado en informático en paro— enamoraría a Susana por WhatsApp y no necesariamente de viva voz. El boticario don Hilarión seguiría de rabo verde tras las faldas de Susana y Casta, pero desde el mostrador posmoderno de su farmacia homeopática new-age, y el tabernero seguiría siendo el taimado esposo de la Señá Rita, ahora adicto al sudoku.

Ayer vi pañuelos blancos amarrados a un balcón y quise largar en voz alta mi sesuda explicación ante un buen hombre que resultó ser habitante de la finca. Me dejó hablar mientras sonreía y luego de una breve pausa me dijo que al menos en ese edificio amarran pañuelos precisamente para espantar a las palomas.

CREER PARA VER

Alguno de los entrañables personajes con los que soñaba Eliseo Alberto en sus novelas ejemplares decide a la mitad de un párrafo desafiar la lógica de un dicho y proclama que quiere *Creer para ver*, pues confía ciegamente en que sólo precisa de la fe que siente por la consecución de un beso para que éste le llegue a los labios, porque no necesita ver el pétalo morado de una buganvilia para palpar su aroma o porque incluso en la madrugada más densa percibe la promesa del amanecer. En este mundo cada vez más propenso a la desconfianza y la opinión instantánea, con tanta reprobación por vía de la ignorancia y tanto aplauso sin conocimiento de por medio, parece predominar un hálito de que todos debemos *Ver para creer*, por encima de las corazonadas humildes, la intuición que no es vaga y como si todo lo que nos rodea –personas, ideas, bártulos y hasta bolígrafos—exigieran ser probados de antemano, verificados por adelantado, vistos para pasar revista.

Uno de los seis experimentos que realiza la empresa fotográfica Canon en su afán por estimular la creatividad tras el lente es un proyecto llamado The Lab. En este mundo donde todo mundo ya se cree fotógrafo por traerlo integrado al teléfono, decidieron reunir en un amplio escenario bien iluminado a seis fotógrafos al azar, con la misión de retratar cada uno de ellos a un hombre. ¿Qué tanto influye la mirada del fotógrafo en lo que se fija a través del objetivo? A Chris Meredith, Jin Lim, Lyndal Irons, Kaet Disher-Quill, Tristan Stefan Edouard y Franky Tsang se les brindó absoluta libertad para el encuadre, luces, lente, perfil y sombras con los que cada uno por separado habría de fotografiar al hombre de dos metros de robusta estatura, calvo y sonriente, quien fue presentado ante ellos como Michael con seis diferentes biografías: a uno de los fotógrafos se le dijo que se trataba de un expresidiario, al otro le dijeron que era un millonario, al siguiente: que era un hombre que había salvado la vida de alguien y en las otras tres presentaciones escuetas lo definieron como pescador comercial dueño de su propio navío, alcohólico con algún tiempo en sobriedad y como vidente, capaz de ver el aura de las personas o percibir mensajes del más allá.

Al término de las respectivas sesiones –y una vez impresas las mejores fotografías de cada uno de los seis fotógrafos— se colgaron en una cuerda como prendas de un vestuario variopinto seis perspectivas absolutamente contrastantes entre ellas. El mismo hombrón llamado Michael retratado de seis diferentes maneras. En los diálogos al vuelo que cada uno de los fotógrafos sostenía con el modelo se transpiraba una suerte de predisposición en acomodarle el rostro, o sentarlo con las manos estiradas sobre un banco o pedirle que concentrara la mirada frunciendo el ceño... quizá por ello, las seis diferentes fotografías retratan la cara que cada uno de los fotógrafos deseaba revelar sobre un mismo rostro.

Ver para creer, el experimento se localiza fácilmente en YouTube bajo el título *THE LAB: DECOY- A portrait session with a twist* y Creer para ver, que cada quien en cada cual evalúe si todo lo que vemos lleva implícito una ponderación mayor al objeto, rostro, problema o utopía que observamos o dicho de otro modo, quedemos en que quizá toda fotografía revela más sobre quién se encuentra tras la cámara que todo aquello que le queda al tiro.

A TRUMPADAS

Los partidos de fútbol entre los equipos de México y Estados Unidos han crecido en motivación, ira y competitividad durante las pasadas décadas. Hubo un ayer en que en realidad no importaba jugar contra las barras y las estrellas, pero en la medida en que sus jugadores se han profesionalizado en ligas de primera categoría de Europa, en el circuito universitario gringo que cada vez es mejor y un claro afán por poco a poco integrarse al deporte más popular del mundo, medirse ante ellos es para México una oportunidad más para revivir el ánimo de los Niños Héroes de Chapultepec y cada juego, una página más de la historia monumental que se escribe con pantalones cortos. Cuantimás si en el escenario político anda levitando un demente republicano como Donald Trump, cuyas bravatas racistas y amenazas de deportación instantánea, inflan de significados cuasi bélicos todos los términos y todos los lances de un partido donde –en realidad–no son más que 22 jugadores empecinados en lograr que sus respectivos equipos logren meter el balón en la portería contraria.

Según se medía la taquicardia en las redes sociales, cada jugada y cada uno de los goles suscitaba alusiones –si no es que *memes* inmediatos—alusivos a los pelos de elote del magnate rubio, su boquita fruncida o la ridícula muestra de apoyo que le brindara una muy confundida ciudadana colombiana que tiene bastante enredados sus cables de preferencias políticas. Al final, de eso se trataba: contestarle en la cancha, en un estadio relleno de mexicanos así esté ubicado en territorio norteamericano, a los atrevidos propósitos de quienes proponen levantar un inmenso muro de separación continental, sin importar que el propio Trump y todos aquellos acérrimos anti-inmigrantes son precisamente descendientes de migrantes ellos mismos.

En lo meramente futbolístico creo que no hay un solo mexicano que no entienda los profundo porqués que podrían explicar la fugaz temporalidad de Ricardo *Tuca* Ferreti como director técnico de la Selección Mexicana. Al parecer, la enjundia, el coraje adrenalinado y los regaños enardecidos con los que el brasileño ha logrado meter en cintura al grupo de los verdes no son currículum suficiente para mantenerlo en el banquillo hasta el próximo Mundial y así también, creo que no hay un solo mexicano que entienda el estilo opuesto de gobernar: así haya declinado la estrella de Klinsmann como técnico de la oncena norteamericana, no necesariamente lo echarán a la calle (en una clara confirmación del *American Way of Adminstration*).

Tuca Ferreti propuso dominar el juego a través de la posesión del balón y trazó en la pizarra varias combinaciones agresivas de ataque constante, dándole rienda suelta a tres o inlcuso cuatro jugadores en papeles delanteros. El resto lo pusieron los propios alfiles, caballeros, torre y obispos de variados apodos: Chicharito o Tecatito, el Hermoso o el HH se abocaron a triangular o cuadrangular coreografías isométricas, trapecios sobre el césped y tangentes hipnóticas que caracoleando balones, burlando piernas blancas, se tradujeron en los dos primeros hermosos goles. La epifanía fue el tercero: un trallazo de volea que prendió en el aire Paul Aguilar como si estuviera bailando con el Ballet Folclórico de Amalia Hernández en el último minuto de un pase cardíaco.

Ciertamente, los dos goles norteamericanos demuestran que cuando el afán mexica se concentra en la consecución de goles como si fueran las guerras floridas contra tribus chichimecas se descuida la defensa de Tenochtitlan, y entran los goles de pizarra, los que ensayan los jugadores norteamericanos no sólo en canchas de sus universidades pijas sino incluso en las aulas, con corbata y moda hipster. Todo eso, y más, se derrumbó a Trumpadas: con el tesón sudoroso, la adrenalina incansable, el empeño fijo de todos los que jugaron de verde sin necesidad de fardar que estudian o estudiaron en universidad o incluso preparatorias, sin importar si alinean o no en grandes equipos de Europa... tan sólo la engallada gritería de sentir durante noventa minutos, tiempos extras y lo que falte que aquí no hay nadie que nos venga a encerrar con muros ni alambradas, deportados los propios ciudadanos norteamericanos que volvieron a sus hogares con las pintadas caras desoladas, mientras que miles de mexicanos orgullosos vuelven mañana lunes a la pizca del melón, el lavado de platos o la limpieza en general de sus edificios convencidos de que Trump en realidad *nos hace los mandados*.

DEL PASO AL PASO

l paso de los años, no pocos lectores devotos esperábamos con cierta ansia el reconocimiento que hoy le llega a Fernando del Paso. Su literatura va más allá de los principales títulos con los que la mayoría de los medios celebran su merecido Premio Cervantes de Literatura, porque se trata de una obra en mural, escrita con la mirada con la que pintaba cuadros al óleo o apuntes en pastel este hombre de letras o las obras para teatro y sobre todo los ensayos que reflejan y refractan una mirada minuciosa, detallista y al paso, preocupada con la pulcra —si no perfecta— prosa.

Nacido en el México recién amanecido de las enredadas revueltas que llamamos Revolución, cuando ya se habían fincado las instituciones que fueron promesa, Del Paso entra en esa Generación de Medio Siglo que quisieron ser ingenieros, arquitectos, abogados o médicos, como el propio Del Paso (y como su personaje de Palinuro de México) que por horror a la sangre y para bien de las letras se dedicó a escribir. Fue también publicista e hizo quién sabe qué otras cosas, pero lo que sabemos sus amigos lectores es que Del Paso es el autor de *José Trigo*, *Noticias del Imperio* y *Linda 67* (que a mí me gusta y no sé si a los demás), que quizá no con las luces encima que le han caído como publicidad adicional a otros autores, se ha mantenido al paso de los años como un referente si no obligatorio casi inevitable en la construcción de su lectorio.

Consta que su poesía convenció a no pocos lectores de que los versos son cosa que se transpira en el aire y que no todos son capaces de atrapar, pero cuando el aliento de un instante llega a una sensibilidad como la de Fernando del Paso, ocurre entonces la poesía (como decía Auden). Conozco pocos de sus cuentos, y sí muchos de sus ensayos y consta que estamos ante un autor que no reniega de ser sobre todo generoso lector que procura contagiar a sus lectores sus afectos, sus andanzas por otras letras y lenguas.

Es un hombre entrañable que al paso de los años —aun con el peso de enfermedades y achaques— se le ve año con año en la Feria Internacional del Libro de Guadalajara, su segunda patria porque quizá eligió irse a esa suerte de Irlanda de las letras mexicanas. Tierra de Juan Rulfo, Juan José Arreola, José Luis Martínez y otros por adopción que han sincronizado o sintonizado con la literatura de este escritor hoy galardonado con el premio que lleva el nombre del hombre con el que él mismo ha dialogado de diversa manera y al hacerlo, volver a su lector asistente de entremeses, testigo de aventuras ejemplares o viajero a la íntima locura de una emperatriz llamada Carlota.

Los caballos finos no se presumen a galope, sino al paso... a partir de ahora se confirmará lo mucho que honra a México un escritor como Fernando del Paso.

PONERLOS CUERNOS

Hay raras ocasiones en que parece que nos volvemos testigos de la infidelidad ajena. Quizá no es un fenómeno frecuente, pero se ha vuelto común (aunque de difícil comprobación en el acto) y no es más que semillero de cotilleos o pretexto para la invención de tramas o dramas. Hablo de la sutileza con la que una señora le acariciaba la mano al mozo que acomodaba la fruta en el mercado, mientras su marido veía hipnotizado las páginas de un diario deportivo sin imaginar que entre los melones se fraguaba su encornadura y hablo del incauto que ojeaba novedades editoriales en una librería sin sentir que su mujer —sin soltarle la mano— fijaba una cita con un pelmazo (quizá más fornido que el marido, pero horrendo de campeonato).

Todo esto es pretexto para celebrar que Madrid sea vitrina o escaparate de sinfín de frases o expresiones castizas que asombran al visitante o al viajero. Damos por hecho la comprensión de todos los giros del idioma que nos une, pero a más de un mexicano le vendría bien saciar su curiosidad y preguntar de dónde viene, por ejemplo, eso de "poner los cuernos" y aquí quiero —luego de una breve encuesta por las tascas de Chamberí— ofrecer una posible comprensión.

Al parecer, en la Edad Media y esos negros tiempos en que el señor feudal ejercía "derecho de pernada" con las esposas de sus vasallos, se colocaba una cornamenta de buey o ciervo sobre la puerta de la casa del legítimo marido. Algunos autores —y contertulios de Chamberí— me informan de que en la mayoría de los casos el nefando Feudal se acostaba con la doncella el mero día de la noche de bodas y con el tiempo ha permanecido el sentido metafórico de que no es sobre el dintel de la puerta sino sobre la cabeza misma del marido donde se ven los cuernos. Lo que ha trastocado la tradición al paso de los siglos es que la novia violada por el feudal es igual de víctima que el cornudo de su recién marido, mientras que las intrépidas damas, lanzadas señoras, ardientes jóvenes o aprovechadas doncellas que hoy mismo le ponen el cuerno a sus parejas quizá no tengan pleno carácter de víctimas (a menos que descubiertos sus lances se revelaran a su vez el tedio o los horrores, el aburrimiento o la negligencia o incluso, la violencia en la que han caído sus matrimonios o vidas en pareja).

Ya no está de moda llamarle "Miura" al cornudo del barrio ni políticamente correcto hacerlo pasar de lado por el quicio de las puertas, pero hoy recordaba a un ya célebre marido engañado de Guanajuato a quien apodaban El Rinoceronte... porque su mujer le ponía los cuernos en sus propias narices.

BARCELONA, IDA Y VUELTA

"Capítulo I. Amaba a Barcelona y al volver la encontró mejor que nunca, pero envuelta en una confusión difícil de desenmarañar..." No, así no.

"Capítulo I. Vine a Barcelona porque me dijeron que aquí también vivía Pedro Páramo." No, así tampoco.

"Capítulo I. El bachiller Sansón Carrasco jamás olvidaría el día en que derrotó –disfrazado de la Blanca Luna, en las playas de Barcelona—al Caballero de la Triste Figura." Menos...

A ver: hace una semana viajé a Barcelona para que uno de mis hijos conociera por fin el Mediterráneo y para preguntar con el escudo de la mexicanidad si acaso había alguien que me pudiera explicar de qué se trata el independentismo que ha exacerbado el nacionalismo y por ende, separatismo, que enarbola un señor llamado Artur Mas y todo el menjurje que se traen con las revelaciones de corrupción, enredos políticos y banderas por doquier.

De entrada es importante declarar que el hedor a estiércol que ha invadido a Barcelona desde el día en que me regresé no tiene nada que ver con las posibles cloacas que destapé por andar preguntándole a camareros, taxistas, estudiantes, meseras, afanadoras, farmacéuticos, académicos, estudiantes, patinadores, metrosexuales, secretarias, amas de casa, *ninots*, turistas, ciclistas, maestras, floristas y toreros en retiro sobre independencias, constituciones y demás.

De igual manera, no creo que este resumen me permita alinear en el próximo clásico entre Real Madrid y Barcelona F.C., aunque si Juan Villoro sustituyera a Messi sería genial que me dejaran intentar hacerle un marcaje personal. Además, con un solo metrosexual como Cristiano Ronaldo le basta y sobra al Oso y al Madroño.

Dicho lo anterior empiezo por celebrar al AVE que va y viene con una facilidad de vértigo que infunde la cómoda idea de que cualquiera estará siempre a dos horas y media de la bella Barcelona. En su momento, el puente aéreo cumplía con ese antojo, pero ya lo damos por hecho y lo que mola del AVE es precisamente la velocidad: el tiempo justo para que se vayan filtrando palabras en catalán, paisajes de niebla, túneles sin señal de móvil, películas de feliz final. Los mexicanos corremos ahora el incómodo riesgo de toparnos en el AVE con un nefando cónsul que ha sido indebidamente asignado a la Ciudad Condal, pero quizá basta con aguantar un poco la respiración y hasta las heces de Llobregat dejan de perfumar el ambiente.

Cuatro días y tres noches se multiplican en el recuerdo por la cantidad de respuestas, las conversaciones al vuelo, la tertulia improvisada en un café, el coloquio accidental frente a la catedral que soñara Gaudí, la cátedra de un farmacéutico en desesperanza... y en resumen, el viajero ocasional o el turista accidental puede afirmar que en Barcelona –en un fin de semana al azar—se respiraba (antes de las heces voladoras) un notable clima de desconfianza y marcada incredulidad hacia las poses y bravatas de Artur Mas en un supuesto proyecto de independencia de Cataluña que en realidad no se desprende de su calificación de travieso o atrevido desacato, pues no hay en realidad un asentado proyecto de lo que constituirá o podría constituir a la nueva nación. Es decir, a nadie se la ha planteado ni se ha convocado a la redacción o configuración de lo que serán las leyes, el pago de las inmensas deudas, las cuadrículas de las nuevas finanzas públicas, la posibilidad de inversión extranjera (incluida la que podría venir de España, dado el descabellado caso), la inclusión o expulsión del Comité

Olímpico, FIFA, UEFA, Champions, Liga, RENFE, aeropuertos, hospitales, telecomunicaciones, fibra óptica...

Ahora bien, esto ha insuflado el ánimo o sentimiento nacionalista que existe desde hace siglos (y que de hecho, se reconoce en la Constitución Española y en el Estatuto de Autonomía), pero que ha sido hábilmente acelerado por todos los que se juntaron bajo el cinematográfico mando de Mas. Las banderolas y banderas, los carteles en los balcones con frases que definen de diversa manera lo que es Independencia y demás símbolos del nacionalismo están más presentes que nunca (que siempre han estado) y lo que percibe el viajero o visitante de los cruceros es que parece increíble que hubo un tiempo en que por voluntad dictatorial se prohibiera hablar catalán en las ramblas, provocando el acendrado y recalcitrante orgullo de quien ahora lo habla hasta por los codos y es capaz de gritarlo en la plaza pública en apoyo de empresarios encorbatados y engominados que descienden, precisamente, de los de derechas que aclamaban la llegada salvadora del enano que, precisamente, prohibiría su idioma.

Al tiempo que se vuelve común denominador de las conversaciones la increíble tibieza y pacatería con la que el Gobierno de Mariano Rajoy no ha sido capaz de enfatizar precisamente el alto valor de una Constitución que engloba a todos los españoles (y por ende, apuntalar por esa misma inclusión la descabellada idea de la separación), a un mismo tiempo se filtra en la saliva de muchos el hecho innegable de que hasta ahora no han podido encontrarle la cola al dragón Mas, el desvío de fondos, las cuentas secretas, las huellas en tinta de los supuestos 3% que todo mundo mienta.

A contrapelo, para cada Jordi hay un dragón y en la zarzuela popular que se forma en los cafés y en las colas de la verdura o de la frutería, llama la atención el odio generalizado que se ha granjeado *La Ferrusola*, a quien también llaman la *Matriarca*. Para una llamativa mayoría, la esposa de Jordi Pujol es la Maldita Bruja del Oeste que inundó su hogar con el afán hereditario por malversar fondos, y muchos dicen "déjala correr" como quien sabe que tarde o temprano se ha de saber qué tanta culpa y responsabilidad tienen la consorte que en las noticias parecía esposa de dictador rumano cuando se le apareció de golpe la justicia.

Todo esto es una cosa rara y me recuerda la ópera de Vincent Martí i Soler que hace unos años resucitó del olvido el buen Jordi Savall. Martí i Soler puso música a un libreto escrito por el gran Lorenzo Da Ponte, basado en la bizarra historia *La luna de la Sierra*, de Luis Vélez de Guevara sobre una locura poco frecuente en tiempos pasados: la vera historia de una mujer que reunía entre sus virtudes honestidad y belleza, al mismo tiempo. La ópera *Una cosa rara* llamó tanto la atención en Viena que se representó 78 veces en un año, provocó una moda en el vestir de las mujeres empelucadas y suscitó la admiración de un tal Mozart, quien incluyó en *Don Giovanni* un guiño de homenaje a Martí i Soler en esa escena donde el criado Leporello sirve la mesa de Don Giovanni y la música que se escucha es precisamente de *Una cosa rara. Noblesse oblige*, pues es sabido que *Las bodas de Fígaro* que se estrenaron en Viena en tiempos de *Una cosas rara* sólo tuvo un puñado de representaciones y así, es una cosa rara que en la enrarecida sardana convertida en zarzuela que se canta en la vida cotidiana de la Barcelona de hoy en día y en la que las voces de la calle denostan y reprueban a la Ferrusola hay mucho comentario de que la doña parece lejos de reunir entre sus atributos la honestidad ni la belleza.

De todo este periplo queda claro que a Barcelona siempre le ha venido para bien ser diferente, tener el mar en las faldas y la montaña que la protege, el habla del alma y las calles con esquinas ochavadas en chaflán, los viejos barrios arrabaleros vueltos góticos y turísticos, la población incansable, la sonrisa siempre abierta, la comida generosa y sublime, las librerías abundantes en más de dos idiomas o por lo menos dos lenguas, las viejas iglesias y los edificios nuevos, los taxis negros y la camiseta blaugrana... todo lo que hace de una comunidad autónoma pieza fundamental para sumar y no necesariamente restar todo eso que constituye a España, junto con las otras comunidades autónomas, otros idiomas, otros paisajes y cultivos, estaturas y costumbres. De todo ello a que en realidad haya alguien trazando el nuevo mapa (detallado por municipios, comarcas y precisa topografía de las masías), otro inventando el nuevo sistema fiscal, uno más encargado de las posibles relaciones diplomáticas y reconocimientos de facto y de jure del mundo entero hay mucha más distancia de lo que supone Mas.

Que de veras haya alguien encargado hoy mismo de suponer que con el desacato a una Constitución se redacta por sí sola *Otra Constitución* o que de veras se piensen que el más que monumental monto de deuda pública, empréstitos, préstamos, inversión, codependencia, corresponsabilidad, coexistencia, cohabitación que unen a Cataluña con España no se abate con palabrería hueca, sospecha de corruptelas o abuso de ilusiones. Al menos eso se escucha en la *carrer*, se filtra en los ánimos de los que curran todas las horas de todos los días, lejos de la atrevida elite que parece recurrir una vez más a la tomadura de pelo con tal de ocultar algo u ocultarse del todo.

"Capítulo I. Barcelona parecía un enredado sueño inenarrable hasta que se le ocurrió volver a verla..."

LIBRERÍA ALBERTI

C amino al barrio de Argüelles y se enciende un recuerdo del mejor porvenir posible porque ya son muchos años de visitar sus calles como si de veras fueran mías y hablo de la pura alegría que me llega a la vista con solo saber que me veo con Lola Larumbe entre las filas de libros de la Alberti, que ella dirige desde hace años. Lola librera, contertulia infalible de conversación suave y sonrisa del Sol que se enmarca en su pelo.

La Librería Alberti es un pequeño santuario de letras en la calle de Tutor. No es un establecimiento cuadriculado de estrictos órdenes alfabéticos, sino un oasis donde la mesa de novedades queda rodeada por altos estantes divididos más por temas que por autores, más por geografías del pensamiento y la memoria que por mecanización de apellidos. Eso y la inteligente conversación de Lola y de su eficaz equipo de colaboradores hace de la Alberti una librería entrañable.

Cumple 40 años esta librería que empezó a navegar en los grises tiempos previos a la muerte de Franco, cuando muchos descabellados gamberros —no exentos de fanatismo religioso— creían evangélico lanzar piedras o bombitas a los ventanales de la librería por el solo nombre del poeta que la identifica. En 1975, Santiago González, Jaime Lucía y Lola Larumbe se propusieron la feliz aventura de abrir una librería primero en Chueca, cuando era corral de jeringuillas y grafitis psicodélicos antes del reordenamiento de su arco iris, y luego, por pura agua del azar, en Argüelles. Aquí se traspasaba la librería del legendario Teodulfo Lagunero, el cicerone que acompañó a Santiago Carrillo en cruzar la frontera de Francia con aquella peluca que ya quedó escrita como rizo en el largo sendero de eso que llamamos la Transición.

Lola quedó al frente y con el timón de esta librería que se ha merecido el premio Librero que otorgan el Ministerio de Cultura y la CEGAL y el premio de Bibliodiversidad de los editores independientes de Madrid, pero la Alberti se distingue por sus Encuentros con Autores, entre los que destacan los más destacados intelectuales de los años recientes, que vienen a la cueva íntima de la Librería Alberti para conversaciones inagotables como de sobremesa, guiadas por mi amiga Lola, donde todo lector entra en contacto directo con escritores que creíamos inalcanzables. El continuo círculo de lectura o los talleres de narrativa creativa donde vuelven a escucharse en voz alta las voces de los poetas muertos, los cuentos de escritores que creíamos fantasmas o las novelas que por esto mismo se vuelven intemporales confirman que en pleno corazón de Madrid cuento con una librería-amiga que me llena de vida cada vez que la visito.

SEIS LETRAS

Madrid de lejos parece ya el remanso de una vida que se renueva cada amanecer. Con los horarios volteados, quien se aleja de Madrid sabe que el atardecer de lilas al óleo podría confundirse con un mediodía en México, si no fuera por los climas y los acentos. Las seis letras de la maravilla de su M, la A de andaba por ser algo pintilla, la primera D que recuerda el alma que *tó* lo da, la risueña R como greguería de Gómez de la Serna, la inmortalidad que se cifra en cada I y otra D, por si acaso queda duda de que aquí lo que sobra es dignidad.

Hay días que cualquiera se siente Pepe Blanco y canta por lo bajito esas coplas que para muchos no son más que cursilería de películas viejas, pero algo tienen las distancias que de pronto perfilan a las querencias entrañables como espacios absolutamente ajenos al peyorativo simplón de lo cursi. Madrid de lejos se camina en sueños y se sabe de memoria, se pinta sola y no deja de cambiar —Madrid que cambias— con las pocas horas que se le deje de mirar.

Ciudad despierta en medio de un paisaje que parece siempre la noche de una inmensa manta de ocres campos inabarcables de Castilla filtrados en vocales calladas, ligeras lloviznas y el frío que baja de la sierra para abrazarle las calles y aceras como piel helada. Madrid que anochece temprano y se duerme despierta y sin aviso por unos segundos a media tarde, el vaho de sus cafeterías, la sonrisa abierta de sus plazas y los párpados de sus balcones con persianas.

Madrid de brazos abiertos en las aguas que la bañan, en los pulmones de sus paseos y el parque como corazón en el centro. La ciudad de museos, bulevares, fachadas viejas y la nervadura de sus subterráneos en colores; la universitaria de bufanda y el funcionario en bicicleta, el lector de las fachadas y la bibliotecaria de mármoles, el catre que cumple cien años y los trenes que no merecen cesar. Las prisas que andan en bicicleta y los ejércitos de perritos falderos, las castañas en las esquinas, las luces por doquier, el callejón de lo que no se dice, la pancarta de lo que se canta a voz en cuello.

Aquí los libros que hablan de Madrid de lejos, las páginas de sus pretéritos y las ganas de llorar. La calle que llevaba tranvías y los fantasmas de otra Navidad. El lector de sus entrañas y los habitantes de sus círculos concéntricos, los colores de sus nubes y los retratos al carbón, las cuestas y recovecos, la piedra intacta de los siglos y el sabor de las violetas como secreto de cada paladar... Porque Madrid se extraña tan fácilmente que al menos se intenta deletrear.

SIEMPRE DI NUNCA

Alejandro Magallanes es un artista. Todo lo que toca lo vuelve objeto de museo y misterio, todo lo que dibuja merece enmarcarse y toda la realidad que lo rodea revela estéticas que parecían invisibles: un chile partido a la mitad escondía mirada y sonrisas con sus semillas, el extintor que se esconde en la esquina de la pared es en realidad una serpiente gorda y un gancho de ropa retuerce el rostro de un maniquí que cuelga desnudo. Magallanes ha elevado el diseño gráfico —y en particular, el diseño editorial— a la categoría de las bellas artes: sus carteles, portadas de libros, animaciones en video y objetos reciclados alivian el tedio de la insoportable soberbia y avaricia de quienes han perdido el sentido del humor ante el arte objeto, los objetos del arte y el arte escondido en cada objeto. Por si fuera poco, Magallanes es además poeta de versos emparentados con las *Greguerías* de Ramón Gómez de la Serna y esa magia verbal que a veces aparece de sobremesa donde un trabalenguas parece dibujarse en los labios de quien lo enreda o en esos dichos que damos por hecho quedarían mejor dibujados en tinta.

El Instituto Cultural de México en la Carrera de San Jerónimo albergará hasta el próximo 11 de febrero la exposición *Siempre di Nunca* donde Magallanes invita a todo transeúnte a dibujar de entrada en pizarras verdes todo lo que le venga en gana, para luego pasar a una galería de máscaras policromadas que parecen eco de las voces que escuchamos en el Metro, en las madrugadas de insomnio o en las tertulias surrealistas de todos los días. En vitrinas se exhiben los cuadernos de este genio capaz de deshilar la palabra tartamudo como pirámide vocálica y en una página doble cuajar la acuarela del hombre invisible; esparcidos por el suelo ruedan las esferas de color rosa que son como diminutas albóndigas humanoides y en diversas pantallas, el festival continuo de todo lo que imagina un artista de veras con la punta de su lápiz: el mono que avanza colgado del vacío, la melena como pétalos perfectos de un león en flor, la masa somnolienta del rinoceronte, el mapamundi en el vientre de una mujer embarazada y el conejo que no para de dar brincos con las orejas al aire.

De niño, Magallanes leyó en una historieta española el siniestro castigo que imponía a los niños traviesos una gobernanta en un lúgubre orfanatorio. La vieja bruja decía en dibujos que en el Infierno los niños malcriados o desobedientes quedaban condenados a regir la eternidad con dos relojes: uno clamaba con sus horas que Siempre estarán entre llamas y el otro, que Nunca saldremos del Averno, pero Magallanes aprendió que si repites la palabra siempre, nunca significa nada.

SERENO

Cuentan de un sereno de Madrid que del poco dormir y mucho andar dio en cantar amaneceres a las dos de la madrugada y enrevesar las horas de todo mediodía. El hombre —de nombre Timoteo Mondeño de Calatrava— tuvo a bien evitar el penúltimo beso que se daba una pareja en Atocha, convencido de que evitaba una reyerta y felicitó en el andén del metro Argüelles al conductor por confundirlo con el Capitán Nemo (Timoteo apareció en el Telediario refiriéndose en todo momento a los vagones alineados a su espalda, como "el mejor submarino que haya visto jamás").

En sus rondas confundía el Ministerio del Aire con El Escorial, la Almudena con una pastelería y Cibeles con Neptuno; hablaba a solas por las madrugadas recorriendo Recoletos y hay quien asegura que pasaba noches enteras sobre aceras de Princesa esperando tranvías que ha tiempo dejaron de pasar. En recorridos por Gran Vía llegó a sentirse viajando por Manhattan y en plena calle de Preciados le daba por cantar; evitaba chiringuitos, estancos y poltronas aunque consta en actas y *selfies* que gustaba de solteronas. Con llaves anacrónicas y estrabismo declarado, Timoteo Mondeño erraba sin rumbo ni tiempo por las calles de Madrid: analistas y psiquiatras, cada quien que va a lo suyo, sólo dicen —con asepsia— que no es cosa de espantar.

Con el chuzo se defiende de macarras y mastines, con la capa cree que vuela cuando duerme en Chamartín; con la gorra a nadie ofende y el bigote relamido cubre gestos y murmullos que ya nadie puede oír. Timoteo de pasos suaves, a la espera del aplauso, va gritando sus serenos a las tres como si *ná*; desconoce a los cajeros, los teléfonos sin cuerdas, la Bernarda de pelo rojo y al Fulanito de Tal. Sin embargo, a estas fechas se le ha dado, por urgencias de un domingo, pluriempleo en las encuestas de la fiesta electoral.

Una empresa más de *hipsters* que de análisis directo tuvo a bien subcontratarlo para estadística instantánea, consulta rápida y muy secular. No es lugar para informar el saldo, sólo quiero celebrar, que un Sereno de otros tiempos, con farola, chuzo y capa tuvo a bien andar despacio en terreno singular. Lo que dicen los sabihondos, los ilusos y quejosos nada tienen en común con el resultado del juglar: de las noches en volandas, de sus rondas sin horarios, un Sereno sólo afirma que otro año, mal que pese, España entera vuelve y huele otra vez a Navidad. En espera de otro Gordo —premio grande y tradicional— y en espera de los votos, las propuestas y las quejas, el mejor regalo de Éste será copiarle la serenidad.

SANTOS INOCENTES

En realidad, no queda muy claro cómo pasó a convertirse en motivo para bromas, befas y literalmente inocentadas la conmemoración del relato bíblico en donde el sanguinario rey Herodes mandó matar a todos los niños menores de dos años de edad en Belén con la intención de llevarse entre el rebaño al infante Jesús de Nazareth. Lo cierto es que dependiendo de la sincronización de la broma y capacidad de persuasión del engañador hay bromas que logran provocar taquicardias y carcajadas incontenibles en cuanto cae la inocente palomita que se ha dejado engañar.

México se llena de encabezados en periódicos que aseguran que la FIFA ha decidido nombrar a México campeón del mundo por adelantado o que los estados unidos de Texas, Arizona, Nuevo México, Nevada, California y Oregon han resuelto abandonar la unión gringa y volver a formar parte de México (la broma incluye pase gratuito para una hipotética Disneylandia con mariachis); en España, la provincia de Alicante celebra la inocentada con los Enfarinats, magna batalla campal de harina lanzada entre el pueblo llano y el alcalde, alguacil, fiscal y jueces de la localidad de Ibi, metáfora feliz del encontronazo entre el poder y los habitantes comunes y así, en muchos puntos de Hispanoamérica y España misma se conmemora a los Santos Inocentes de tan raras maneras que propongo una personal redefinición de la fecha: quiero celebrar al paso, y de manera silenciosa, a la inmensa masa de santos inocentes que nos acompañan en el diario transcurso de la vida madrileña.

Hablo de la señora que se cree todas las bromas a pie juntillas, del dependiente de gasolinera que una vez abierto el depósito del tanque y encarada la bomba con la manguera en la mano nos pregunta si lo que deseamos es precisamente cargar gasolina o la gentil señorita que atiende el mostrador de una librería y pone cara de sorpresa en cuanto preguntamos por el título...¡de un libro!

Viajeros del Metro que cambian de andén a las carreras habiendo equivocado el sentido de sus rumbos diarios y los despistados que pegan en las puertas del autobus para descender del vehículo una vez que ya arrancó nuevamente y la mujer que llama a deshoras para preguntar por Manu sabiendo que van siete semanas en que se le informó que tiene equivocado el número: todos santos o inocentes como quienes creen entender todas la enrevesada realidad de la política española, los entresijos constitucionales y los pergaminos de su pasado, pues sobre todos los festejados habría que conmemorar a los santos inocentes que desconocen el origen de sus apellidos, las andanzas de sus abuelos y bisabuelos en una España no tan lejana que no merece la amnesia que le conceden muchos a los nombres de las calles más cercanas a su barrio.

MARIACHI EN LAS UVAS

Masticaba la séptima uva cuando ya sonaba la undécima campanada en la Puerta del Sol. Considerando que ya había degustado eso que llaman el hornazo de Salamanca, medio kilo de cecina de León, el kilo obligado de Jabugo, ensaladilla que sobró en casa de Sonsoles, besugo en cubos, callos a la madrileña, fabada asturiana, pescaíto de Sevilla, chopitos de *quiénsabedónde*, berenjenas rebozadas y pan que llaman pan, el mariachi despistado no supo si se atragantaba con las uvas o con los abrazos de miles de madrileños instantáneos: muchos de ellos auténticos y otros tantos, fuereños adoptados como tales por el milagro de la hospitalidad del madroño.

Faltaba una seria dosis de tarta de Santiago, crema catalana, mazapanes de Toledo y turrón de Jijona para volver al hostal y sintió vergüenza al confirmar que los juerguistas españoles se saben mejor que nadie las letras de canciones rancheras, el credo de José Alfredo, las letanías de los Tigres del Norte y los coros de Juan Gabriel. Por la calle de Preciados, fue confundido con un tuno de la universidad de Alcalá y al llegar a Gran Vía sintió el inevitable retortijón que se confunde con antojo. Para resolver el dilema, pidió entonces un cucurucho de castañas que no metió en su ajustado pantalón de botonadura de plata, sino en la copa de su ancho sombrero y se encaminó de vuelta a la movida con ganas de hacer cola en la chocolatería de San Ginés. Descubrió entonces que el chocolate de veras es tan espeso que permite que los churros se paren en el centro de la taza y lo demás es champurrado.

Mariachi al filo del empacho, barriga inflada y corazón contento, se dirige a dormir el primer sueño del año con un mareo propio de su asombro: Madrid y España entera se abren hoy mismo como página en blanco para ser redactada paso a paso por el viajero y visitante, por el mariachi o el novelista, poeta o pintor con el afán de atragantarse de paisajes, personas y párrafos; confirmar que La Mancha es una geografía interminable, que Barcelona tiene cuadrículas perfectas, Valencia la antesala del mar, Granada la Alhambra, Sevilla su maravilla, Córdoba el bosque de columnas en mezquita, Salamanca las ideas en piedra, Santiago la puerta de la Gloria, Santander el fantasma de Galdós, Pamplona la cara lavada, Zamora Numancia intacta, Toledo los siglos dormidos... y Madrid, Madrid, Madrid.

Bien visto, el mariachi que se atraganta con las primeras uvas de un año que nace en Madrid se vuelve la metáfora ideal para una posible guía de forasteros: aquí hay tanta vida por andar, tanta letra por comer, tanta gente para abrazar que dan ganas de gritar con el sombrero al vuelo... ¡Feliz año a todos los que hacen que exista este sueño!

RE-BAJAS

Quiero proponer —humildemente— a la Real Academia Española que durante los meses de enero de cada año se nos conceda escribir rebajas con el prefijo *re* por separado, porque así se proyecta como un tono mayor o menor que refleja mejor aún el ánimo de consigna más o menos generalizada que cobra la palabra en estos días. Re-baja esos kilos que se acumularon durante diciembre con la abundancia de turrones de Jijona (creyendo que eran de Gijón), exceso de torrijas, superávit de natillas y pan por todos lados. Así se confirma en las filas de las tiendas que ofrecen rebajas en donde nos alineamos cada año una cofradía —cada vez más ancha— de regordetes, obesas, gorditos, rechonchos, gruesas y cetáceos que esperamos pacientemente a que abran las puertas sus tiendas y, luego, resignarnos a que todas las prendas con descuentos son de tallas que usábamos cuando éramos adolescentes.

Allí la Gordi de Vallecas que ingenuamente espera encontrar un vestido de noche en una boutique del barrio de Salamanca, cuando quizá tendría más suerte en la tapicería donde encargó unas cortinas el año pasado, y por allá el Cachalote de Chamberí que —en lugar de ir a la tienda deportiva donde forran balones— se empeña en ir de sucursal en sucursal de una afamada camisería sabiendo que la sábana que necesita para su cuerpecito gitano es precisamente de la talla con la que viste su cama matrimonial. He establecido tertulia consuetudinaria con otros compañeros de sobrepeso en largas filas de ilusión tan solo para salir deprimidos y encarar las cuestas de enero, las cuestas de las calles y lo que cuesta respirarlas con el engañoso recurso —lo confieso— de consolarnos en una churrería y a la segunda palmera de chocolate limpiarnos los bigotes con una suerte de resignación que intenta borrarnos la culpa.

Estimados señores de la Academia: ayúdennos a encarar este serio tema de salud pública enfatizando la *re* de rebaja esos kilos, rebájale a las ansias del azúcar y rebajemos con agua tanto aceite con el que freímos las patatas diarias. Rebaja la pasajera euforia que le concedes a las castañas garrapiñadas y rebaja la repulsión que le tienes a todo lo que huela a ensalada, ese repelús que te causa el yogur natural (que ya no pienses que es bacteria viva) y quítate de encima el hipnotismo por las bebidas exageradamente edulcoradas y vuelve al agua. Re-bájate al nivel del agua, del mar amniótico en el que navegabas cuando tu peso no era problema y las lonjas eran señal de salud, y re-bájate a las papillas de ciertas frutas milimétricamente medidas... y re-bájate del vagón de la línea 2 del metro en la estación Re-tiro y dale una vuelta andando entre sus árboles para así —quizá— re-definir el ánimo de cada mes de enero con la debida re-flexión.

ÓYEME LLOVER

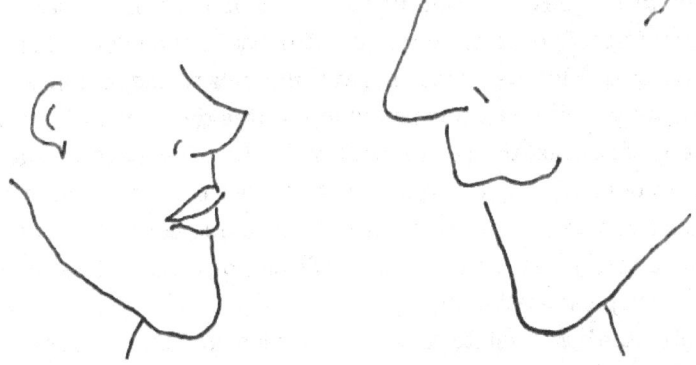

Cuando Madrid amanece de un pálido azul parecería que todo el mundo se acaba de inaugurar. No hablo de la naranja mañana del verano ni de la primavera amarilla, sino de un azul pálido que no llega a ser mar sino cielo limpio, quizá porque la lluvia le ha pasado por encima como brisa de frío, entre un otoño de veranillo y el invierno que no termina de llegarnos. Óyeme entonces, como quien oye llover y los versos de Octavio Paz se vuelven la prosa con la que quiero andar bajo el llanto leve de nubes grises, entre taxistas que agradecen que llueva como si fuesen agricultores y amas de casa que salen a la compra diaria precisamente para quejarse de esta lluvia que no termina de empaparlas. Óyeme entonces, ni distraída ni atenta, bajo este aire límpido que no limpio de un Madrid que es puro tiempo, aire que se vuelve agua.

No escuches, sólo óyeme cuando la noche no se ha ido todavía, y todos los párrafos leídos son figuraciones de niebla que —entre los árboles de un parque o al doblar por azar cualquier esquina— se vuelven figuraciones del tiempo mismo. Dice Paz que es en un recodo de esta pausa y le sigo la sombra cuando vuelve a pedirte que me oigas como quien oye llover. Así, con la mirada hacia dentro, los ojos abiertos en pleno sueño, con tus cinco sentidos dormidos por despiertos y así, como llueve en Madrid de pasos leves en este rumor constante de sílabas, de la ce y la zeta entre el agua y el aire de las palabras que en realidad no le pesan a nadie.

Óyeme como quien oye llover en estos días que ya son años, este mismo instante que es del tiempo sin peso y una enorme pesadumbre al mismo tiempo. Óyeme sin tener que escuchar la nada donde las calles de Madrid se quedan de pronto sin automóviles ni paseantes, árboles ya sin hojas y portales sin serenos vigilantes de tu intimidad. Aquí donde relumbra el asfalto por húmedo y el vaho parece caminar alzado del sueño y del suelo; el vaho que es neblina de tus labios y palabra que no tiene traducción al inglés. El vaho, la cara que llevas en la noche y el rostro que cargas en las mañanas, todo como pasos de gotas de agua sobre mis propios párpados.

Aquí donde busco veinte palabras y un silencio. La noche que duerme en tu cama y tu respiración como oleaje de sueños abren el día en este pálido azul donde lluevo como quien llora para que me oigas andar por un Madrid sin tiempo, como un vago jardín a la deriva, donde parece que tu sombra cubre esta página y quizá por eso, amanece.

ACEPTO CONTROVERSIA

En un ayer que ya ni parece recuerdo llegué a Madrid con 25 años de edad, una máquina de escribir y una maleta llena de cuentos que poco ayudaron para intentar doctorarme como historiador en la Universidad Complutense. Hace treinta años, la Villa y Corte aún no cerraba los tramos de la línea Circular del Metro, empezaban a proliferar los cajeros automáticos y era ciudad de bombonas anaranjadas de butano, teléfonos en los cafés con contadores como máquinas de taxi y muchas pensiones de baño compartido. El mundo transitaba por todas las calles, mientras la vida se pasaba en cafés: sobre mesas de lápida, con un café que alcanzaba para pasar las horas y el empeño en párrafos escritos a mano en libretas de tapa blanda y cantos morados. A deshoras, esa prosa se pasaba en limpio con el ruidero entrañable de la máquina, "la Olivetti portátil que yo quería, una máquina como una pluma", dice Francisco Umbral en *La noche que llegué al Café Gijón.*

Había entonces un pájaro anónimo que se aparecía entre las mesas del Café Comercial, a veces en el propio Gijón e incluso en el de Oriente (donde volaba un pajarito llamado Benito, que sacaba migajas para comérselas en el Palacio de enfrente). El hombre vestía un traje raído que años antes quizá había sido de ese raro color que llaman ala de mosca y aunque su camisa mostraba el lustre de sus pocas lavadas, mantenía la dignidad como un eco sobre su esquelética figura: era un hombre de mediana edad, con el pelo recién peinado con agua del lavabo o fuente pública, los zapatos amontillados como pantuflos y las manos de Quijote. Era un gorrión que pegaba la gorra; es decir, un gorrón profesional que se buscaba el bocado diario y, si podía, alguna buena copa de hierbas no con la dolorosa súplica de una limosna sino con la ingeniosa declaración de "Acepto controversia" con la que se acercaba a las mesas.

Llevaba la contra sobre cualquier tema. Ensalzaba o denostaba a *Manolete*, aplaudía o se quejaba del Real Madrid, del gobierno de Felipe o de Heráclito y Parménides, pero aprovechaba la improvisada tertulia para pedir su coñac, algún bocadillo cuando se podía y de paso, el infaltable café con leche como gasolina para su día. Si uno aceptaba su oferta y lo sentaba a la mesa diciéndole, por ejemplo: "Ya no se oyen piropos en la calle", improvisaba una recitación sin fin de elogios y greguerías, mientras pedía boquerones o palmeras.

Quién sabe cuál era la biografía de su pasado, pero el hombre de la controversia de sobremesa se volvió inolvidable, sobre todo ahora que su ejemplo se ha esfumado en estos tiempos en que tantas voces de todos lados olvidan el arte de la discusión de ideas en sus afanes de negociación política o personal.

MÉXICO LLEVA EQUIS

Entre las batallas que libró Alfonso Reyes con su pluma a favor del idioma español y lengua castellana (que no es lo mismo, aunque parezca igual) están los párrafos donde explicó que los mexicanos llevamos la X en la frente. Es la equis de nuestra rica cultura mestiza, dual y polifacética, encuentro de mundos, pero también la X que despejamos todos los días en la enredada matemática de nuestra realidad revuelta entre tantas cosas buenas y la sangre de todos los días, la prosa impecable de los poetas y la cíclica corrupción de políticos impunes, etc.

México se escribe con X porque así hemos decidido que se escriba: heredera del vocablo en *náhuatl* con el que se hablaba en el mundo prehispánico, tanto como esa equis que sonaba a jota que se escribía en el español en tiempos de la Conquista. *Ansí* que el *coxo* que caminó por Anáhuac *dixo* su ley y *traxo* consigo muchas y asombrosas cosas... nos marca con esa jota que baila en la lengua y se encontró hace ya casi 500 años con una equis de igual sonido, que además se desdobla al utilizarse para decir Xoxhimilco, Oaxaca o Texcoco o Taxco, con ecos de ese y en sintonía con el encanto particular de los colores que se comen, los paisajes que parecen morados y la gente que habla cantando.

Insistir en escribirnos Méjico con la J conlleva una caspa trasnochada que le pierde el respeto no sólo al país que ya lleva más de dos siglos de vida independiente, sino a la propia España que ha tiempo dejó de imponer políticas allende su frontera. "Escribir Méjico es vulgarizar una presencia —decía Manuel Alvar— y aunque resuene a jota, lleva la X tatuada y "en jamás de los jamases, *Méksico*, porque este *voquible* repugnante nunca existió en bocas nahuas, ni en bocas españolas, ni en bocas mexicanas. Sólo los cantamañanas de la ignorancia nos dan a comulgar los yerros de su paletería".

Llama la atención que allá por Coslada hay una calle llamada Méjico. El gazapo persiste en muchos puntos de España e incluso en boca de algún escritor célebre, pero ahora que la *señá* Carmena se ha propuesto limpiar el callejero de Madrid de viejos nombres ya en desuso, espero no sea mucho pedir que a México le pongamos la X que merece, no por tache ni por *xoder*, sino para recordar que hay jotas que se bailan con los brazos en alto.

DICE QUE FLIPA

— Dice que flipa...
en colores.

Dice que flipa cuando algo le mola, pero de mola mazo (y no general Mola). De hecho, flipa en colores y flipa por las paredes (cumpliendo la onomatopeya policromática a lo Mortadelo y Filemón) quizá porque los chuches le molan cantidubi o porque hay cosas que dejaron de ser chupi piruli para volverse guay del Paraguay, aunque su hermano decía que tranqui tronqui que no te coma el tarro un yonqui cuando hay quien confunde chuli con cheli y se enreda mogollón en el rollo de tantas palabras supuestamente caducadas en la última resaca de la movida que (según me dice un amigo) ya no farda parlar así, como cuando se arrastraban las eses del pasota que preguntaba como saludo ¿qué passsa?

Al loro con los maderos (que no bofia ni topos) cuando el peluco marca la hora nona y se lanzan los chorizos a la busca del parné y te pillan en gayumbos como las titis en redada de una boite o los frikis que quizá provengan del friqui que se tiró un defensa fuera del área, como cuando los taurinos dicen que el diestro estaba fuera de cacho, toreando con el pico y codilleando, para no arriesgar un cate que lo haga tomar el olivo aunque el bicho haga hilo, calamocheando y terciándose que así salió suelto de varas, aunque el varilarguero le tapó la salida con la carioca, pero no confundir con el larguero donde el cancerbero ataja la pirula de un ariete carioca que hace la bicicleta como el menda que largó ayer en la barra que lo tenía ya muy mareao la parienta con la peli que echan siempre por la primera o las nutrias apareándose en la dos mientras el párroco de la escuela del crío anda en el trapicheo poniéndose tiquismiquis porque le da repelus que los boixos herederos de la quinta con las chinchetas en los cueros cambiando palmas como gitano que parece macarra haciendo futin por la madrugá en placitas que fueron de botellón y antes chulapos y violeteras que le ganaban apuestas al barquillero, justo al lao del cilindrero donde mangabas bocata de calamata en un plisplás y ya está... batiburrillo del guirigay que es algarabía visible en todas las voces que se escuchan a diario en la enredada polifonía de una zarzuela cotidiana de incontables personajes e interminables escenas que confunden a los incautos e ilustran a los novicios, orientan a los vetustos o confunden a los visitantes. Riqueza de madrépora que se enreda en el oído, multiplicada en frases y refranes, greguerías al vuelo, aforismos instantáneos y sentencias inapelables con las que todo paseante de Madrid descubre que viaja por muchos tiempos a la vez, todos los siglos posibles en rostros que creíamos olvidados al óleo, conversación con los difuntos aunque uno camine sus calles en silencio.

EL ENTIERRO DE LA SARDINA

Hace un siglo escribía Alfonso Reyes que "en la boca hueca de la máscara ríe el carnaval, rito higiénico de los desahogos" y, como paréntesis a toda ley social se fincaba una tradición de desenfreno, gulas y otros excesos como preámbulo para soportar la inevitable llegada de la Cuaresma.

Hoy en día, parecería que la carcajada de todas las máscaras prolongan el baile carnavalesco sin que necesariamente sea ni desahogo ni preámbulo de serenas reflexiones. Sin embargo, quedan aún muchos madrileños que recuerdan precisamente de qué se trata el llamado *Entierro de la Sardina*, esa fiesta que mal traducida entre galeses podría interpretarse como el reciclaje más raro de una tapa o el simbolismo irracional de fertilizar la tierra con pescados. Desde luego que lo saben en Murcia y en otros puntos de la geografía española, pero en Madrid hubo tiempos en que nadie se perdía el cortejo fúnebre de la Sardina a enterrarse como sinónimo de miércoles de ceniza, recordatorio del polvo que todos hemos de echar (así sea convertidos ya en polvo) y metáfora de esa frase de la alquimia que dicta *Solve et coagula;* es decir, disuelve el pretérito y supera ya todo lo pasado para poder así coagular un mejor mañana.

Se diluye el carnaval y para despedirlo —ayer como hoy— cabe la descripción de Alfonso Reyes, pues la Sardina de estas Cenizas bien puede ser no más que un "figurón que no se sabe si es hombre o bulto en harapos. Síguenle unos muchachos pintarrajeados que se han improvisado disfraces con los tesoros del basurero. Las chulitas llevan trajes de hombres: torturado el seno en la camisa viril, andan con unos pasos equívocos, desequilibrados por el tacón alto, y en los tubos de los pantalones casi desaparecen sus piececitos de empeine respingado. Bajo la gorra asoman las bolsas del cabello; tras el antifaz, os espían unos pecadores ojuelos..." y los políticos se enredan en carcajadas, los progresistas fardan esmoquin, los mendigos se disfrazan de mendigos y Madrid confirma que "si la fuerza de las razas se mide por su resistencia a la alegría... ¡Oh España! ¡Oh España" que en Madrid subsiste esa misma vitalidad inquebrantable, al paso de todos los disfraces y monigotes, al filo de los próximos cuarenta o sin-cuenta días de ayunos y en vilos variados que habrá que conquistar como quien entierra una sardina en el discreto caldero que saboreamos todos los días para soñar con mejores amaneceres.

ESCRACHE

La palabra viene de Argentina y Uruguay; al parecer, es sinónimo de romper, destruir y aplastar, pero también se utiliza para decir fotografiar. No está claro que su etimología venga del *scratch* que en inglés es rascar, pero también borrar o tachar, y quizá convenga pensar que en Brasil el *Scratch* es la alineación de un equipo de fútbol, por aquello del ataque coordinado y la defensa en línea, pues en España se ha vuelto coloquial referencia a un desmadre callejero muy parecido al motín, espasmo de rebelión o caldero de iras desatadas.

Se supone que, en democracia, la sociedad tiene plenos derechos de asociación y reunión con libertad de expresión. Esto no tiene nada que ver con cualesquier forma de acoso, jaloneo verbal, agresión física, intimidación intensa no sólo a las puertas del acusado en turno sino también en las redes sociales (donde ya se ha demostrado el poder cibernético del gamberrismo). Es decir, toda protesta legítima tiene otras vías de manifestación que van más allá del amedrentamiento enloquecido, pues al parecer ya hirviendo el escrache se hilan consignas a gritos, se vuelve a retóricas supuestamente superadas *y revolcaos en un merengue y en un mismo lodo: todos manoseaos*. Parece cosa de encantamiento y lamentable *deja vú* que en días pasados se han vuelto a escuchar en Madrid, a voz en cuello y con la saliva enardecida, gritos vehementes contra azules o rojos, curas o bolcheviques, que da lo mismo una vez revuelta la ira. ¿Será que alguien confunde su escrache particular con el Motín de Esquilache?

Faltaba señalar que la palabra rima con Cambalache, y así como preveía el tango de Enrique Santos Discépolo, en este mundo tan problemático y febril quizá sea tiempo de optar por lo que parece imposible: al verdugo, mostrarle los retratos de sus víctimas; al corrupto, una lluvia de billetes falsos; al plagiario, los párrafos del original impreso; al bocazas, el mazo de un silencio aplastante. Lejos de la sinrazón, alejarse de la protesta irracional que transpira todo escrache no exculpa, exime o ni siquiera perdona al presunto criminal, delincuente o sospechoso candidato en potencia para escracharlo; al contrario, para borrar o romper el impacto y secuelas de sus posibles delitos están los tribunales, eso que llaman el peso de la Ley y la rasca -entendida como frío intenso-que les espera en la celda donde allí sí quizá sea inevitable que algún sinónimo de reo se apreste a rascarle la espalda, en una de las aún no consideradas acepciones del nefando vocablo *escrache*.

ELOGIO DE LA VEDETTE GIGANTA

Ahora que proliferan en Gran Vía los anuncios con vídeo a lo *Blade Runner*, y ahora que se imprimen fotografías digitalizadas en tamaños exorbitantes, quiero evocar —no sin cierta nostalgia— la época policromada de los rótulos pintados a mano. Hablo de los anónimos muralistas que reproducían en pinturas de colores chillantes alguna escena imborrable de las películas de gran estreno, sin importar que desfiguraban un poco la nariz de Paul Newman o si quedaba un poco estrábica la mirada de Alfredo Landa; pero sobre todo, hablo de no pocos meses en que pandillas de facinerosos anónimos nos reuníamos en Callao para mirar absortos las inmensas caderas de Norma Duval, con ese escote al óleo que medía más o menos lo que calculábamos para el Triángulo de las Bermudas y una cabellera que de tan larga engañaba incluso a las palomas distraídas que llegaban a creer que volaban cerca de una cascada.

En México era el paseo de la Reforma y algunos cines de Insurgentes, pero en Madrid era sobre todo en Gran Vía donde los muralistas anónimos de inmenso formato se jugaban el prestigio de sus pinceles con maximizar en escalas monumentales las facciones, curvas y voluptuosidades de las divas y estrellas de la pantalla o el escenario, en un efímero telón a colgarse a la intemperie y que hoy nadie sabe si estarán colgando en una inmensa bodega que merecería la pena abrirla al público como Museo del Antojo Visual. Tengo para mí que la insinuación pintada, ese leve resquicio de faldones que mostraban apenas el huesito del tobillo del tamaño de un Seat 600, provocaba una pecaminosa transpiración seductora de la más pura tentación mucho más intensa y palpable que cualesquiera de las posibles emociones que proyectan ahora los vídeos gigantescos. Desbordado Pantagruel, las pantallas de alta definición que proyectan ahora modelos coreografiados no le llegan ni a los tobillos a las antiguas pancartas majestuosas donde las coristas encarnaban inmóviles todos los resortes del deseo, la etimología condensada de eso que llamaban pecado y que se supone no era políticamente correcto conversarlo de sobremesa. Pero más de un automovilista derrapaba ligeramente las llantas de su coche con solo mirar de reojo las pestañas como ramas que pintaban antes los artistas en inmensos rostros que no necesitaban moverse para deletrear despacio el nombre de cada uno de los soñadores que las miraban. Hoy —y parece que mañana— seguirán bombardeando nuestras pupilas con vídeos en repetición hipnótica con algunas revelaciones tentadoras, pero en el fondo insípidas y amorfas comparadas con aquella alucinación inalcanzable de todas las veces que invitábamos a bailar las canciones calmadas a una vedette giganta... que de vez en cuando, giraba su cintura en la niebla de madrugadas.

SALAZAR

Parece que en la sintomatología básica de todo escritor aparece no sólo la recurrente visita a las papelerías, sino una sincera devoción hacia ellas. Desde 1905 la papelería-imprenta Salazar se yergue en los números 7 y 9 de la calle Luchana para aliviar precisamente toda la sana enfermedad que rodea al papel. En esta época en que parece que nos volvemos cada día más y más digitales, es innegable que santuarios de la carpeta, papeles de colores, lápices, bolígrafos, plumas fuente, lupas y gomas entre otros placebos merecen no sólo encomio sino preservación y respeto.

En el año cinco del siglo pasado, D. Jerónimo Martín abrió un estanco de tabacos que, pocos años después, ampliaron sus hijos y en 1953, D. Ramón Martínez Carrascosa y Dña. Elena Salazar Martín establecieron imprenta de tipo móvil, además de apuntalar el expendio de todo el reino de la papelería. Al día de hoy, debemos a Dña. Ana y Dña. Fernanda Martínez Salazar el milagro de que siga tirando tinta la vieja imprenta Heidelberg de tipos móviles y el entrañable local de vitrinas en flor, escaparates de ilusión y muebles de madera repletos de todas las hojas, todos los mapas, papeles y papelitos que, de noche, seguramente salen a bailar con plumas de alcurnia, bolígrafos al vuelo, plumines de finísimos puntos y lápices sin punta aún que completan la secreta coreografía de tantas historias, dibujos, cuentas y proyectos que seguirán cuajándose en papel y tinta.

Reconocida ya con la placa que da fe de que Salazar es de los establecimientos centenarios de Madrid que siguen con vida —esta papelería que es imprenta— en el corazón de Luchana queda tan cerca de lo que fuera el café Comercial, ya cerrado con lápida de nostalgia. A menudo camino hasta sus puertas con la urgencia de reponer un cuaderno ya escrito por otro, pero virgen y sustituir plumines con pequeñas lanzas de tinta a estrenar, pero también es una peregrinación con plegaria: que nunca dejen de aliviarnos los discretos templos donde uno compra no sólo papel y lápices acuareleables, sino incluso dijes y juguetes ocasionales, llaveros de emergencia y hasta libros sueltos. Salazar es Babel y oasis, en taquicardia constante por sacar unas invitaciones bien alineadas de su luenga imprenta, proveer las cartulinas con los colores exactos para resolver una tarea escolar y largas hojas cuadriculadas que alivian el peso de los contables, pero también es un relicario de estilográficas y tintas moradas que de vez en cuando se conceden como premio a sí mismos los poetas que han logrado un verso o los cuentistas que remataron una trama regalándose en Salazar una chulapona de plomo o el sereno a escala que ha de recordarle desde el estante más pegado al escritorio que aún quedan muchos milagros en Madrid que te reciben con una sonrisa.

LOS DIBUJOS DE RAMÓN

Ya no es secreto que muchos escritores apelan al dibujo al vuelo como aliciente o acicate de su prosa: en cuanto se enreda un párrafo, el dibujo de la escena puede desmadejarlo o en cuanto se dibuja al personaje —con sus rasgos, complexión y fisonomía— se facilita la trama donde su autor ha de conferirle un feliz o lamentable desenlace.

Ramón Gómez de la Serna distinguía claramente entre el dibujo de escritor y el del dibujante; decía que "con la pluma del escritor están hechos esos dibujos, de los que me siento orgulloso por lo malos que son, pues solo así no repugna a mi temperamento el amaneramiento del dibujo. Intentan hacer más expresivo y alegre lo que va escrito, y en ninguno está afondada la monotonía abrumadora de la insistencia. Todos salieron de una vez, recogiendo el grafito de cada cosa".

A Ramón le gustaba dibujar y soltar greguerías al vuelo. Igualmente, dibujaba sus monitos a la primera. Algunas de esas genialidades eran aforismos-retruécanos-albures y juegos verbales que provocaban en su autor el antojo de dibujarlas, no para competir con los dibujantes profesionales, sino para extender esa suerte de juguetería verbal en la que toda su literatura se volvía carnaval silábico al servicio de sus historias.

Capaz de mantener un apasionado romance con un maniquí maquillado pero inmóvil o de izar en vilo la tertulia que fundó en la cueva del Pombo, Ramón aparece filmado en pequeños cortometrajes como un hermano ibérico de Groucho Marx y, a veces, hasta se escucha su voz sin bocinas en los párrafos de sus crónicas y novelas, pero es en las mil y una greguerías donde se resume su ingenio de genio como crisol de variados talentos. Decía de un hombre que llevaba tanta prisa que abrió al mismo tiempo ambas puertas del taxi, que la B era una P embarazada y que en las noches, los gatos deambulaban con las luces encendidas en sus ojos.

El Museo de Arte Contemporáneo de Madrid presenta en estos días una generosa muestra de dibujos —escritos, que no sólo pintados o mejor dicho, redactados a línea y en tinta— del escritor que hacía visual lo que vertía en prosa o versículo. Quienes se acerquen al Museo Ambulante del genial autor deambularán por el espacio intemporal de lo que fuera su despacho, su escritorio como un juego de espejos y los biombos como escenografía de su más pura inspiración.

Muchos escritores célebres hacían dibujos, pero los de Ramón confirman la sana enfermedad de quien escribe incluso cuando no está escribiendo. Es el pensamiento andante y la curiosidad incesante por absorber todo lo que nos rodea y por ello, bien vale cualquier intento por imitarlo.

HUMO BLAUGRANA * [1]

Hace apenas unas horas, otra cara del mundo acaba de envejecer o al menos, acaba de mostrarnos otra arruga. Para quienes andaban en el fervor de la adolescencia cuando Johan Cruyff ya triunfaba en las filas del Barcelona había una creencia recurrente y engañosa en sus admirables capacidades: se decía que fumaba un cigarrillo antes de saltar a la cancha y que incluso, se daba el lujo de encender otro taco de cáncer al finalizar los partidos. Era Superman, flaco y escurridizo, caballero del juego en equipo, cerebro andante de una naranja que presumía de ser mecánica y luego, el mítico jugador de greña comprometida que decía no asistir al Mundial de Argentina como objetor de conciencia por la Junta Militar de Jorge Rafael Videla que tanto gozó ese torneo. Cruyff hipnotizó a toda una generación con esa rara combinación que tenían antaño los deportistas que fumaban y más en tiempos en que era común ver a tenistas en clubes privados que fumaban incluso entre sets o boxeadores que luego de hacer la legua diaria fumaban sin filtros.

---

1 * Estaba en la Redacción del diario cuando llegó la noticia y me sentí un merengue respetuoso y eficaz al cuajar esta nota en once minutos... al ver que la subían a la Web, confirmé que –para variar y como siempre– Juan Cruz ya había cuajado un pésame mejor ¡en cuatro minutos! Volví a pensar en el viejo adagio de A.J. Liebling: "Quizá escribas mejor que yo, pero no más rápido y quizá escribas más rápido que yo... pero no mejor".

Luego vinieron las canas y las revelaciones que nos volvieron adultos. Alguien nos informó que el verdadero motivo de su ausencia en el equipo holandés del 78 (que a la postre quedaría subcampeón en una acalorada final con el anfitrión Argentina) no se explicaba en términos ideológicos, sino matrimoniales y alguien nos ha dicho con el paso de los años que la increíble goleada con la que Argentina venció al Perú también quedará algún día explicada en las tinieblas de ese humo de leyendas donde se confunden las verdades. Alguien se encargó de informar sobre los daños irreversibles del tabaco, las grandes marcas de cigarros se dejaron de anunciar y hasta el propio Cruyff –vestido de civil pero igual de mago—apareció en un promocional dominando una cajetilla de tabacos con ambas piernas hasta elevarla a la precisa altura con la que luego la despejó a la estratosfera. La triste noticia de su muerte confirma que a pesar de su ejemplo y renuncia al veneno, el daño ya estaba sembrado y el cáncer se lo ha llevado a la temprana edad de 68 años, cuando en realidad tenía aún muchos años por hablar y muchos cuadernos por llenar con todo lo que sabía, pensaba y sugería para el deporte más popular del mundo.

Jugaba como quien cuaja un ensayo a varias velocidades: la urgencia por marcar al final de la página y el sosiego con el que se deletrea la media cancha. Se esfumaba con facilidad y ligereza, en el banquillo como entrenador cuando ya dejaba brillar a los demás o en la cancha como líder, donde repartía balones con el mismo fin de hacer sobresalir a sus compañeros. Fue un hálito y lo confirmó Ovejero, jugador del Atlético de Madrid, cuando dijo que lo que recordaba de Cruyff era lo bien que olía. Elegante elogio del defensa que sólo percibía el olor del vacío una vez pasado el relámpago.

Lamento profundamente la muerte de un jugador que ya se había convertido en leyenda para quienes lo vimos un día elevarse por encima de los demás mortales, girar en pleno vuelo y resolver con una chilena lo que todo el mundo creía que sería rematado de cabeza. Deseo que me perdone que lo despido con un pañuelo blanco, pero en abono al luto y envuelto en la confusión, consta que el humo del cigarro, por hoy, es blaugrana.

EL TAMAÑO IMPORTA

Siento la poderosa tentación de darme de alta en el novedoso servicio de alquilar coches por hora. Han invadido Madrid —y otras ciudades de Europa— con un ecuménico placebo que intenta sustituir el uso ocasional de taxis o la espera y apretujamiento de los autobuses y el metro por el cómodo placer de localizar un vehículo con la magia instantánea del teléfono, abrirlo con un código cibernético, pagar con el dinero impalpable que ahora rige las finanzas del mundo y circular libremente por avenidas, callejas y callejones, aparcando donde se nos dé la gana y, luego, dejar el carro en el instante y sitio donde caduca su necesidad, como si fuese pañuelo desechable.

Confieso que hay lunes en que subo la cuesta de la calle Segovia o que avanzo lentísimamente por Recoletos con el antojo de que se aparezca milagrosamente un carruaje que me lleve en andas o que una panda de costaleros me ayude a subir por Alcalá y Gran Vía como si fuera yo un paso poblado con velas en la Semana Santa de Sevilla, con toldo y mantilla.

Apasionado viajero frecuente de trenes de largo recorrido y cercanías, confieso que hay paisajes de Asturias o anchos campos de Castilla donde imagino que de pronto se aparecerá la inmensa mano de un niño entre las nubes y, como si estuviera en el escaparate de una juguetería, moverá de pronto las vacas inmóviles que parecen estar pastando a la vera de las vías. He llegado a sentir que los otros pasajeros anónimos que suelen viajar conmigo en los vagones son también muñequitos de una inmensa maqueta con las nubes pintadas al óleo, pero con el tema ahora de moda de los minivehículos para renta instantánea me temo que el tamaño sí importa y que para darme de alta en el servicio de coches instantáneos tendré que esperar a que ofrezcan el alquiler de vagones o camiones de circo. Algo que aguante mi peso.

De haber venido en el siglo XVII para conocer a Cervantes creo que hasta el burro de Sancho se habría pandeado con mis lonjas y que de haber deambulado por estas calles en tiempos de Galdós, sería el único pasajero posible en esos simpáticos carruajes que cargaban hasta con 20 nobles aficionados a los toros rumbo a la antigua plaza de la carretera de Aragón.

Lo he comprobado en ciudades donde los *pedaleros* de bicitaxis fingen desmayos con solo ver que me acerco a preguntar la tarifa y consta que un calesero en Córdoba argumentó que su jamelgo tenía diabetes y no podría con mi peso, cuando en realidad ¡yo solo le preguntaba la hora!

INTIMIDAD PÚBLICA

No logro acostumbrarme a caminar entre personas que van hablando a solas; ya sé que —a diferencia de los dementes de antaño— los parlantes de hoy llevan audífonos que revelan su estado de conversación. No son soliloquios, sino conversaciones telefónicas que simplemente no pudieron aplazarse y se realizan a la vista y oídos del mundo. Parecería que hay muchos personajes al habla que en realidad están fingiendo: el que farda millones o la que finge cortejos amorosos quizá para impresionar al incauto prójimo o, como me sucede a menudo, hay quienes van hilando unos cuentos dignos de antología a los que simplemente no puedo dejar que se alejen. Confieso que he seguido a prudente distancia a la señora que iba narrando paso a paso los engaños de su cuñada y que he bajado del autobús (a 10 calles de mi destino) para no perderme el desenlace de una historia hilarante donde un camarero narraba al vacío las tribulaciones y pendencias de una paella que acababa de servir para un grupo de turistas japoneses.

Se supone que la intimidad es una suerte de espacio espiritual privado, una compacta neblina reservada de una sola persona o grupo, y según la Real Academia, de manera especial en las familias, pero con esta onda de los teléfonos inteligentes en este mundo tan lleno de tonterías me siento incluido (o, por lo menos, involuntariamente considerado) en apasionantes intimidades ajenas. Aunque fingíamos sordera o intensa concentración en el paisaje, por lo menos 11 pasajeros del autobús de ayer íbamos ardientemente prendidos con la minuciosa enciclopedia erótica que iba lentamente verbalizando una rara dama, muy maquillada, que hablaba en voz alta sobre los envidiables laberintos de su erotismo y, de paso, revelaba síntomas precisos sobre la sexualidad de su pareja. Estuve a punto de preguntar cosas que me resultaban incomprensibles, pero me abstuve por vergüenza (más por la concurrencia, que por la tentadora perversa que parecía gozar con sus miradas insinuantes su raro tipo de voyeurismo).

Donde sí la regué fue durante un largo recorrido nocturno donde un joven pasajero —sentado a mi lado— no tuvo empacho en compartir la conversación en la que se desvivía por pedirle perdón a quien supuse que era su novia (a mi parecer, necia e injusta, cruel y ciertamente abusadora). El joven le hablaba —sin reclamo, pero con lagrimitas— de los regalos que le había hecho y de una vieja infidelidad que él había perdonado cuando eran estudiantes. Viendo que llevaba las de perder, pedí la parada, me levanté y me metí en el rollo, sugiriéndole "Dile que la amas", a lo que otro pasajero (un adormilado anciano que viajaba en un asiento pegado a la puerta) me respondió: "¡Si estoy hablando con mi sobrino, joé!" y me remató con un "¡Metiche!".

LA NUBE LILA

Basta que dos madrileños detengan de pronto su camino para que en ese instante se trastoque el orden secreto del Universo entero. Para envidia de fuereños y viajeros efímeros, de pronto se hace un silencio cuando por un casual cósmico e inexplicable una invisible neblina lila hace que se detenga de pronto el paso cansino del burócrata cansado o el arrastre de la intemporal ama de casa que vuelve de la frutería con el carrito repleto de verduras. El fenómeno es transgeneracional y consta que también se ejerce entre jóvenes que parecen deportistas o mujeres de traje sastre empresarial con tacones de media punta: algo les viene a la mente o se les aparece intempestivamente en medio del vacío y a todos los que vienen de lejos se les despierta —no sin envidia y aumentada curiosidad— una urgencia por querer ver lo mismo que ven los abducidos por la morada niebla.

A veces parece que han olvidado algo en el consultorio de un podólogo o, por el contrario, han recordado intempestivamente la mejor receta para capear boquerones en casa, pero lo cierto es que se trata de un lapsus de muy pocos segundos en donde poco importa si el catatónico estorba el flujo de los demás pedestres. En el andén del metro, cumplidos los prometidos minutos para que hiciera su entrada el moderno tren o en las puertas mismas del autobús (habiendo dado el paso a los mayores), llega de pronto la nube lila y sin que provoque un cambio en los gestos —y sin despeinar a nadie— se abre ese minúsculo vado en el tiempo con lo cual todo fuereño se pone a conjeturar: ¿será que de pronto Benito Pérez Galdós ha enviado un mensaje del más allá, o acaso será posible que esa dama octogenaria acaba de entender perfectamente los resortes de la crisis política que mantiene a España sin Gobierno?

Al parecer, el paréntesis en Babia no tiene tintes religiosos, aunque habrá catedráticos que finquen sus raíces en las antiguas visiones de los iluminados por la gracia, pero ese minúsculo espacio de eternidad en donde quedan en vilo los caminos de más de un habitante confieren a Madrid uno más de sus encantos. No desesperéis ni os saquéis de quicio —diría un manual decimonónico—, solamente se trata de una nobilísima expresión de quienes andan a sus anchas, los que caminan sin importarles rozar los codos ajenos, visionarios de algo mucho más ideal que todo bulto que les cruce por delante de su vista y por ende, etimológica confirmación de las personas que van a su bola, aun cuando van en bola.

VIAJE ALREDEDOR
DE FERNANDO DEL PASO

Por lo menos dos generaciones de lectores recordarán la noche de 1987 cuando el conductor del telediario con mayor audiencia en México se puso a leer al aire el primer párrafo de la novela *Noticias del Imperio*. Millones de mexicanos escuchaban de pronto noticias de un delirio decimonónico, en vez de las acostumbradas locuras con las que languidecía la primera revolución del siglo XX. Para muchos lectores era la primera vez que se apuntaban el nombre de Fernando del Paso como lectura obligatoria, que al día siguiente se reflejó en las ventas (que a la fecha no han decrecido). Para otros, Del Paso ya había sonado campanas y ladridos desde 1966 cuando publicó su primera novela, *José Trigo* (1966).

Del Paso como un continente que habrá que recorrer andando es un paisaje que inaugura su lectura con poesía: su primer libro, *Sonetos de lo diario* (1958), es un poemario que se ha multiplicado en círculos concéntricos (*De la A a la Z*, de 1988; *Paleta de diez colores*, de 1990; *Castillos en el aire*, de 2002; *PoeMar*, de 2004, e incluso *La muerte se va a Granada*, que es teatro en verso) como extensiones en verso de eso que los profesionales de la crítica definen de acuerdo al silogismo de Auden—*La poesía ocurre*— y el poeta Del Paso lo encuentra en el surrealismo cotidiano, en las minucias enormes, en lo fugitivo que permanece como pinceladas al óleo sobre la inmensa tela de un continente a veces aislado.

Hablamos de un escritor que pinta o de un pintor que escribe, no siempre con el lectorio en aplauso inmediato o la crítica con vientos a favor, sino a contracorriente, estertor siempre llamativo y desconcertante. Por algo también es el primer Premio Cervantes que comparte vestuario con Mick Jagger: gafas naranjas sobre un terciopelo rojo y mitones que en inglés son *mittens* que riman con Dickens, como muchos de los personajes que se salieron del posible paisaje de su poseía para poblar las tres novelas que lo consagran y honran hoy precisamente al premio con el que se le honra. Hablo de personajes a la inglesa o lo Galdós, con guantes de dedos recortados, que no caben tanto en verso y piden prosa para vivir o desvivir a su gusto, como los que habitan entremeses de corrala cervantina o el loco lector que se atrevió a conquistar al mundo cruzando una madrugada los vastos campos de Montiel en La Mancha.

Fernando del Paso es el sexto escritor mexicano en ser reconocido con el Cervantes, habiendo ganado una decena de otros premios de elevado prestigio, pero quien sobrevuela su obra descubre que se distingue particularmente por ser autor leído. Más aún, releído y escuchado. Así como miles de mexicanos lo descubrieron por las noticias que se leyeron en las noticias, no pocos españoles de la generación de la Transición lo conocían como la voz de la BBC de Londres y luego el hombre que hablaba de letras a través de Radio Francia Internacional. La voz que cruzaba fronteras por las nubes y llegaba a los oídos ávidos de quienes soñaban con el fin de una España en blanco y negro. Hablaba de música en colores, autores en inglés, poetas en francés y toda la herbolaria de la alta cultura que evadía censuras a través de la onda corta. Era como una onda psicodélica para un panorama pacato y persignado de perseguidos y pendientes; nada mejor que en voz de quien había sacudido no pocas conciencias en México al cuajar una novela de atrevida prosa y conciencia en papel como *José Trigo*.

Nacido en 1935, Fernando del Paso pertenece a la generación que se hizo hombre en el medio siglo XX, cuando las promesas y postrimerías de la revolución mexicana se habían convertido en instituciones ejemplares, pero también en alargadas promesas incumplidas. Con *José Trigo*,

Del Paso escribía la voz de un fantasma en la ciudad y el coro de los conflictos. Nombre-título como *Pedro Páramo*, *José Trigo* es el llano lleno de edificios, la ciudad donde desfilaban en huelga los desheredados de tanta sangre, al filo de Tlatelolco. Del Paso ponía palabras a la polución y al populacho, a la neblina de un doloroso descalabro que parece prosa automática, murmullos en párrafos sueltos, preconizando eso que hoy día —medio siglo después— confunde y duele tanto a Brasil: declararse anfitrión de Olímpicos Juegos y Mundiales de Balón Inflado en esa cíclica lotería del desconcierto de las naciones que aspiran a ser del Primer Mundo habiendo hambre en los campos y harapos en las calles. En *José Trigo* reclaman justicia con su huelga los ferrocarrileros de un país que hoy, medio siglo después, se quedó sin trenes.

Del Paso quiso estudiar Medicina y dice que renunció por aversión a las vísceras y sangres en directo, lo cual no impidió que se lanzara a la confección de una segunda novela en 1977 que retrata la vida de *Palinuro de México*, estudiante de Medicina que vive en amasiato con su prima Estefanía en el cuadrángulo enigmático de la plaza de Santo Domingo, antiguo refugio de la Inquisición en tiempos de la Colonia, bajo cuyos portales subsisten hasta el día de hoy los escritorios públicos donde evangelistas a destajo escriben cartas para todo analfabeto que solicite documentos legales o cartas de amor furtivo. *Palinuro de México* es un *collage* barroco y onírico, mural vocálico donde se entremezcla la memoria de sus propias andanzas de estudiante en el vecino colegio de San Ildefonso con las ilusiones enloquecidas de un aspirante a curador de almas y cuerpos.

Luego, en 1987, *Noticias del Imperio* cristalizaría la finísima ebanistería del escritor barroco, el cronista literario de una época que había sido velada en amnesias por la aburrida prosa de un montón de historiadores. Se trata de la confirmación de un ánimo popular en donde tanta glorificación en bronce de Benito Juárez y la heroica defensa de la soberanía nublaba la incomprendida desgracia del efímero emperador Maximiliano y su tierno amor, Carlota Amalia. Un noble austriaco vestido de chinaco dictando bandos en todas las lenguas indígenas y una princesa de Bélgica que termina enloquecida, durmiendo con un muñeco anatómicamente correcto de su rey (fusilado en Querétaro) en habitaciones cercanas al Papa nada menos que en el Vaticano. La

Loca Carlota que en el corrido era cantada con narices de pelota, que murió ya entrado el siglo XX, con luz eléctrica y Chaplin en pantalla, era la protagonista de hechos en crudo como auténtico bombón más que apetecible para el azoro literario, pero nadie lo cuajaría mejor que Del Paso, orfebre y erudito como lo prueban sus ensayos y sus crónicas, ambos ya antologados en libros de sus muchas lecturas y muchas ideas en torno a temas tan diversos como el islam o los laberintos de Escher, el judaísmo o la música clásica, sus pinturas al óleo y en el recuerdo, pero quizá el libro con el que deberían empezar a recorrerlo los nuevos lectores que han de viajar a Del Paso ahora que se le reconoce con el Premio Cervantes sea precisamente *Viaje alrededor del Quijote* (2004).

Del Paso es de los pocos que han reparado en guiños no tan obvios que hizo Cervantes para la noche de los tiempos, quizá enjaulados como leoncitos para el atrevido que se lanza a la disección, autopsia y resurrección de párrafos inmortales, supuestamente intocables. En su viaje en torno al *Quijote*, Del Paso se pregunta como niño que lo lee siempre por primera vez en dónde estaba de veras esa biblioteca del loco Alonso Quijano y cómo es que la tapiaron su ama y la criada. ¿Será que un verídico encantador logró desaparecer esa habitación, incluso en los planos que han trazado posteriores estudiosos de ese capítulo cervantino? Del Paso es de los pocos lectores que se atreven a hilar que ese Álvaro de Tarfe que aparece en la gloriosa segunda parte del *Quijote* es nada menos que invento del nefando Avellaneda, santo patrono de plagiarios, resucitado en tinta por el ofendido Cervantes para descalabro de todo usurpador y gloria de la mejor historia jamás contada. Viajar con Del Paso alrededor del *Quijote* es andar despacio con un viajero que se convierte a su vez en un abierto continente de palabras, un escritor que a partir de este abril cumple cabalmente con la dosis que recomendaba Alfonso Reyes para todo autor mexicano: ser generosamente nacional y provechosamente universal. Un autor como paisaje de versos, óleos encendidos de luz, lecturas en contagio constante y por lo menos tres novelas que seguirán siendo, ya para siempre, noticia.

CULTURA ES CALDO DE CULTIVO

A sí como la proliferación biológica se multiplica y ramifica a partir de un caldo de cocción diversa, la cultura es en realidad océano inmenso que se define por dictado, decreto o declaración a la ligera. Podríamos convenir en que *civilización* es el vaso y *cultura* todo aquello que se sirve en el mismo, si es de barro o vidrio soplado e incluso, *cultural* la decoración, forma y tamaño de ese vaso. En estos días en que la Feria de San Isidro de Madrid parece desatar la posible discusión sobre si las corridas de toros son o no un asunto de cultura española, proliferan opiniones no siempre fundamentadas donde parecería que hablar de ello en términos culturales es pretexto para desgarramiento de vestiduras. Buena o mala, anacrónica o vigente, irracional o lógica... habitamos una cultura –y en círculos concéntricos, innumerables expresiones culturales— de las que quizá renegamos o ejercemos sin pensarlas y que, indudablemente, despiertan rechazo en quienes habitan o profesan otras culturas y formas culturales. Subrayemos que la mentada prohibición de las corridas de toros en Cataluña afectó a todos los festejos de las corridas de toros *a la española*, mas dejó intacta la nefanda dizque fiesta del *Toro del Bous* (pleonasmo siniestro donde se le prende fuego a los cuernos de un toro que ha de ser martirizado con lanzas por un pueblo entero, mientras permanece atado con cuerdas). La justificación de esa contradicción se basó en que la tortura a la catalana es una herencia cultural enraizada en la región... las otras formas, por venir de fuera, quedan prohibidas.

No hablar de las corridas de toros en términos de una expresión cultural –buena, mala, trasnochada o boyante—conduce a obviar toda consideración sobre si la cultura de la siesta es o no determinante en el nivel productivo de una empresa o negar que también es asunto de esta cultura proteccionista de animales la supervivencia o no de los zoológicos en ciudades. Pensemos si no son tanto o más urgentes las consideraciones en torno a la cultura machista que se ve todos los días en las calles de Madrid hasta en la forma con la que caminan a su bola los hombres, tres metros por delante de sus mujeres acompañantes o la cultura del manotazo y grito pelado a pequeños infantes, ya muy mal visto en los columpios del Parque de El Retiro. Puede llegar entonces el día en que portavoces de otras culturas quieran prohibir o cuestionar esa costumbre –también expresión cultural—enraizada aún en muchos trabajadores incansables de empezar el día con un pelotazo de anís con coñac. Sol y sombra: peor aún, que llegue el día en que alguien declare que no es cultura, la escultura.

EL PANA AL FILO...

No ocurrió a las cinco en punto de la tarde, ni en plaza de postín; el nulo trapío de un torete del hierro de Guanamé tampoco destilará versos invaluables y sin embargo, el bicho de marras (castaño claro, ojinegro, capacho de cuerna, escurrido de carnes) se llamó "Pan francés", al filo de un Cinco de Mayo, fecha que ahora hasta en la Casa Blanca de Washington se festeja como fiesta mexicana al conmemorar precisamente el triunfo decimonónico de la República Mexicana de Benito Juárez contra el ejército invasor de Napoleón III a las faldas de la ciudad de Puebla, tan cerca de Tlaxcala.

Nadie sabe si Rodolfo Rodríguez *El Pana* pretendía ejecutar una de sus lánguidas *Verónicas* en las que desmayaba los brazos adormilados o si le hubiera dado tiempo de girarse de espaldas e intentar una *Tafallera*, esa rara manera de abrirse de capa que realizó en muchas ocasiones. Incluso, consta que de tanto hacerlo, a *El Pana* se le hizo fácil pasar de eso a la ejecución del *Pase del Imposible* con capote, cuando se supone que ese sortilegio era exclusivo del toreo con la muleta. Lo que se sabe es que a *Pan francés* le bastó darle un tope seco en el tronco de la taleguilla de *El Pana* y echarlo a volar por los aires como muñeco de trapo pintado por Goya, manteado en una triste metáfora que ha señalado Rubén Amón en estas páginas.

No pocos críticos especializados y aficionados de cepa viven hoy la tragedia con la amarga apostilla de su circunstancia: no se trata de la heroica cornada en la femoral que hizo que *Manolete* muriera matando y matara muriendo al toro *Islero* de Miura o la tajada instantánea que dejó el corazón de *El Yiyo* como un libro abierto sobre la arena de Colmenar Viejo. Es un percance a *topacarnero*, de frente y sin sangre en la arena que dejó inerte el cuerpo de una leyenda que no merecía salir del ruedo malcargado por improvisados asistentes. Para colmo, la apostilla de esta enrevesada modernidad en la que la proliferación de los llamados antitaurinos confirma que son legión quienes opinan de lo sea sin tener conocimiento de causa y por ende, caer en la vergonzosa celebración de los percances humanos, de la íntima tragedia de vidas absolutamente novelescas que se visten de seda y oro para jugarse la vida como si fueran príncipes de un reino en constante decadencia. La bravura del ganado bravo —así en las vaquillas como en los erales, novillos, toretes como pan francés o toros de imponente trapío— se manifiesta desde la nacencia y si acaso se fardan ahora vídeos en donde vemos bureles que se dejan acariciar por sonrientes villamelones es porque aledaña a la bravura está el riesgoso jugo de la mansedumbre y de todo eso saben los ganaderos de bravo que heredan por lo menos tres siglos de intrincada ingeniería genética donde la sangre brava termina por confirmar lo obvio: todo aquel que se pone delante de un animal en franca embestida horizontal, pretendiendo burlar su encuentro apostado con inmóvil verticalidad (y no bailando un zapateado) se juega la vida. A don Antonio Bienvenida, sabio de encastes y de toda tauromaquia, lo mató una vaquilla con sólo echarlo a volar por los aires quizá sabiendo que la cornada está en la caída, igual que le pasó a Christian Montququiol *Nimeño II* y al gran Julio Robles.

Rodolfo Rodríguez *El Pana* se juega la vida cada 24 horas y en el ruedo transmitía el eléctrico paso con el que aletargaba el paseíllo y ese raro don que se llama caminarle a los toros. La tragedia subraya que toda su grandeza emanaba tanto de la quietud como de la movilidad, ya en quites donde se colocaba el capote encima de los hombros como mariposa en acuarela o en banderillas donde la palabra rehilete parecía rimar con ruleta o con las fantásticas faenas de muleta donde ralentizaba el tiempo y todo se ponía en blanco y negro. Pensar que hubo un tiempo en que *El Pana* entrenaba en Los Viveros de Coyoacán en calzoncillos para que los aspirantes a novillero vieran en sus cicatrices la topografía de todos los dolores que había sobrevivido para vestirse de luces: dos tajadas en la femoral de ambas piernas, la zafena cercenada, el torso cosido en piel queloide... y hoy, la embestida al caer rígido sobre las cervicales, inerte en la arena aunque quizá intuya que lo llevamos en hombros todos los que lo vimos torear entre nubes, con la secreta esperanza que de esta herida también ha de salir por la puerta grande.

... DE LA LEYENDA DE EL PANA.

De madrugada en Madrid y al anochecer de México llega la noticia de que ha muerto Rodolfo Rodríguez *El Pana*, a consecuencia de la estrepitosa voltereta que le propinó el mes pasado un mal bicho llamado *Pan Francés* en la plaza de toros de Ciudad Lerdo, Durango. El percance le cercenó las vértebras cervicales, dejándolo tetrapléjico, sin habla y acaso, el movimiento de sus párpados como única ventana de comunicación. Iba vestido de verde con pasamanería en azabache, la coleta –ya con las canas de sus más de sesenta años– seguía siendo natural y de moño a la antigua y no alcanzó a esbozar ni un solo lance que confirmase que la eternidad es una larga cordobesa.

Decía el gran Eliseo Alberto que todo hombre muere del corazón, ya sea por amores contrariados que van minando la existencia o un derrame cerebral que borre la memoria, sea por un largo cáncer que absorba el azul jardín de los pulmones o el impacto imprevisto de un choque en carretera, todo hombre muere en el instante en que deja de latir su corazón. Constará entonces en el parte médico que *El Pana* murió a las 18.45 de un 2 de junio de 2016, aunque podrían quitarle un siglo y sería perfectamente factible que en realidad murió en esa época del toreo en sepia, cuando los aficionados iban en calesa a las plazas y en los ruedos se transformaba la tauromaquia del birlibirloque decimonónico con el toreo en redondo y por bajo, con toda la gama de quites y desplantes que hicieron de *El Pana* un fenómeno anacrónico.

Podemos también decir que *El Pana* empezó a morir precisamente por la vida que sustenta su biografía. Enterrador en un panteón anónimo de Tlaxcala, vendedor de gelatinas en las calles polvorientas de Huamantla que una vez al año se alfombran con aserrín de pétalos de todas las flores para simular que sus muertos viven en colores y posteriormente, panadero en el oficio por el cual se ganó un apodo ya legendario. Empezó a morir en cuanto parece ya cosa de novela en blanco y negro la época de los maletillas que andaban la legua con su hatillo al hombro, una muleta vieja y corneada y un capote mal engomado como manta para las madrugadas en las que se hacía la Luna, saltando las alambradas de las ganaderías para jugarse la vida con algún semental de cinco años y veinte arrobas, sin más *olés* que las sombras de los árboles y la callada admiración de su propia soledad. Empezó a morir cuando ya desde finales de la séptima década del siglo pasado parecía leyenda inventada por los abuelos la fugaz aparición de algún espontáneo (de pantalón de mezclilla amarrado con paliacate, camisa blanca anudada como pañuelo a la cintura y gorra de maletilla que se hunda por encima de las cejas) justo en medio de una corrida formal de luces. Empezó a morir el día que le hizo el quiebro de rodillas a un novillo encastado y se levantó para colocar al relance uno de los más memorables pares de banderillas que recuerde la Monumental Plaza México y su agonía se fue prolongando en cada una de sus actuaciones y en cada una de sus espectaculares hazañas y excentricidades: partir plaza mientras fumaba un puro, intentar el *pase del Imposible* (con muleta y luego, también con el capote); arrastrar las zapatillas como si anduviera en cámara lenta y alargar los muletazos con la barbilla hundida en el pecho y arqueando el cuerpo como si el mundo aún viviera noticias de la Segunda Guerra Mundial. La gloriosa y lentísima agonía de quien inventó el par de Calafia (un par de banderillas empuñadas en una sola mano, citando al quiebro y cerrado en tablas, para clavar en el instante justo de la reunión, *al violín*, por encima del hombro contrario y salir andando lentamente hacia una gloria que él mismo alargaba en vuelta al ruedo).

Lenta agonía de todas sus controversias, su oposición abierta al dictado de las figuras y de los empresarios, su propia lucha contra el demonio del alcoholismo, la insólita resurrección el mismo día en que pretendía despedirse de los ruedos: ese milagro de Reyes Magos en el que toreó sin tiempo y dibujó un *trincherazo* que no acaba de fundirse, ya convertido en bronce impalpable en un palmo intocable de la arena de la plaza más grande del mundo.

Se puede decir también que todo torero –matador, novillero, banderillero, picador o aficionado de cepa– muere un poco cada vez que gana terreno la burla impune, la denostación instantánea, la crítica desde la supina ignorancia a la rara dicotomía que envuelve a las corridas de toros. Efectivamente, se trata de la lidia (calificada ya como martirio) y muerte (definida ya como asesinato) de un toro bravo (sin considerar que los llamados toros de lidia no son comparables a la vaca lechera o el buey de carreta) y todo torero muere un poco en cuanto aparecen en YouTube, Facebook, Twitter y todas las redes sociales, todas las bocas de quienes en realidad no tienen mucha idea del tema, las burlas y celebraciones en cuanto hay corneados en plazas del mundo taurino. Una cosa es la muy respetable opinión que se fundamente en contra de cualesquier conducta ajena y otra, muy diferente, la impune celebración de su desgracia, la sorna y burla del dolor de otro humano a costa del supuesto alivio para el sufrimiento animal y sí, *El Pana* se fue muriendo en un mundo de technicolor, fibra óptica, telefonía móvil, televisión inteligente, vuelos supersónicos y compras de todo producto por internet precisamente porque vivió siempre en un mundo de otro lenguaje.

Con todo, a los 64 años que declaraba tener de vida, Rodolfo Rodríguez seguía encarnándose cada día que se le ofrecía convertirlo en domingo y convertirse en *El Pana* a las cinco en punto de cada tarde. Hablaba de sí mismo en tercera persona y era de los artistas que aseguran siempre no haber logrado su mejor faena porque el mejor muletazo de toda faena perfecta es precisamente el que no se pudo dar. Para quien vive cada instante de vida entregado apasionadamente a lo que llena su corazón, la muerte empieza precisamente cuando un azar inapelable se lo impida. Aunque seguía latiendo, el corazón de un torero empezó a morir en el momento en que supo que no podría volver a torear.

Descansa en paz, rara figura del toreo, ya en hombros hacia el albero sin tiempo donde torean para siempre quienes merecen la eternidad de su leyenda.

Despedirse emas, hace l'anne devierse, vo en la colación hasta, al obrero tra tiempo don de toreed pero, siempre quedchos otes ces le don pobed de su juego le

GUITARRA DE AIRE

Escondido entre los jardines de la Plaza de Oriente, el anónimo guitarrista sorprende a muchos paseantes con el notabilísimo virtuosismo de una rara prestidigitación: quizá sea el único músico callejero --¡y en Madrid tenía que ser—que llama la atención instantánea, y recoge respetables cantidades de propinas en una caja de cartón, con el trampantojo genial de tocar una guitarra sin cuerdas. A primera vista –o primera escucha—parece que el juglar está clonando milagros de Paco de Lucía o que él mismo es reencarnación de Paganini en seis cuerdas; el volumen de la bocina rebasa el eco del verde auditorio de las hojas y todo el que lo oye de lejos, se acerca a escuchar con un convencido asombro que se vuelve callada consigna entre signos de admiración: "¡Cómo es posible que este genio viva de lo que toca en la calle!".

No todos los que dejan monedas o escuchan absortos caen en la cuenta de que en realidad, el virtuoso no toca nada y simplemente mueve las yemas de los dedos de su mano izquierda a una velocidad supersónica, sincronizados con las notas y que completa con su diestra la vera destreza con la que juega a una suerte de karaoke o *playback* de auténtico pícaro.

Guitarra de aire llaman en algunos bares de los Estados Unidos a los etílicos concursos de quienes fingen llevar una guitarra en brazos y realizan imitaciones impalpables de grandes éxitos del rock como si fueran Jimmy Page o Keith Richards, pero el anónimo guitarrista falso de Madrid eleva el término a otros niveles: lo suyo es realmente una guitarra de aires de magia, del juego de *¿dónde quedó la bolita?* con el que acostumbraban embaucar los gitanos a la salida del circo. Es una pantomima y una broma en el fondo inofensiva, que provoca risa incluso en quienes hemos caído en su engaño entre el follaje.

También es metáfora, pues no deja de revelar que muchos transeúntes tararean canciones sin importar la letra, memorizan tonadas que se vuelven inolvidables sin importar intérprete, idioma o significados y mantienen vigente aquel viejo truco entrañable de las películas en blanco y negro donde todo actor fingía tocar guitarras (esas sí con cuerdas) aunque se notaba a leguas que nunca o casi nunca cambiaba de pisadas con la mano izquierda sobre el diapasón o que casi nunca o nunca correspondían los fingidos rasgueos de la mano derecha con el ritmo de la tonada.

Eso mismo pasaba con los besos cinematográficos que ya sabemos que no lo son de verdad y bien visto, la *Guitarra de Aire* de la Plaza de Oriente se aparece de vez en cuando tan cerca del Teatro Real como misteriosa confirmación de que la música, como toda felicidad, es efímera e impalpable aunque parece rozarse con los dedos.

LA CASETA DEL LIBRO SOLO

En la Feria del Libro de Madrid en el Parque de El Retiro, al final del todo, se encuentra la caseta del libro solo. Año con año, aunque cambie de ubicación específica, abre puntualmente su toldo y espera calladamente el reconocimiento que le dan sus visitantes. Es el anónimo santuario de los autores que nunca son invitados a esta feria, el destino de los poetas anónimos que se confunden con los lectores en general, hojeando libros en todas las casetas como quien revisa remedios en una herbolaria. La caseta del libro solo es el mínimo homenaje al medio de transporte más barato y el único vehículo capaz de hacernos volar sin alas, volar en el tiempo y desaparecer a la vista de todos. Es el hogar de todos los tiempos, donde la desolada mujer abandonada en un siglo sin colores habla en párrafos con el amante intemporal que la visita de madrugadas, cuando calle el parque.

El libro solo lo escriben todos los niños y ancianos que visitan la feria en El Retiro con un relato en mente, prefigurando las láminas y las páginas de historias que ya llevan inventadas en sueños durante el año para inexplicablemente encontrar que alguien, uno, alguno o ése ha logrado poner en tinta lo que imaginaban. Es el libro de las recetas perdidas de una abuela que enloqueció y la bitácora de los viajes que se inventaba el tío abuelo que pecaba de mitómano; la crónica de un gol que alguien anotó en el minuto 43 de un partido en el patio de un colegio y la vera historia de la conquista de una juguetería. Es el libro de arena que lee la niña guiada por las yemas de los dedos de un ciego que habita una biblioteca quién sabe dónde y la carta desesperada que apareció en medio de la selva, bajo un árbol de berenjenas y esdrújulas.

En sus páginas interminables hay mapas de lugares trastocados por la memoria y planos de ciudades que se han convertido en silencio; los recuerdos de un hombre que caminó toda la vida alrededor de su cama hasta sentir que había descubierto el Polo Norte y la larga canción sin música de un flautista demencial que jura poder hablar con las cigüeñas. Este año, el libro solo trae intacta la memoria de un bosque que habla en follaje todos los idiomas posibles para descifrar qué tan efímera es la palabra felicidad y en su caseta se refugia la íntima etimología de eso que llamamos esperanza porque en la caseta del libro solo se guarda eso tan parecido al sueño que escribimos todos con sólo imaginarlo.

MERCI, ZIZOU

Ahora las enciclopedias electrónicas y los pergaminos sin tiempo registran que Zinedine Zidane es el primer entrenador en ganar la Undécima Copa de Europa, (ahora conocida como Champions League) habiendo ganado otra (la Novena) como jugador y otra más (la Décima) como segundo entrenador. Mañana mismo esculpirán en mármol blanco la irrebatible estadística de una nave al garete, un inmenso elefante blanco que flotaba sin timón hacia el filo de un iceberg, que de pronto quedó al mando de Zinedine Zidane, quien no sólo llevó al Real Madrid a la conquista de la Undécima Copa de Europa, sino que lo ubicó en la más honrosa e inesperada posición de terminar la Liga Profesional de Fútbol de España a tan sólo un punto de un Campeón que se creía imbatible. Ahora que el equipo entero, como canta el viejo himno, se comporte como un conglomerado de caballeros del honor y reconozcan la maravillosa campaña del rival caído, ese *Aléti* que ya había perdido la misma Champions en Lisboa, ahora recrecido con la doble hombrada con la que enfrentaron al supuestamente intocable Barcelona en su Camp Nou (incluso con dos jugadores menos)... pues, precisamente ahora, *Monsieur Mon Cher* es tiempo de que se le diga públicamente, *Merci Zizou.*

Gracias por haber elevado no sólo el ánimo de cada uno de los jugadores y revitalizar su innegable talento, sino por haberles devuelto la alegría de jugar y el realismo mágico de los toques geométricos en relevos como poliedros que mostraron en diversas canchas a partir de su llegada al banquillo. Sobre todo, durante no pocos minutos del primer tiempo contra el digno rival Atlético de Madrid se percibía la nueva elocuencia sobre la cancha, ese *algo* que contrastaba notablemente con el simulado tedio, la mecanizada entrega y el muy forzado esfuerzo que transpiraron esos mismos jugadores del Real Madrid cuando intentaban leer las enredadas partituras de un tal Rafael Benítez, que en realidad no era director ni atril para una casa blanca que siempre se ha distinguido por lo que Monsieur Zidane supo resucitar. Quizá por ello, el día que debutó Usted como *Míster* en el banquillo, la escuadra tuvo a bien marcar cinco goles (marcador que repitieron otras veces en la Liga) como secreto homenaje al número que Usted heredó de Manolo Sanchís y a la historia del pretérito y a la historia por escribir y *¡Nada más!*, como nos hizo cantar Jabois.

Es tiempo de agradecerle, reconociendo que hubo entre los profesionales de la crítica deportiva una inexplicable condescendencia o un ánimo no del todo objetivo al evaluar su presencia al filo de la cancha, con ese abrigo de medio largo y una adrenalina tan entrañable que incluso lo hizo tropezar un día e irse de bruces como si un fantasma del pasado metiera zancadilla. Desde su debut como técnico se le elogiaban los resultados, pero como algo que no precisaba el profundo reconocimiento al trabajo que en realidad no vemos los aficionados: hablo de domeñar los egos de tanto millonario, amortiguar la teatralidad innecesaria de quienes fingen faltas y exageran lesiones inexistentes, convencer con argumentos a quienes tienen que resignarse al banquillo o quienes sólo jugarán pocos pero cruciales minutos semana a semana.

Allí estaba Zidane desde la banda aleteando con elegancia las palmas de las manos, como quien deseaba que siguiera el juego y que alguien le enviara un balón. De eso se trata: para los aficionados de veras, para los abonados o socios y los fieles sin carné o incluso, para los turistas que vienen a Madrid precisamente para comprar una camiseta blanca, lo único que nos faltaba era verlo en pantalón corto y recrear eso que Usted hacía cuando paraba el balón para que el mundo entero girara alrededor de su cintura. Lo queríamos ver o imaginábamos verlo bajar el mismo balón de la estratósfera y convertirlo en el fruto redondo y seco que paró los relojes en Glasgow, cuando gracias a Usted ganamos la Novena contra el Bayer Leverkusen.

Merci Zizou por heredar a una nueva generación de jugadores –más metrosexuales, depilados y tatuados que los de anteriores épocas– el relevo de los toques en cascada, las tangentes móviles de los extremos, la cronometría lineal de la defensa, la salida relámpago y la contención racional, la explotación de las bandas, el barroco en la media... en fin, cosas que condensan en una renovada generación muchos –si no es que todos–los dones y las dotes que distinguían al Madrid de diferentes épocas. A falta de Saeta, el tridente impredecible; en busca de cabriolas inventivas y volteretas gimnásticas, el regreso del bombazo a media distancia; a falta de líbero, un cuarteto de defensas que se suman al ataque y un largo etcétera de todo eso que se supone no debemos ver en los entrenamientos.

Sobre todo, *Merci* por haber encarnado el papel directivo ahora indiscutible con humildad y sonrisa. Usted ha confirmado que el mejor atributo de la vera grandeza es que precisamente parece común y corriente. Quienes lo admiramos desde que jugaba en la cancha como quien interpreta con todo el cuerpo la inexplicable sinfonía de una música verde, quienes celebramos todas sus jugadas inolvidables (incluso las que no terminaban en gol o se volvían pases al vacío), así como quienes ya habíamos heredado a nuestros hijos la respetuosa admiración por el talante y seriedad con la que Usted decidió vivir su vida entrelazada al balón –ya escondiéndolo a la vista del mundo o bajándolo de las nubes con la punta de una zapatilla extendida o bien como cráneo para partir el tórax de todo aquel que utiliza el insulto en esto que no es más que juego–y también quienes sentimos no sólo alivio, sino entrañable admiración al verlo de corbata en el banquillo, nos hemos quedado hoy sin dormir, bailando en las faldas de la Cibeles, esperando verlo a su regreso de Milano, con esa Copa de Europa que ya no contamos con los dedos de las manos, para sinceramente decirle: *Merci Zizou*.

PAUL EN LA VENTANA

Paul McCartney en el Vicente Calderón. Cincuenta mil voces corean canciones que ya son memoria de tres diferentes generaciones. El niño que venía en hombros del padre es ya el hombre que le despeina las canas y McCartney proyecta en blanco y negro el rock and roll que hipnotiza al mundo entero desde hace más de medio siglo. Su voz encarna el homenaje constante que le hacemos todos a John y George. El señor de 74 años que canta y baila como si llevara una psicodelia en las venas es el mismo adolescente que le canta al oído a la chica que recién acaba de conocer en la fila de entrada a las gradas; las primas que llevan ensayando la letra de todas las canciones no pararán de bailar, incluso en la multitudinaria peregrinación de madrugada en un Madrid que de pronto parece quedarse en blanco y negro.

The Beatles llegaron a Madrid el 1 de julio de 1965. Se presentaron al día siguiente en la plaza de toros de Las Ventas, con Los Pekenikes de teloneros para un concierto que duró 35 minutos. Cantaron La Bamba que ya era declarada Twist and Shout, otros nueve éxitos y A Hard Day's Night, con la que hoy mismo abrió McCartney, ya sin los otros tres *muchachos de Liverpool*, como los anunciaron no sin censura franquista.

The Beatles se hospedaron en el Hotel Gran Meliá Fénix, (suites 123, 223, 323 y 423). Mientras Ringo dormía tamborileando sonámbulo los anillos de sus dedos y McCartney escribía los versos para una música perfecta que le había confiado Lennon, dicen que John y luego, George, vivieron no pocas horas de apasionado romance con una joven afanadora del hotel que por una noche, con dos distintos enamorados, fue la española más bella y feliz del mundo, sin que uno supiera del otro, ni los tres del que la vio partir al alba.

La viuda de 80 años que llegó al concierto de hoy con uno de sus hijos, su nuera y tres nietos; esa que balbuceaba algunas de las canciones y lloró en silencio, entiende por fin el secreto de toda una vida: al amanecer del 2 de julio de hace medio siglo, antes de casarse, antes que *nada* lo vivió *todo* con dos de cuatro ingleses que parecían iguales. Desde la distancia del tiempo y de la grada del Calderón de hoy, supo sin confiarlo a nadie que quien la miraba desde una suite (donde ella no había entrado) era el bajista zurdo de esta noche: Paul en la ventana despidiéndola con la mano izquierda, mientras ella caminaba hacia el corazón de Madrid.

POETA A PUÑETAZO LIMPIO

Supongo que nadie se atrevió en vida a criticar a Muhammad Ali como poeta o cuestionar su inmenso papel en no pocas transformaciones ideológicas y sociales del siglo XX. Lo obvio sería esperar que respondería con un gancho a la mandíbula, cuando en realidad el armamento más contundente que ostentaba el gigante campeón de los pesos pesados fueron las palabras. Los puristas de la métrica y engolados de academia dirán ahora que se trata no más que de un raro descendiente de esclavos negros que —como muchos otros bardos del Sur de los Estados Unidos— transpiraba una propensión natural para la rima; derivados intuitivos de eso que llaman *limmericks*, Ali desde que se llamaba Cassius Clay era capaz de rimar vocablos y armar retruécanos con la misma agilidad con la que combinó en los cuadriláteros su mote: era una mariposa que flotaba, al tiempo que picaba como abeja. Lamentablemente intraducible en toda su sonoridad, eso de *Floats like a Butterfly and Stings like a Bee* se volvió una suerte de credo recrecido que alteraba incluso la etimología formal de la No-violencia. Ha fallecido apenas hace unas horas y el mundo entero aún no sabe bien cómo deletrear su nombre, pero el respetuoso silencio que merece su leyenda exige al menos que intentemos entender su grandeza.

Campeón olímpico en los Juegos de Roma, el joven Clay pronto abrió las alas de su intelecto y lenguaje, desaforado y desatándose de entre las rígidas cuadrículas de una sociedad que aún segregaba a los ciudadanos de su raza. Ahora parece que hablamos de la prehistoria, pero en *The Good Ol'United States*, donde hoy es presidente Barack Obama, hace apenas poco más de medio siglo se obligaba en gran parte de su territorio a todos los ciudadanos negros –así fueran célebres cantantes, académicos o músicos de gran altura– a beber en fuentes aparte, viajar en la parte trasera de los autobuses y buscar educación o trabajo en reductos confinados como exclusivos para sus vidas.

Clay –ya campeón de eso que llamaban antaño *amateur*– se volvió profesional no sólo en los combates profesionales con bolsa de dinero, sino catedrático del escándalo: se proclamó a sí mismo el más grande de todos los tiempos, inauguró la intimidación verbal de todo rival aún antes de enfrentarlo en el cuadrilátero y se lanzó nada menos y nada más contra el más que rígido *establishment*. Por algo y por mucho *The Beatles* lo fueron a visitar a su campamento de entrenamiento. Ali nació el día en que asumió en público una conversión al islam en un mundo que a la fecha y en gran parte no ha sabido no sólo entender del todo lo que eso significa, sino aceptarlo dentro de los cánones del *american way of life* que se han contagiado a todos los órdenes o costumbres que se trastocaron precisamente desde la década psicodélica: por su credo y por sus creencias, más que simple objetor de conciencia, Ali fue un abierto opositor a la necia y nefanda guerra de Vietnam; declaró en vivo y por todos los canales de información que él no veía razón alguna en tener que viajar al otro lado del mundo para matar a ningún vietnamita, viviendo en un país que no generaba el prometido bienestar para una inmensa mayoría de sus habitantes.

Por su retórica y punzantes posturas políticas, fue despojado del título de campeón (que recuperó hasta en tres ocasiones) forzándolo a crecerse aún más en vez de aniquilarlo. Algunos dirán que él mismo se convirtió en la pantomima de su propio discurso –por las bravatas verbales, por la danza desesperante que coreografiaba sobre el cuadrilátero como si evitara precisamente entrarle a los golpes o por las constantes bufonadas con las que debatía en entrevistas con el célebre cronista Howard Cosell de la NBC— pero Ali era poeta en acción y su verborrea no sólo buscaba la rima instantánea (sin pretensión alguna de volverse Frost o Longfellow) sino encender un clima, armar un huracán en el vacío que sirviera de desconcierto para trastocar o abatir todo aquello que nos decían era intocable y su fox-trot ya con guantes respondía fielmente a la perfecta definición del boxeo, que no es la de subir a un entramado sólo para pegar, sino saber evadir con gracia los golpes que lanza el contrario.

Cuando recién se había cambiado de nombre por su conversión musulmana, Muhammad Ali se enfrentó a un inmenso ropero de ébano que insistió burlonamente llamarlo repetidas veces "Cassius Clay" en las entrevistas previas al combate. Existe el vídeo donde consta que Ali, pudiendo noquear al interfecto desde el primer asalto, decidió mejor dosificarle los golpes durante varios *rounds*, gritándole –cada vez que se alejaba del bulto, luego de propinarle una partida de secos guantazos—"Say my name!". Pocos cronistas o comentaristas volvieron a caer en la manía segregacionista y agresión simulada de referirse a él por el nombre que dejaba en su pretérito y todo eso fue cambiando para bien las oxidadas formas y maneras con las que se denostaba entre dientes a una inmensa mayoría de ciudadanos negros e incluso migrantes latinos en diversos niveles del mundo norteamericano.

De las entrevistas y toda aparición pública, hay que aquilatar que el campeón las aprovechó todas para siempre anteponer la virtud y la honesta creencia en sus ideas al servicio de las mejores causas: la lucha por los derechos civiles, la oposición a toda guerra, el alivio para los desposeídos, el fomento y promoción del deporte y luego, la alerta de eso que ahora todos sabemos que es la enfermedad del Párkinson que lo fue minando poco a poco desde la lejana época en que nos era absolutamente desconocido. Es difícil no cerrar los ojos ante la mención de su nombre y no verlo claramente parado como un rascacielos de Manhattan, el brazo flexionado sobre el torso perfecto, literalmente encima del abatido Sonny Liston en el instante que le arrebataba la corona del mundo o subido entre las tres cuerdas en alguna esquina del universo gritando a voz en cuello que él era el mejor de todos.

Pocos han leído al menos como útil divertimento los muchos versos que escribía como genio intuitivo azorado por todo lo que le rodeaba (hace algunos años se publicó un libro con toda su poesía y no pocas de sus famosas fotografías y como era de esperarse, se trata de una edición del tamaño de una mesa que pesa lo que necesita cualquier escuálido para ejercitar bíceps y se vendió en edición imitada que creo sólo duró disponible durante los escasos días de la Feria del Libro de Fráncfort en la que se hizo pública). En un mundo donde la muerte de un torero ya no sólo es bizarra para la mayoría de las culturas, sino que se expone a la denostación e incluso burla en las redes sociales y en este planeta donde se privilegia la velocidad de las ignorancias, la banalidad de tantos papeles, tan sólo hablar de boxeo conlleva la inmediata reprobación de quienes —sin pensarlo mucho— lo califican de barbarie, remanente anacrónico del circo romano y ven no más que ridículo el increíble escenario donde dos millonarios, normalmente semidesnudos, se agarran a trompadas delante de un público, pero eso que tanto asco provoca hoy en el mundo vegano, realidad light y buena onda quedó bautizado en la prosa del gran A. J. Liebling como "la dulce ciencia" y en sus fondos resguarda al menos muchas de las reflexiones de la razón en medio de tanta sinrazón, desde el hambre como adrenalina para ganarse la vida hasta la mancillada dignidad de quién pone a prueba hasta el último gramo de su fuerza hasta que alguien tire la toalla en su abono o el universo entero lo deja noqueado sobre la piel de su propia biografía.

Muhammad Ali se compró casas y coches, tuvo mujeres diversas y se volvió un icono raro en distintos escenarios. Se le ve como Rey del África y protagonista de buenos documentales, se queda en las fotografías que lo congelan en un tiempo que poco a poco se va quedando en blanco y negro en este mundo que ya cabe en pantallas planas de cualquier tamaño, pero hoy que vive ya el amanecer de su leyenda eterna, valdría la pena guardarle el silencio al menos por dos detalles asombrosos: entre los muchos placeres que se ganó con los puños, Ali se compró una grabadora y dejó para la posteridad un inmenso archivo de conversaciones consigo mismo y con su hija, llamadas telefónicas que él mismo se grababa (sabiendo que desde joven había sido grabado-espiado por la CIA, el FBI y quien sabe cuántas otras mafias) y todo ese material sirvió como música de fondo de un entrañable documental donde el espectador descubre a un padre amoroso, un inmenso oso que en el fondo destila ternura y un anciano contra su imbatible voluntad que ante al asombro de la realidad, el pétalo de una flor desconocida o el paisaje visto desde lejos, sólo se le ocurre buscarle rimas e intentar atrapar con las manos (envueltas en guantes que parecería que no estorban las yemas de sus dedos) eso que llaman poesía.

El otro detalle es jamás olvidar y citar cada vez que se pueda que Muhammad Ali tuvo que dirigirse a una multitud durante un improvisado mitin en medio de la turbulenta época de tantos disturbios, desatadas iras y multiplicación de confusiones. El resultado es quizá el discurso más breve de la historia. Frente al micrófono (una vez que amainó el ruido multitudinario que parecía implacable) el hijo de esclavos que desde niño hablaba en rimas, el más grande de todos los tiempos, abrió las aguas de un inmenso mar para transmitirle a la multitud la unidad que formamos todos, tan sólo diciendo a media voz, como murmullo: *Me. We.* A no pocos políticos, intelectuales, artistas, empresarios, maestros o ministros de todo credo les vendrá bien aprenderse ese discurso y jamás olvidar que hubo al menos uno de los héroes de un pasado que se esfuma que en medio de tantos gritos supo rimar el aforismo donde *Todos somos Yo.*

MADRID, LIBRO ABIERTO

La Feria Internacional del Libro de Guadalajara llegó con calor de México a la Feria del Libro de Madrid en el Parque de El Retiro para anunciar como refrescante *alfombra de claveles* que Madrid será el Invitado de Honor para la edición 2017 de esa monumental feria de libros, escritores y lectores que cumple ya tres décadas.

Al tiempo que las casetas editoriales del Retiro, la cercanía del Palacio de Cristal, la escapada al Museo del Prado y las largas filas de lectores madrileños que esperan como verbena leer y leerse cada año en pleno corazón de El Retiro son vitrina entrañable para leernos, así también la FIL Guadalajara se ha convertido en un monumental escaparate donde miles de lectores de todo México, cientos de autores de toda Hispanoamérica y todas las editoriales que publican en nuestra lengua se reúnen cada fin de año en una semana de interminables lecturas. Ambas, el año que viene, leerán a Madrid de lejos y tendrán de cerca a los principales escritores que han sabido cantarle a Madrid cada paso y cada piedra, sus múltiples caras y cada párrafo. Tenemos todos más de un año para preparar desde hoy mismo lo que será un *agasajo postinero*, no sólo con la *crema de la intelecualidá*, sino con las muchas escuelas y universidades, círculos de lectura, lectores en general, poetas de toda geografía, novelistas de ambas orillas, cronistas de los hechos que nos hacen memoria, historiadores de nuestros pretéritos compartidos y en una sola palabra: habitantes del Madrid que se convierte en corazón con sólo imaginar o mejor aún, pasearlo.

Madrid es un libro abierto con el prólogo intacto de los cielos de todos sus días, las estrechas callejas y las anchas avenidas, los muchos verdes que en invierno parecen volverse páginas grises de un prosa que a menudo se duele y en general, celebra la música de todos sus follajes, los gritos en las corralas y secretos de patios interiores o los murmullos de quienes se miran en silencio en sus bancas de descanso. Madrid, el poema que alguien deletrea desde las nubes al óleo o la larga crónica de siglos en piedra y agua, con el fuego en la retina que no olvida y el viento que siempre llega de lejos como para bañar las calles de noche. Madrid, el libro que se escribe todos los días con la tinta compartida por miles de lectores que la habitan o que la viven de paso, cada página con una palabra que se convierte en greguería, sentencia o sonrisa y que ya era tiempo de que volara en vilo a Guadalajara, a ese México donde *se piensa mucho en ti.*

BORGES EN SOL

El joven que cruza la bruma del tiempo sin prisa rumbo al Café Colonial, donde ha de reunirse con Rafael Cansinos Asséns. El joven quizá no repara en que su hermana lo despide desde el balcón de una esquina del edificio que se abre como abanico justo en la plaza que llaman la Puerta del Sol.

Es probable que a la tertulia a la que se dirige lleguen a incorporarse las voces e ideas al vuelo de Ramón Gómez de la Serna, Gerardo Diego y Ramón María de Valle Inclán, el que perdió su brazo por una discusión en un café a pocos metros de esa misma plaza por donde cruza la neblina del tiempo el joven de veinte años que viene de estudiar en Suiza sin saber que el tiempo que ha de vivir en Madrid será una suerte de posgrado intenso en los laberintos de los poetas que se llaman *ultraístas* y en los interminables círculos de todos los libros que han de impregnarle el ánimo y la vista, sin imaginar que pasados unos años ha de perder la vista y rondar todos los paisajes posibles del tiempo a través de los cuentos que escribirá en tinta intemporal y versos eternos por impalpables, como todas las palabras como pétalos que irá hilando a lo largo de una larga vida donde todo el que lo lea descifra el enigma de que uno puede ser Otro o el mismo en tiempos diferentes que se confunden en el espejo o sobre las calles de Madrid desplegadas como un inmenso tablero de un enrevesado ajedrez donde el mismo joven que abre todos los días la Puerta del Sol leerá en voz de Cansinos Asséns los relatos de las *Mil Noches y Una noche* que ese hombre regordete y de bigotes encerados mece los chinos de su pelo evocando a Scherezade para que el joven argentino ya se sepa universal e infinito en este paseo de todos los días que parece siempre comenzar y terminar en una esquina de la Puerta del Sol que parece Media Luna.

Jorge Luis Borges cumple hoy treinta años de eternidad enterrado en Ginebra bajo una pesada piedra vikinga, a pocos metros de donde reposa Calvino, quien diera nombre al liceo donde el joven genio argentino estudió con su hermana Norah en los tiempos donde el mundo se desangraba con eso que llaman la Primera Guerra Mundial. Luego de un paso por Barcelona, Borges y su hermana llegan a vivir en Madrid en 1919, tan cerca de donde rondan sin tregua los fantasmas de Cervantes, Lope de Vega, Quevedo y Velázquez o la cara asombrada de todo paseante que se detiene un instante para mirar en la placa de un rombo el nombre de un poeta que ha de leerse tarde o temprano para asegurar la interminable ronda del tiempo que nos justifica.

¡¡ QUÉ SUAVE PATRIA !!

¡Qué suave está la Patria, Ramón! Antes tersa, la patriota piel se sonroja ahora con la comezón incesante de la envidia; otrora diamantina, tu aura se ha empañado con inquinas instantáneas y el entrañable olor de las panaderías se ha cambiado por la fétida flatulencia del coro insensato que cacarea por cacarear como confundida parvada de pericos. ¡Qué suave estás Patria, tan mancillada! Tú que encendías íntimo fervor con la falda hasta el huesito, muestras ahora –hasta las lonjas irracionales—un odio obeso y absolutamente irracional. ¿Qué sentirá Ramón, acodado sobre el mudo piano de Genoveva?

Sucede que el Premio Hispanoamericano de Poesía Ramón López Velarde que otorga el gobierno del estado de Zacatecas ha sido más que merecidamente otorgado en la edición de este año al escritor Juan Villoro y sucede que con sólo anunciarlo se han desatado sin pausa de reflexión ni conocimiento de causa no pocas voces que intentan rasgarse las vestiduras, desatando más que polémica, el cíclico microclima de dimes y diretes, chismes y corazonadas, imbecilidad y estulticia que –por otro lado—quizá también merezca ser ya reconocido con algún premio nacional a la pendejez.

Sucede que el meollo u origen del descontento que rápidamente se contagia en las redes sociales (allí donde no importa si la gente lee párrafos, sino que memorice memes y pulse likes para frases sueltas o *slogans* chidos) es porque el Premio López Velarde lleve (equivocadamente) el subtítulo o asunto de "Poesía" y todo inconforme brincó como sínodo inapelable debido a que –hasta ahora—el polígrafo y polifacético Juan Villoro no ha publicado ningún poemario, aunque ha cultivado con maestría el género del ensayo (bajándolo del pedestal marmóreo que lo congelaba como centauro de bronce), así como con luminoso talento el género del cuento que ha entrelazado como nadie con la inteligencia y maestría con la que ha elevado también al género de la crónica, y además allí está, sin que nadie pueda negar, la magnífica calidad de sus obras en teatro (leídas y también, puestas ya en escena) y el peso, importancia y quilates de sus novelas. Poco ha importado mencionar en estos días que tan sólo en una de ellas, titulada *El testigo* (por la cual obtuvo en España y también merecidamente el Premio Herralde de Novela) Juan Villoro transpira no sólo una filiación tan íntima y entendida de la vida y obra de Ramón López Velarde, sino una irrebatible promoción y promulgación de sus versos y andanzas; como pocos libros sobre el vate zacatecano, *El testigo* provocó que mucho ignorante en las lides de la lírica velardiana se preocupara por leerlo y más de alguno recordar con cierta vergüenza que hubo un ayer en el que todo México se sabía al menos una imagen de la *Suave Patria*, ese largo poema que recitaban de memoria Adolfo Bioy Casares y Jorge Luis Borges (porque se los había inculcado nada menos que Alfonso Reyes, cuando fue embajador de México en Argentina). Por el sólo hecho de haber cuajado ese novelón, Villoro se hacía acreedor al Premio Ramón López Velarde desde 2004, año de su publicación y premiación en España, pero agreguemos que entre las voces que se han alzado indignadas (en una necia defensa purista de la palabra Poesía) poco ha importado y menos aún, no se ha leído el discurso de ingreso a El Colegio Nacional, titulado "Históricas pequeñeces", que es no sólo una confirmación de Juan Villoro como promotor, sino entendido en la obra de López Velarde y su ponderada contextualización con la gran literatura comparada de sus coetáneos y, mejor aún, contagiador de la imperiosa necesidad constante por leerlo.

En todo caso, el problema (en realidad, inexistente) radica en el nombre o subtítulo del Premio, y esperemos que el gobierno del estado de Zacatecas y los responsables de sus futuras convocatorias aclaren debidamente que se trata de un reconocimiento no exclusivamente dedicado a poetas o a la poesía, sino también y principalmente a escritores que hayan contribuido a la promoción y difusión de la vida y obra de Ramón López Velarde. De hecho, que yo recuerde, no hubo revuelo alguno en las anteriores ediciones y nadie se atrevería a cuestionar el don y dote velardiano con el que lo mereció en 2014 Guillermo Sheridan o ¿hubo algún Pípila que se alzara con piedra en el lomo para protestar que este mismo premio se le haya otorgado al filólogo español Alfonso García Morales en 2012. ¡¡Ya estuvo suave, Patria!! Basta que alguien cultive lo que abona y merece sin atropellar al prójimo para que se contagie como chahuistle en la piel de maíz la lepra chafita de "ya supe que andas elogiando a Fulano pero no le aplaudes a Zutano" o la ternurita de los reclamitos "A mí, nunca me has traído serenata" o el clásico de tlapalería: "Yo sólo espero que te rompas la madre por mí, como por su pollo, yo intentaré hacerlo por ti, si es que el tiempo y las circunstancias me lo permiten".

¡¡Ay, qué suavecita está la Patria, ya casi pútrida, querido Ramón!! Hubo quien se lanzó sin pensar a babear, en una carta abierta, una sentida petición para que Villoro no aceptara el premio, en abono de tantos otros "poetas de verdad", mencionando incluso a Raúl Renán (que no sólo ha sido reconocido en muchas ocasiones a lo largo de no pocas décadas, sino que además, ¡tiene él mismo un premio que lleva su nombre!) y otra voz en cuello que se permitió –jocosilla y leve— armar el chiste o inventar el meme sobre Villoro, su padre y los premios que se ha ganado a ley, sin considerar que es precisamente ese tipo de mole el que más nos deshonra en esta patria tan suave. Aquí empezó como broma y creció como la ola de las tribunas el grito de "¡Puto!" en algún estadio ahora anónimo y de pronto, ya no sabemos ni dónde ni cómo esconder al coro o suplicar un silencio cada vez que despeje cualquier portero de equipo que sea considerado rival a la patria, ésa patria de épica sordina con máscara de luchador para que no se vean las caras de los narcos impunes, la de la casa blanca-palacio del rey de oros y el verde relámpago de los loros en la cancha, que no merecen pasar la vergüenza del grito (y menos ahora, en la Copa América ensombrecida por una tragedia terrorista y demencial cuya infamia nace en la saliva misma de quien disfraza ira con la broma al vuelo del apodo, como si despejara un balón irracional al vacío de su mente en anonimato).

El tema de fondo es que una vez más se filtra en el ánimo, sin pensar y quizá sin pienso, el necio afán de la envidia. La leve amargura del frustrado se cuela en la saliva de quien crea "excesivo" elogiar a Juan Villoro, un escritor grande en más de un sentido que no necesita de la necia licuación instantánea de la mala leche para que le lean cartilla alguna. Por encima de su talento, consta la personalidad de un hombre intachable que ha incluso donado el monto entero de alguno de sus premios (que –efectivamente–son muchos... y faltan más) a causas y personas que realmente se han beneficiado de su generosidad. Aquí, a la mitad del foro que dejó intacto Ramón López Velarde, alzo hoy la voz para celebrar con la modulación propia del bajo, cortándole un gajo a la epopeya en vez de atender tanta rebanada de gargajos, para celebrar éste y todo reconocimiento que se le haga a Juan Villoro y cualesquier otro escritor de veras que – en tierra de plagiarios impunes, caudillos autoritarios, mentirosos empoderados, sacristanes a sueldo y mucho lamebotas asalariado por su saliva–enfrenta día con día el abismo de la página en blanco con honestidad, imaginación, memoria e ideas, abonando la posibilidad de fertilizar conocimiento en esta tierra del cadencioso golpe de las hachas, entre risas y gritos de muchachas; aquí donde el Niño Dios escrituró un establo para tantos bueyes y también los veneros y venenos del petróleo y de la negra envidia, el mismísimo Diablo que se se desata cada vez que respingamos sin piedad alguna, opinamos sin idea siquiera y espetamos sin pausa posible las peroratas sin ponderación, como si el rosal se inclinara ante la penca del nopal y sus espinas. Aquí mismo donde, lleno de sombra, camina un poeta que –por lo visto–sigue sin ser leído, en tierra donde basta que uno intente el bien para que el coro anónimo clame el mal o todos los males. Aquí, donde algunos –quizá cada vez más, pocos y menos–recuerden que al final hay un jardín deletreado por algunos verbos, de versos en flor que se elevan por encima de todo bien y todo mal, donde sonríen los poetas y se extiende intacta la Patria de la Palabra, suave.

¿DÓNDE ANDA JUAN CRUZ?

... por aí anda
Juan Cruz!

Érase que es y será un hombre que es pregunta encarnada, duda constante y curiosidad insaciable. Aunque ha cultivado la novela, es un escritor que ha elevado la entrevista al rango de género literario donde precisamente las preguntas decantan toda respuesta, ponderan incluso el silencio y encuentran hasta en el leve gesto del entrevistado las revelaciones de toda la prosa que nos une. Érase que dicen que es inencontrable, cuando en realidad se aparece en todos lados y al mismo tiempo, capaz de ir volando en dos aviones trasatlánticos que se cruzan en algún suspiro del mar y el único escritor que sabe ir hilando en silencio el retrato de un libro por boca de su autor al mismo tiempo que él mismo se clona como el lector de esa misma entrevista que está fraguando en el gerundio constante con el que redacta todos los días de su vida en letras.

Se llama Juan Cruz y esta semana vivió un merecido homenaje donde decenas de amigos se reunieron para celebrar tanto párrafo y toda página, tanto favor y toda gestión que ha hecho a favor de tantos que quizá cabrían en un diccionario de al menos tres tomos o algo parecido a los antiguos directorios telefónicos, pues hay que sumar los muchos que se han ido, los fantasmas de la literatura universal que han hablado directamente con miles de sus lectores a través de las conversaciones que ha transpirado Juan Cruz en el incansable oficio del periodismo cultural, ya como autor de cátedra en este mar de revueltos egos o como novelista de su propia memoria atesorada o como corresponsal desde Londres o enviado especial a la vida misma de cada esquina, del otro lado del mundo o en el interior de la conciencia de un poeta aún anónimo.

Es la inquieta voz que parece no poder dejar de jugar siempre con las palabras, como greguería efervescente en pleno siglo XXI, y es también la voz ligeramente ronca y aguda que lanza de pronto una pregunta como estilete para esculpir de perfil el verdadero rostro de un novelista que intenta esconderse detrás de muchas máscaras; por eso es también el relato andante que persigue la biografía de los cuentos o la radiografía de la crónica que nos informa y conforma como lectores, amigos, seguidores y discípulos en un coro que parece constantemente preguntarse *¿En dónde anda Juan Cruz?*, sabiendo que allí dónde sucede todo lo que merece narrarse y allí donde todo lo narrado ha de suscitar pregunta constante, allí anda Juan Cruz, escritor de poliedros entre la imaginación y la memoria, periodista en ubicuidad, viajero de pretéritos presentes y hombre convertido él mismo en una curiosidad inquebrantable que nos salva a todos sus lectores de las más raras amnesias y la más necia estulticia.

GALDÓS EN ARGÜELLES

A pocos pasos de la llamada Esquina de las Flores, sobre la calle aparentemente intacta de Hilarión Eslava, vivió hasta el año 20 del siglo XX Don Benito Pérez Galdós. Allí murió el inmenso novelista de España y casi un lustro antes de que se volviera inmortal, hace exactamente un siglo se acercó a entrevistarlo el periodista José María Carretero Novillo que firmaba sus crónicas como *El Caballero Audaz*. Don Benito lo hizo esperar en un salón, quizá con la intención de que el periodista tomara nota de cada objeto y cada huella como puesta en escena del alma del escritor: una lupa inmensa sobre un antiguo bargueño, una bufanda de color verde que cuelga en un perchero como lengua muerta, las plumas con tinta seca en sus puntas de oro, los papeles sueltos y las pinturas como espejos de aceite.

Al encontrarse con Carretero, Don Benito le sugiere que la entrevista se realice en una berlina de un solo caballo que lo espera a la puerta para llevarlo por la calle de la Princesa hasta llegar a la calle del Príncipe, a tiempo para una función de teatro en el antiguo corral de comedias de la Plaza de Santa Ana, que a la fecha sigue dando funciones como Teatro Nacional de España. Ya entrados en conversación, Don

Benito insiste en que el fotógrafo tome una imagen del cochero, la berlina y el caballo y con una manta afranelada sobre las piernas concede una íntima entrevista al trote que debería servir de ejemplo para todo enfermo de letras, todo escritor en ciernes o autor consagrado, sobre todo en este siglo XXI tan preocupado por los premios, los ingresos, los dimes y diretes, los conciliábulos, los mentideros, las mentiras, los cochupos, las falsas reseñas, el juego de los abalorios y los espejitos.

Allí va un Grande de España, el escritor más querido y respetado por todas las generaciones de sus lectores interminables, autor de más de treinta novelas a secas, casi cincuenta novelas históricas catalogadas como *Episodios Nacionales* de una historiografía personal que entrelaza el oficio de la memoria con la ficción sazonada de la imaginación y casi treinta obras de teatro, además de veinte volúmenes autobiográficos... allí va el hombre que llamamos Galdós, en el otoño de su vida polígrafa asegurando sin vergüenza que incluso ya ciego y "a pesar de toda mi labor pasada, si en el presente quiero vivir, no tengo más remedio que dictar todas las mañanas durante cuatro o cinco horas y estrujarme el cerebro, hasta que dé el último paso en esta vida".

SUDOR DE CIBELES

En un ayer afortunadamente remoto, de autobuses sin aire acondicionado y mucho olor a sudor rancio, creí reconocer entre los pasajeros a Don Francisco Ayala. Creí que mi admiración –y el hedor pegajoso— provocaban el espejismo, pero al ver que bajaba en Cibeles, lo seguí a quién sabe cuántos grados de calor hasta que se perdió por una callecita cercana al Círculo de Bellas Artes de la calle de Alcalá. Sin autógrafo que lo probara (y en esa época en que era impensable andar por las calles con teléfono y mucho menos que tuvieran cámara para necias *selfies*) no hubo nadie que me creyera la anécdota cuando intenté presumirla al día siguiente en alguna de las aulas-sauna de la Complutense, pero a partir de ese día absolutamente todo lo que leí del centenario autor admirado se volvió más entrañable y memorable, sabiéndolo pensante paseante de vitalidad... inalcanzable.

Ahora que la ola de golpes de calor ha recordado a Madrid que todo mes de julio no es más que el homenaje al César, de joven y bronceado por el Sol, recorro todas las líneas de autobús como travesías de aventurero, en realidad por alivio de obesidades, canas y para celebración del aire helado que ahora sale por sus entrañas. Sin embargo, puedo jurar ante un librero como retablo poblado por todos los santos autores de la gran literatura universal que en días pasados vi nítidamente cómo la diosa Cibeles se sacudía el sudor de cemento grisáceo, sin mover un ápice su postura intemporal; los leones ni se inmutaron, quizá porque hay un constante chorro de agua que les refresca los lomos, pero a mí se me figura que era ya tan intensa la quemazón del calorón que la diosa simplemente ya no aguantó y creyendo que nadie la miraba, sacudió la cabeza (sin despeinarse el chongo perfecto). Así son todas, por lo menos conmigo.

A Joaquín Sabina, *a la sombra de un león*, y a algún taxista despistado les consta que los sonámbulos enamorados de Cibeles, desfacen entuertos con pluma en ristre, y tricornio de papel periódico. Son los que compran lotería con Manolita, los que bailan con estatuas hablando a solas en olas de calor, atentos a los mínimos instantes que nadie más logra ver porque son pequeños milagros anónimos que justifican el bochorno de intentar a cada párrafo mantener la cabeza fría entre tanto inconforme intransigente, político potencial o magnánimo mangante que sólo quieren calentarnos la cabeza.

CHICOTE DE LUNA LLENA

Era de esperarse. Perico Chicote, a la luz de una luna llena, traza un perfil sin tiempo. Por la puerta giratoria que se abre a la Gran Vía entra Agustín Lara como quien parte plaza. Al fondo de la barra está Chicote del brazo de Sofía Loren, al lado de la puerta del pequeño cuartito del teléfono que conserva intacto su piso de los años veintes. *El Flaco* se abraza con *Manolete* que está sentado en una butaca art decó hablando de nada con Lupe Sino... y la noche es una nube de neón donde se confunden en blanco y negro los personajes de una novela a colores.

Debo a mis amigos Rubén Gómez y Raúl Gómez, iniciales clonadas de una asociación apasionada por la restauración de los viajeros cansados, los contertulios que hablan de libros, los hambrientos que navegan los horarios enrevesados de la noche y, además, la resurrección del Museo Chicote. Aquí se extiende la primera barra americana, larga como la estela de un barco que navega ese raro mar de neón azul donde Agustín de mismo nombre que Lara sirve bebidas de colores chillantes y –como reza una novela– uno se "queda largos minutos viendo las fotografías del Dr. Fleming, *Cantinflas* y John Wayne" y se desdibuja en un vapor perfumado la sombra de Ava Gardner, que ocupó para siempre la misma butaca en espera de *Dominguín*, incluso la noche en que llegó Sinatra y no lo dejaban entrar para evitar un mal tercio de varas.

Aquí vino mi padre y se escabullía por un túnel del brazo de Chicote por la bodega subterránea para salir a la gloria iluminada de lo que ahora llaman *El Coq*, donde mujeres de tacón dorado y labios demasiado rojos cantaban boleros como murmullos.

Chicote es un museo de bebidas que debería catalogarse como máquina del tiempo y que forma parte no sólo de la memoria histórica de una ciudad que tampoco duerme, sino de toda la ilusión que se forma en la mente de todo taxista o transeúnte con sólo caminar por la acera de enfrente. Cada noche, cada luna, se va poblando de claveles la Gran Vía, atrás quedan todas las bombas y las nubes de polvo, el chaquetón con balas rusas que deja olvidado Hemingway y el zumbido de aviones siniestros y las largas décadas ya censuradas por la amnesia.

Dicen que hubo un día en que –esperando entrar por la puerta giratoria de este templo de Chicote– Ava Gardner se sentó en lo que creyó era banca, sin reparar que era la cola de un camión de basura que por unos instantes llevó cuesta arriba, Gran Vía a Callao, a la mujer más bella del mundo. Imagino a Perico arropándola con su capa negra, la carcajada recortada a la luz de la luna, porque la grande belleza que nos rodea no merece perderse en olvido.

LA RARA INSPIRACIÓN

Dibujo del Edificio España. J.F

El edificio *España* de la plaza del mismo nombre siempre me ha parecido un inmenso enigma, diría *soviético*, si no supiera que su rígida estética corresponde más bien al modelo opuesto y no menos totalitario. Es un armatoste que parece diseñado como homenaje a dos posibles fuentes de inspiración: el tostador de pan (rebanada gruesa) o el popular juego de naipes llamado *Solitario*. Jamás se ha visto que algún turista elija de fondo su arquitectura para una *selfie* inolvidable y consta que más de un viajero pregunta a su taxista de confianza si acaso no será el parapeto favorito de los suicidas madrileños o la plataforma ideal del salto al vacío con cuerda *bungee* para ciertas despedidas de soltero. Es más, hay quien asegura que el gesto adusto y serio que conserva Miguel de Cervantes (que le da la espalda al edificio) se debe precisamente a que se atrevió a mirarlo por encima del hombro y de allí que Quijote y Sancho vayan con paso firme precisamente al lado contrario, en busca del portal de Debod, los jardines de Sabatini o el campo abierto que les devuelva la calma necesaria para sus aventuras.

Ese edificio que ahora ha dejado de ser propiedad de un consorcio chino, con lo cual estuvo a punto de inspirar una película de enredos bajo el título de "Un edificio llamado Wanda", ha sido comprado por una sociedad de Murcia y me recuerda aquella escena de una obra de Miguel Mihura donde unos viajeros en tren intentan una conversación en el camarote donde uno le dice al otro: "Yo siempre he querido ser de Murcia, pero no me ha dado tiempo". Es probable que de esa misma sinrazón sea la discusión en torno a la rehabilitación del inmenso edificio: ¿se le puede cambiar la fachada a un *trasalántico* vertical? ¿podrían por favor dibujarle una sonrisa murciana sobre su insípido emparrillado de ventanas? No habiendo balcones de herrería romántica no ha sido nunca lugar para serenatas y habiéndose instalado en la desembocadura de Gran Vía, ¿será que se proyectó como periquera alternativa para un moderno King Kong? Lo cierto es que el edificio *España* es la más rara inspiración para el moderno parlante de teléfonos inteligentes, ese curioso viandante que pasea un perrito diminuto mientras él contempla azorado la monotonía de las ventanas en hileras perfectas, quizá porque le recuerda la cuadrada espalda -lampiña aunque musculosa– de un viejo amor inexplicable.

ALUNIZAJE EN SERRANO

Al escuchar que se había dado un *alunizaje* en Serrano, salí del gimnasio sin cambiarme y bajé al Metro sintiéndome a un mismo tiempo medio Clark Kent y medio Superman: por los gayumbos encima del leotardo parecía superhéroe de mi infancia (de cuando no importaban las lonjas en los ídolos de la televisión) y por las gafas y la libreta, como si estuviera a punto de cuajar el gran reportaje periodístico del siglo XXI. Al llegar al lujoso barrio de Salamanca me encontré con un reguero de vidrios, siete vecinos desmañanados que intentaban narrar la insólita ocurrencia y un equipo de televisión que ya me había ganado la nota.

Peor aún: habiendo creído como todo buen mexicano que el *alunizaje* en Serrano se refería a ese sueño de todo poeta del Siglo de Oro (anhelo hasta ahora imposible de todo enamorado cursi) donde la Luna en persona por fin se digna bajar del firmamento y rondar por el parque de El Retiro, descubrí sin diccionario posible ni etimología creíble que el terminajo se refiere a la nefanda costumbre que ejercen ciertas bandas del crimen cuando revientan el cristal (también llamado luna) de las joyerías de prestigio y una vez lograda la lluvia de vidrio, bajan del auto encapuchados, recogen un jugoso botín de relojes, joyas, diademas y diamantes sueltos –sin importar que salten las alarmas–y en pocos segundos vuelven a montarse en sus bólidos para huir por las calles de Madrid.

Según el equipo noticioso de la televisión, las patrullas de la policía "son lo que son" y jamás podrán alcanzar a los rateros que acostumbran realizar sus alunizajes con automóviles "tan veloces como una nave espacial" y entre tanta confusión de términos –donde, además se les llama "alunizados" a los rateros de esta onda—terminé por alucinar que los susodichos usan cascos con inmensas viseras de espejo, cargadas las espaldas con inmensos tanques no de oxígeno sino de espacio vacío para guardar allí las joyas y que en su afán por no cortarse las botas dan brinquitos dentro de la joyería afectada como si flotaran en ausencia de gravedad, cada diamante como estrella del escenario estrellado, cada ratero como espejismo fugaz de un cometa, dejando atónitos a los pocos testigos que no dejan de mirar con recontrafundadas sospechas al obeso mexicano de leotardo y calzones cortos que anduvo apuntando en una libretita pamplinas de que el Sol se llama Lorenzo y la Luna, Catalina y que ese mismo día se había dado otro alunizaje, nada menos que en Barajas, a poca distancia de las pistas de aterrizaje y de vuelta al gimnasio sin entender absolutamente nada, mas convencido de haber dado un pequeño paso para el hombre trasatlantizado y un gran salto para el idioma que nos separa.

LA ETERNIDAD MÁS UN DÍA

Eliseo Alberto de Diego y García Marruz se volvió intemporal un domingo como ayer —31 de julio de hace exactamente cinco años— para que su eternidad por fin comenzara un lunes, parafraseando un verso de su padre y cumpliendo el título de su primera novela. Le decíamos *Lichi*, como fruta dulce y se volvía entrañable con solo leerlo en tantas páginas perfectas. Muchos lo quisieron abrazar desde que su *Informe contra mí mismo* se volvió no sólo testimonio de una herida increíble, sino el principio de una cicatrización que el propio *Lichi* soñaba en vida y quizá se confirma en cada gesto y cada insinuación con los que la isla de Cuba que llevaba en el alma se abraza poco a poco con ella misma y con sus enrevesados pretéritos, sus almas en pena y su juventud de siempre. El *Informe* que le habían encargado redactar contra él y los suyos era un nada velado espionaje sobre la intimidad y el desencanto de los descalabros de una revolución que tarde o temprano llevó a unos y otros, pocos y muchos, a perder la razón... y la pasión.

Lichi llevaba a la isla entera en su piel de poeta instantáneo, con sonetos de perfectos endecasílabos que soltaba a la menor provocación y si acaso él mismo no fardaba la grandeza de esa vena es quizá por el respeto que siempre le guardó no solo a la poesía de papá Eliseo, sino a la música de los versos de tía Fina García Marruz, su esposo Cintio Vitier y entre ellos, de sobremesa y en tardes que se prolongaban como arena de playa, flota intacta la obra de ese grupo llamado Orígenes.

Lichi era un cinematógrafo andante, contagiando películas que narraba siempre de una forma magnificada y alterada por su recuerdo al grado que parecían mejor filmadas en su memoria que en pantalla. Era capaz de inventar el guión de lo que acababa de ver en la acera de enfrente o reproducir los diálogos de unas lavanderas que escuchó chismear en la azotea mientras cocinaba la vianda diaria de todos los días. Su voz e influencia son un delicioso sazón que se filtra en la saliva de no pocas de las grandes películas del cine cubano y de no pocos de los trabajos con los que fueron formando cineastas en la escuela de San Antonio de los Baños a la sombra de Gabriel García Márquez.

Lichi era además ensayista de los que bajaron al género del pedestal del aburrimiento para convertirlo en literatura verídica del alma en la mano. En sus ensayos y crónicas, en sus entrevistas y sus reportajes no sólo apuntalaba su oficio de periodista, sino elevaba en cada párrafo la calidad del ensayo como algo palpable. Allí donde otros solo fardan datos o aburren con verborrea, Lichi metía un poco de lluvia, fijaba el lente en el detalle microscópico que nadie veía o sacaba el telescopio para que todo lector viera en papel el ancho universo del contexto que rodea y quizá incluso explica los temas que aborda.

Lichi era sobre todo novela. Diría novelista si no fuera porque consta que se convertía todo él en prosa en cuanto se sumergía en los oleajes de sus historias e incluso hablaba como un culebrón cuando lo contrataban para escribir telenovelas. Hay días en que llorando confirmo que su mejor novela es la fábula de un hombre al que condenan a vivir una cadena perpetua entre las rejas de un zoológico por un homicidio en defensa del amor; es decir, en defensa propia. Pasan semanas, y descubro que su mejor novela es la que narra las enloquecidas andanzas de un circo de cinco estrellas, donde los animales parecen sorprenderse de las peripecias y trapecios, las payasadas y desgracias de la tropa loca que habita la carpa y al día siguiente, me convenzo de que su mejor novela es esa que afortunadamente ha vuelto a circular bajo el sello de Alfaguara: *Esther en alguna parte*.

En esa novela, *Lichi* explica por qué la amistad es un romance y narra la hermandad de dos hombres que no merecían el anonimato ni perderse en la amnesia del mundo porque son todos los que hemos soñado con el misterio incandescente de una mujer fugaz, etérea como nube, misteriosa hasta en el sueño de imaginarla cantar sobre la cola de un piano. Luego, leo las otras novelas y confirmo que *Lichi* es un novelista que se sigue superando a sí mismo incluso ahora que las enciclopedias quieren convencernos de que se ha ido, porque no lo puedo creer y me parece ayer cuando se le veía iluminando el parque de El Retiro de Madrid el día en que recibió junto con Sergio Ramírez el Primer Premio Internacional de Novela Alfaguara por *Caracol Beach*. Que me parece mala broma de encantamiento suponer que no está ese hombre que era al mismo tiempo la isla que llevaba en el alma y los libros que inventaba con una sonrisa, el amoroso padre que por lo mismo se convertía en hermano mayor de quienes supieron admirarle su callada voz de murmullos, sus manos extendidas como pétalos de una mariposa de sueños, su mirada que leía siempre en el paisaje la posibilidad de un mundo mucho mejor que éste... aquí donde su literatura vive ya su eternidad y empieza al día siguiente el milagro de un nuevo lector del hermoso universo que inventaba con palabras.

APRENDICES DE RÍO

Quevedo se burló del Manzanares llamándolo aprendiz de río como si sus aguas ensayaran un murmullo para la futura crecida en caudal y en estos días, ya por los horarios enrevesados de las transmisiones o por los espejismos que provoca el intenso calor, parecería que las calles de Madrid se inundan con aprendices de Río, pero de Janeiro, en cada paso de cebra, cada parque, plaza, portal y bulevar. Quizá también porque estos Juegos Olímpicos de Brasil son los que ganaron a la candidatura de Madrid, no pocos madrileños nativos o recién llegados, gatos de toda la vida o turistas despistados, han disfrazado de olimpismo la Villa del Oso y del Madroño: por allí, el anónimo equipo de nado sincronizado que viene de pasar el día en la piscina de la Latina y por la calle de Montera bajan tres voluminosos levantadores de pesas (convertidas en cajas de cerveza); corredores por doquier, bíceps al aire, pantorrillas como Jabugos y hasta el agua del estanque del parque del Retiro se ha teñido de ese verde inexplicable que entintó el foso de clavados de los cariocas.

Hace un siglo, luego de su provechosa década en Madrid, el escritor Alfonso Reyes fue nombrado embajador de México en Brasil y a los pocos días de su llegada escribió un largo poema titulado *Río de enero*, donde elogiaba a la bahía del pan de azúcar con los siguientes versos: "El que una vez te conoce / tiene de ti soledad, / y el que en ti descansa tiene / olvido de lo demás". Y algo tiene Madrid en estos días en que los que se han podido olvidar de todo lo demás, del sin gobierno y la salida de las crisis, que se han ido a las playas para echar las velas a la mar igual que como se extienden las sábanas en las cuerdas de los patios interiores o a las aguas bravas de los ríos cercanos para ejercer el piragüismo que se ensaya con los codazos y empujones cada vez que las tiendas anuncian rebajas. Los que se quedan prosiguen con las carreras de tapas en relevos, el maratón del Metro y la caminata de cien metros que se acelera por la Puerta del Sol quemante. No solo por los sudores, sino también por los atuendos, pues abundan las camisetas sin mangas, los minicalzoncillos, las licras ajustadas, las gafas ovaladas pegadas al párpado e incluso las depiladísimas piernas de los ciclistas que ahora baten más récords sobre las calles vacías.

Aunque no me he contagiado de la adrenalina del ejercicio, en mi abono puedo publicar que también ejerzo por estos días como digno aprendiz de Río, pues no he fallado en una sola caloría de la dieta monumental del gran Michael Phelps... y con ello, me mantengo a flote.

GIL ORDÓÑEZ,
ATRAPADO POR LAS REDES

Hace ya tiempo que Ángel Gil-Ordóñez y Joseph Horowitz se dedican a rescatar la memoria perdida del arte, obras que no merecen perderse en la amnesia. Profesor, músico y director de la orquesta de la Georgetown University el primero y escritor y musicólogo el segundo, ambos se han empeñado ahora en sacar del olvido la histórica película mexicana *Redes*, codirigida en 1936 por Fred Zinnemann y Emilio Gómez Muriel, con fotografía de Paul Strand. El filme narra las duras condiciones laborales de un poblado de pescadores de Michoacán en el México posrevolucionario.

Su trabajo ha permitido que la cinta reviva ahora de nuevo en DVD (Naxos), con sus imágenes remasterizadas y la banda sonora regrabada, lo que servirá para compensar aquello que decía Juan Rulfo sobre ese ruido que es el silencio en torno a México y su revolución.

Gil-Ordóñez acudirá el 21 de septiembre a Madrid para su estreno. La edición será presentada ese día por el escritor Antonio Muñoz Molina y el director de EL PAÍS, Antonio Caño.

Dos días después, el director y la Orquesta Sinfónica de Radio Televisión Española interpretarán la banda sonora completa en el Teatro Monumental de Madrid. La música del filme fue compuesta por el mexicano Silvestre Revueltas (1899-1940), violinista y director de orquesta que "soñaba música para cuya transcripción no existían caracteres gráficos".

De la enrevesada mente de aquel compositor desgarrado parecen emanar las escenas que fotografió Paul Strand para un filme cuyos intérpretes no son actores, pues la musculatura, sudores y gestos corresponden a auténticos pescadores, tan reales como el hambre de sus hijos, los perros flacos, las sombras o el silencio que anudan los hilos de sus redes.

Gil-Ordóñez y Horowitz han formado el PostClassical Ensemble, plataforma desde la que hurgan en la cultura del pasado. Hace ya dos décadas que el escritor judío residente en Nueva York y el director de orquesta madrileño afincado en Estados Unidos unieron sus talentos para reinventar la experiencia de la música en público.

Horowitz dejó su presencia semanal como columnista en *The New York Times* y se concentró en escribir libros, entre ellos, sendos indispensables volúmenes sobre la música clásica en Estados Unidos y en torno a los grandes artistas del siglo XX exiliados en América

Gil-Ordóñez se fue de España para hacer las Américas. Discípulo dilecto del gran Sergiù Celibidache, se ha convertido en ese sabio que conoce al dedillo la biografía de Haydn o cómo eran las calles de Viena en tiempos de Beethoven, y, de pronto, se despeina, batuta en mano, para echar a volar con las yemas de los dedos los sonidos que emanan de 72 instrumentos guiados por una partitura que parece proyectar con su mirada.

El afán del PostClassical Ensemble es interpretar a compositores cuyo trabajo ya casi nunca se escucha en los escenarios o cualquier obra musical, pero acompañada de los elementos que la contextualizan. De este modo, el espectador no solo asiste a la interpretación en vivo, sino que presencia también la intervención de expertos que, por ejemplo, detallan la biografía del compositor y las circunstancias de su época, junto a la proyección de imágenes o la presencia de los elementos que alimentan esa pieza.

En una ocasión, el PostClassical Ensemble montó todo un programa con uno de los últimos trabajos de Gustav Mahler, basado en poemas chinos (de una dinastía ya esfumada en la amnesia).

El público no solo pudo escuchar la interpretación sinfónica de esa última partitura de Mahler, sino la lectura del poema en su idioma original —y la traducción simultánea— y además, una pieza musical china de la misma época en la que se escribieron los versos con instrumentos tradicionales de aquel país.

El espectador conocía así que el poema versaba sobre la despedida que se dan dos amigos al final de sus vidas. De esta forma, el espectador sale del teatro convencido no solo de haber escuchado por vez primera una música que quizá ya conocía de antes, sino de haber comprendido o presenciado las notas con las que Mahler decía su adiós al mundo.

LOS CORTOS DEL NEW DEAL

Ángel Gil Ordóñez y Joseph Horowitz rebuscaron en la Biblioteca del Congreso hasta encontrar viejos cortos que sirvieron de propaganda del *New Deal*, la política de relanzamiento económico impulsada en EE UU en la presidencia de Franklin D. Roosevelt. Antecedentes del No-Do español y de otros noticieros cinematográficos del mundo, esos cortos eran más que propaganda en blanco y negro, hasta convertirse en una suerte de instructivo informativo para ciudadanos de todas las clases.

Todo ese material ha sido remasterizado por el PostClassical Ensemble. Gil Ordóñez ha dirigido también varias piezas de grandes compositores sobre guiones de reconocidos escritores norteamericanos de aquella época para su edición en DVD.

LORCA EN GOYA

Paso a diario frente al edificio verde limón que triangula sobre la calle de Alcalá, la avenida Nárvaez y Felipe II, abriendo una de sus fachadas hacia la Cervecería Santa Bárbara que habiéndose fundado en 1815, cerrará en dos semanas. Se sabe que Federico García Lorca salió del portal de ese edificio verde limón el 14 de julio de 1936 en un desesperado y equivocado intento por salvar su vida en Granada, creyendo que evitaría la muerte entre amigos y familiares y sin imaginar que –quizá—de no haberse movido de esa casa en la calle de Alcalá, aguantaría en Madrid los mismos días de polvo y pólvora que aguantó la ciudad hasta el último suspiro de la Guerra Civil.

Imagino que alguien pudo haberle dado un pasaje para viajar a México y que apenas desembarcara en Veracruz iniciaría los alargados versos con dibujos difuminados donde rimara el paisaje que se come en colores con el sentimiento de tantas quejas que animaban su alma y que se dibujaría a sí mismo como el difuso fantasma que parece verse todos los días en la boca del Metro Goya, a la sombra del edificio verde limón donde casi nadie repara ya en el silencio de su fachada o la ironía de sus ventanas, las pestañas de los balcones como párpados entrecerrados y esa cúpula gris que parece coqueto sombrero tipo pastillero, mirando hacia el Parque de El Retiro.

Ese edificio que hace ángulo entre Nárvaez y Alcalá proyecta hoy más que nunca la sombra de un paisaje ignoto, el lejano páramo desconocido donde yacen los restos de un poeta que murió por serlo, asesinado en el irracional enjambre donde sólo los militares del encono entienden entre ellos que tomar café sea una clave secreta para un fusilamiento, donde sólo la ignorancia y la amnesia permiten que el paso de los años intente borrar en el olvido las palabras que en realidad nadie olvida, los personajes femeninos que fueron poco a poco poblando los escenarios de España, vestidas de luto, calladas al alba, tan cerca del fuego.

Paso a diario frente al edificio verde limón de la calle de Alcalá y a veces lo miro de espaldas, con las alas de sus fachadas abiertas como lomos de un libro siempre pendiente y a menudo me detengo en el quiosco para hacer tiempo, alargar los minutos sin razón e imaginar que se aparece el poeta al que le debo por lo menos tres abrazos, con la sonrisa intacta y la oportunidad para escribirle su ucronía convenciéndolo que deje la maleta, alivie la prisa y no vaya por hoy al tren en Atocha... que mañana, Madrid vuelve a darnos tiempo.

SONRISA INTEMPORAL

Envidia. Sobre todo era envidia lo que conllevaba la admiración por la obra de Ignacio Padilla, cuya muerte tan joven nos deja con un vacío multiplicado de tristezas. Habiendo ganado tanto (en números crecientes de lectores, en premios literarios y prestigio), Nacho tenía aún tanto por dar, y quedan dolorosamente pendientes todos los libros con los que dábamos por hecho su vejez. Aunque la presencia de su literatura está garantizada, no sólo por la elevada calidad de su prosa y las chispas de su ingenio incandescente, sino también por la variedad de géneros que conquistó: era un autor de libros para niños de más de una generación y de tiempos por venir, era un cuentista consumado, y un novelista con al menos una obra maestra donde, como Borges, confirma que la eternidad es el instante leve que transcurre sobre el silencio de un tablero de ajedrez, sobre un tren que atraviesa la niebla del tiempo o en la sonrisa que siempre llevaba en el rostro Ignacio Padilla. Saludaba sonriendo con esa gracia que empieza por los ojos y la mirada poco a poco se volvía palabra; leía en voz alta con entonaciones y gestos que mantenían su boca en media luna, e incluso callado y oyente, Nacho parecía sonreír.

Confieso la envidia que destila la admiración que le profeso sabiendo que no todos los escritores aceptarán en público reconocerla. Padilla, el que ganó con un cuento el Premio Nacional de las Juventudes Alfonso Reyes en 1989, el Premio Nacional Juan Rulfo para Primera Novela en 1994, el Premio Internacional Primavera de Novela en 2000, el Premio Mazatlán de Literatura en 2007, muchos otros reconocimientos, y no pocos miles de lectores. Padilla, amigo de sus amigos, que juntos lanzaron la campanilla como despertador para un país en desesperada búsqueda, o reencuentro con sus lectores. Padilla, el ensayista ingenioso y vivaz, constante promotor de la lectura y agudo cervantista de renovadas lecturas múltiples alrededor del *Quijote*. Ignacio Padilla, nacido en 1968, que no llegó a cumplir el medio siglo de vida, y que deja en cada párrafo y en el conjunto de sus páginas su sonrisa ya intemporal.

COMO ESPUMA

La cervecería Santa Bárbara de la calle de Alcalá, esquina a Goya, esa que ocupa la proa del edificio que llaman de las bolas, allí donde quién sabe cuántas parejas se citaron para unirse y otras tantas para separarse, el lugar de las cañas y tapas como referencia urbana, allí en el cruce de dos arterias de ese corazón inmenso que llaman Madrid, esa cervecería cierra sus puertas luego de 70 años de servicios bien cumplidos.

Berberechos y gambitas de Huelva, la tapa como colación obligatoria y, sí, las jarras, botellines, dobles o cañas de oro líquido, allí donde los madrileños de cepa acostumbran decir: "No vieras cómo tiran aquí la cerveza", peinando la espuma como quien pasa página al tiempo. Como una maqueta cuyas casitas se van quedando poco a poco sin colores, hay quien se queda mirando con pesar la fila de fantasmas vivos y muertos, muñequitos a escala de lo que fueron en vida, que se acercan religiosamente a despedirse de los lugares emblemáticos de un Madrid que ya no existe o que se va quedando congelado en el oleaje de los pretéritos, el tiempo acumulado, encerrado en el corazón intacto que alguien acaba de descubrir en una vieja trinchera de la guerra.

Efectivamente, hubo quienes lloraron el cierre del Café Comercial y echan de menos sus mesas de lápida habiendo dejado de frecuentarlo hace décadas y acostumbrados a sortear el café en cápsulas instantáneas o en Starbucks, y así también hay quienes lamentan el cierre de Santa Bárbara sabiendo que ha tiempo que no pasan ni con la mirada por la majestuosa arquitectura de su triángulo neomudéjar.

Algunos confunden el nombre y le seguirán llamando la Cruz Blanca y quizá dentro de un siglo, cuando quiebre la marca de ropa desechable que instalará allí mismo su enésimo punto de venta, bisnietos dirán que hubo allí la venta de cerveza a manos de camareros eternos, de uniforme blanco y elegantes modales.

Habrá razones contables que expliquen el naufragio de los viejos cafés y cervecerías, las tabernas y tascas de antaño o la modernización de los brebajes, el cambio calórico en los caldos y bebidas espirituosas y serán siempre contrarios a las sinrazones del alma y las locuras del recuerdo. Como espuma flotará, como polen sin tiempo, la invisible energía de las conversaciones que se alargaron, las discusiones que no necesariamente terminan en pleito, los pactos inquebrantables, las miradas en silencio, las horas muertas de quienes navegaban más de la mitad de los días en libretas que se iban poblando de palabras... como espuma.

EL DOLMEN DE DALÍ

En la desierta plaza de Felipe II vi de lejos a una señora que –sin importarle el Sol quemante, el paso de más de un cuarto de hora y su ropa nada veraniega—miraba absorta la inmensa piedra sobre tres pilares que llaman dolmen y la rara escultura en bronce negro que se yergue a sus pies. Sus ojos iban de la incredulidad al azoro y del disgusto a cierta risa. Al acercarme, me dijo que no se explicaba cómo se sostenía la piedra aquélla sobre lo que llamaba *tres palillos* ni qué estaría pensando Dalí al hacerle una estatua a su mujer, "¡si está clarísimo que se trata de un tío! Hay que mirar la palanquita que tiene entre piernas".

La confusión es más o menos generalizada y se debe quizá a que la ubicación misma del adefesio se presta a enredos: se le llama oficial-mente Plaza Salvador Dalí a esa franja abierta entre los edificios decimonónicos, reformados y modernos que en algún ayer formaban el pasillo de entrada para la antigua Plaza de Toros (donde hoy se levanta el Barclaycard Center, santuario de baloncesto y conciertos variados) y sí, nadie se explica que –a invitación de D. Enrique Tierno Galván— Salvador Dalí haya querido donar a la posteridad de la ciudad donde vivió de joven un dolmen como homenaje a las primeras estructuras izadas por el Hombre... y sí, se presta a confusión que sobre un pedestal en cubo, con las letras de G-A-L-A por los cuatro costados, no sea en realidad una escultura de homenaje a su mujer o a su nombre, sino al caballero Isaac Newton.

De allí *la palanquita*, le digo a la señora y añado que la esfera de bronce que pende de un hilo, delicadamente sostenido entre los dedos de la rara estatua, sea quizá un guiño a las leyes de la gravedad... y la señora me interrumpe a su madrileñísima manera para acotar: "Aquí, lo grave *–grave de verdá–* es que si esto es una estatua de un tío, le haya *pegao* en el pecho senos de *mujé* y en el cubo el nombre de su señora". En el calor sofocante, se borra el espejismo de un hombre riéndose a carcajadas, con un gorro frigio y su bastón pintando el atardecer.

MÉXICO A GRITOS

¡Viva México!

Aunque en silencio, una creciente mayoría de mexicanos grita-
mos a diario que viva México, habiendo sumado en años
recientes tantos muertos y tanto desahucio entre despilfarros,
pifias, abusos y mentiras de sus gobernantes. A falta de que las calles
de México y del mundo se vayan inundando poco a poco de los gritos
que reclaman la vitalidad de un país tan generoso, abundante, bello
y poblado por una incansable mayoría de voluntades honestas que
cumplen cada día con el callado afán de hacer lo que se tiene que hacer,
gritemos como cada año el día de la conmemoración de la Independencia
en honor a los muertos como intento para aclarar los enredos de nuestra
memoria histórica.

México conmemora cada 15 de septiembre el inicio de un proceso
que nació con un grito. "¡Viva Fernando VII y la Virgen de Guadalupe!",
fueron parte de la consigna inicial con la que el cura Miguel Hidalgo
encendió lo que hasta once años después fue consumado como
Independencia de España. La historia patria nos revela entre brumas
que el inicio fue empresa de no pocos sacerdotes (que además, muchos
de ellos también eran padres de familia) y los enredos de la larga

década que termina con la entrada triunfal a la Ciudad de México de Agustín de Iturbide, un antiguo soldado realista-peninsular al frente del Ejército Trigarante, Tricolor, Independentista. Repito: once años después del *Grito* que diera el Cura Hidalgo, ya vuelto leyenda, preso y fusilado menos de un año después de haber gritado en su pueblo de Dolores, Guanajuato.

Para mayor enredo, dicen que no pocos mexicanos se quejan de que en Madrid todo se pide a gritos y que muchas conversaciones elevan el volumen como fardando intimidades para envidia pública y no pocos madrileños podrían espetar la incomodidad de los gritos mexicanos en las plazas de toros de España o en los estadios de fútbol de la península donde aún no se acostumbra el griterío azteca del ingenio mezclado con el doble sentido y uno recuerda entonces que dicen que alguien dijo que Octavio Paz decía que los mexicanos nos pasamos calladitos 364 días de cada año para salir a gritar que *¡Viva México!* en el único día que nos permitimos un desahogo, sumando décadas de descontento entre cruces, enrevesados pasados, enredadas explicaciones y confusas verdades. Quizá por eso, México se escribe con equis.

LOS QUEVEDOS DE QUEVEDO

Hay días que camino hasta el pie del pedestal nomás para ver a Quevedo y largas tardes en que reviso las mesas de las librerías de viejo, nomás para recordar sus versos de callado polvo enamorado o cuando define a la lectura como una conversación con los difuntos donde escucha con sus ojos a los muertos. Hay mañanas en que lo visito en autobús y se van hilando entre las conversaciones de los demás pasajeros las páginas que actualizan la vida del Buscón o las gracias o desgracias de ciertas partes del cuerpo y luego, soy de los que celebra que haya una estación de Metro que lleve su nombre y el tren subterráneo alivia el regreso de quien se acerca al cruce de Fuencarral, San Bernardo y Bravo Murillo tan sólo para verificar que sigue intacto Quevedo en estatua, allí donde antes de ser su glorieta fue sitio para un monumento a Lope de Vega e incluso, luego para los Héroes del 2 de mayo, pero consta que por lo menos desde hace medio siglo se yergue Quevedo mirando hacia el antiguo Alcázar, hacia lo que llaman la Puerta del Sol, pasando por callejones de Malasaña y esa arteria ancha de Gran Vía que él no conoció en vida.

Lo que no consta es una discusión que acostumbra florecer entre paseantes ociosos o caminantes con tiempo de sobra. Hay quien afirma que los *quevedos* de Quevedo en la estatua de la glorieta con su nombre los lleva el bardo en la mano izquierda, al filo del lomo de un libro abierto y hay quien aseguramos que se le ven prendidos en la nariz, pellizcándole el pequeño arco que le divide los ojos. No es conveniente que los automovilistas entren en la discusión, pues la distracción por verificación de *quevedos* podría ocasionar no pocos accidentes, pero aprovecho estas líneas para exhortar a todo madrileño –nativo, adoptivo o de paso—que aprovechen el paseo a ese entrañable rincón de la villa y corte para verificar si Quevedo trae puestos sus *quevedos* o es tan sólo una ilusión óptica (valga la redundancia).

Para quien no entienda el párrafo anterior habrá que explicar que Don Francisco Gómez de Quevedo y Villegas y Santibáñez Cevallos, natural de esta villa desde 1580, usaba unas gafas redondas, sin brazos a las orejas, cuyos cristales como lunas se sostenían solas en el puente de sus narices y que, por redondearle perfectamente la cara, la obra y el ánimo (tal como lo pintara Diego Velázquez) pasaron a ser conocidas ya no como gafas, sino *quevedos*... como deberían llamar a todos los devotos que le seguimos la sombra en tinta fresca de sus páginas o largos paseos con su fantasma.

LECTURA CALLEJERA

Ese que se detiene en la esquina fue agente secreto de la República de Bovenia y espera encontrarse con la rubia que logró salvar el microfilm. La señora que cruza con resignación y por décima vez el paso de cebra es una viuda que se ha negado a reconocerlo; así pasen todos los otoños posibles, ella sabe que su marido ha de volver a tomarla del brazo, justo en medio de ese paso de cebra y que ambos han de seguir la ruta de siempre. El conductor de autobús mira al semáforo como si fuera su novia. En la banca de madera hay dos hombres que, a pesar de verse todos los días, no se conocen y ni les interesa conocerse.

Aquel que se mira en el reflejo de la ventanilla del Metro va redactando un ensayo sobre la desproporcionada importancia que le concede el mundo a las solapas de los abrigos. En el asiento de al lado, una mujer recita de memoria el único poema que se sabe y al salir en Sol, ambos se cruzan con el joven que lleva trescientas veinte páginas mecanografiadas de una novela que no hace más que narrar minuciosamente el paso del tiempo en un Madrid cuyos días se leen cada veinticuatro horas como páginas de un otoño por venir. Cada paso, un párrafo que depende enteramente de la concentración del narrador que los camina en silencio y también de la azarosa circunstancia de quien lo estorbe.

Uno va leyendo las calles en un Madrid que no quiere dejar de ser verano y de pronto un soplo de viento fresco parece indicar que se acerca un nuevo capítulo, allí en el cambio de luces, donde un gendarme parece balbucear en voz baja la crónica de una hazaña heroica que quisiera protagonizar él mismo en la madrugada.

El diminuto duendecillo que acelera un cochecito de juguete sobre la manga de su batita no es farmacéutico ni enfermo sin guardia, es el protagonista de un cuento fantástico que alguien le va dictando en silencio, sugiriéndole vestuario, diálogos, rumbo y desenlace... y esa que viene marchando de frente, abriendo un surco en la acera como quien va arando una esperanza es nada menos que un poema perfecto, cada verso en el vuelo libre de su cabellera que imita la noche, el mar en los ojos y la música callada de un secreto que no puede ponerse en tinta porque simplemente no existe. Todo es el invento de un Madrid que se lee andando: página a página, las palabras que nos unen.

COLÓN INCÓLUME

La columna incólume se alza en medio de tantas calles –el parteaguas donde Castellana se convierte en Recoletos, allí donde la Biblioteca Nacional mira de frente al Museo de Cera–y con una amplia plaza a su vera, donde antes estuvo esquinada hasta que la movieron al centro mismo del flujo vehicular. Allá arriba, Cristóbal Colón mirando en lontananza, hacia la mejilla de Cibeles o hacia el andén del Ave en Atocha. Dicen que mira a América, el continente bautizado con el nombre del Otro y que sería más fácil que mirase hacia el aeropuerto de Barajas, ahora llamado Adolfo Suárez, y el Almirante genovés se queda de una pieza, absorto en la confusión que han provocado a lo largo de los siglos sus propios errores de cálculo, astrolabio y compás.

Creyendo haber llegado a las Indias Occidentales, a la Conchinchina y Catay, Cristóbal –el del nombre perfecto para justificar una evangelización–vuelve con el huevo en la mano para decirle a sus Majestades que la Tierra es redonda como una naranja, conclusión idéntica a la que llega José Arcadio Buendía en su encierro de soledad y silencio, fundiendo peces de plata para encontrar la piedra filosofal que nos explique este enredo trasatlántico donde España conmemora con desfiles lo que llaman acá Día de la Hispanidad, que es día de la Virgen del Pilar, mientras que en Estados Unidos es simplemente el Día de Colón y en México, Día de la Raza.

Han dicho que Colón no era en verdad genovés y habrá quien se desviva por declararlo catalán; hay quien asegura que no sabremos nunca su verdadero nombre, los misterios de su biografía, los pormenores de sus travesías más allá de lo consignado en sus diarios de abordo, su bitácora de mareado, pero hay que añadir que seguimos en el intento de desenmarañar la maravilla, el espanto del medio mundo que habita la *ñ*: las comunidades indígenas y las sociedades descendientes de varias Españas, la geografía mestiza, tierra de mescolanza y diversidad, definiciones en plural, constante conversación y coros de millones que parece que cantan al hablar por encima de monólogos o dictados. El maravilloso mosaico multicolor de un mar que parece revolotear a los pies de un navegante inmóvil, con la mirada perdida, incólume.

LA VOZ DE TODOS [1]

Para los conservadores inamovibles, el Premio Nobel de Literatura de Bob Dylan rompe un esquema tradicional y supuestamente intocable. Ya era hora y por pura agua del azar, le llega merecidamente el mismo día en que se va Darío Fo (otro galardonado que no escribía novelas, ni poemas, sino que representaba una suerte de puesta en escena él mismo de eso que llamamos literatura). El mensaje no puede estar más claro: literatura es aquello que se escribe —en papel, barda, pantalla o pentagrama—, eso que se escribe de corazón y con el alma en tinta (no plagiado, sino soñado y digerido por uno mismo) y que se vuelve de Otro, de Ella, de todos; el verbo en singular que se convierte en plural, el escaso adjetivo que describe la tersura de un beso y el peso de la soledad, las palabras que todos entienden incluso en silencio.

El Premio Nobel de Literatura es uno entre muchos galardones que reconocen lo que queda en letras y es quizá el más distinguido o

---

[1] ' Preciso contextualizar –a toro pasado—que esta celebración no exenta de entusiasmo se escribió con la adrenalina de una inmediatez que se se mitigó notablemente al revelarse que el discurso con el que recibió Dylan su Premio Nobel fue un descarado plagio tomado de Wikipedia, que no asistió a la ceremonia en Estocolmo y que todo el tema ha servido de pretexto para suponer que llegará pronto el día en que la Academia quiera galardonar a Silvio Rodríguez o Lady Gaga.

elevado de todos, pero ahora abre una ventana que creo merece celebración: literatura ya no es solamente el acartonado producto que a cada rato condenan a muerte, sino la floreciente expresión de eso que no necesariamente se escribe para ser leído, sino cantado; la convivencia y confusión de géneros donde el ensayo parece cuento (como soñó Borges), la entrevista y el reportaje considerado como una de las bellas artes (como se reconoció el año pasado, aunque lo hacía Truman Capote o Tom Wolfe desde hace medio siglo), las novelas que se desprenden en guiones y los cuentos que caben en un tuit. Es entonces una celebración de la literatura abierta y una invitación a que nos alivianemos todos. "¡Aliviánate!", decíamos antes en cuanto alguien quería acusar ante el prefecto a quien fumaba mota o cuando las tías se quejaban de las greñas largas mientras sostenían estampitas que muestran al Nazareno de rubia cabellera; "¡Aliviánate!" si crees que Picasso pinta como niño de kínder, si juras que sólo es poesía lo que rima y no hay más música que la de Beethoven. Alivianémonos todos, que el premiado es un bardo que ha puesto en verso y música no pocos de los sentimientos, dudas y celebraciones que todos hemos llevado en la saliva y su reconocimiento no significa que la Academia Sueca pase a convertirse en portavoz de los Grammy, sino que el oficio de escribir se confirma como lo único que nos salva en este mundo tan absorto en tecnologías y tragedias.

Soy de la idea de que Woody Allen (otro genio judío que no usa su verdadero nombre) es un cuentista que hace cine y no un director cinematográfico que encuadre guiones a la manera tradicional del hacedor de películas y por el mismo silogismo, Bob Dylan (cuyo verdadero nombre es Robert Allen Zimmerman) es un poeta que canta, hoy como ayer el joven que se lanzó a caminar sobre los railes abandonados de los trenes con la guitarra a la espalda y una armónica en los labios. Es el trovador de bar en bar que vivió la transición del blanco y negro al technicolor de una psicodelia engañosa, la voz que hace eco de todos los abandonados por el sueño americano y los ilusionados con la salvación personal. Es el bardo que entretejió el *blues* con el *folk*, resonancia de *country* con prolegómenos del rock, y formó un coro transgeneracional que fue creciendo como bola de nieve sin dejar de ser piedra rodante, y la canción se despide del vodevil y el ragtime del hombre que toca la pandereta para dar voz a los nuevos desposeídos, los dipsómanos de la desesperación y que oigan todos, escuchen todos que los tiempos están cambiando. *The Times they are a'Changing!*

Cuando le dieron este mismo Premio Nobel a Sir Winston Churchill no faltó quien interpretara que se trataba de una compensación por no poder otorgarle el de la Paz, y un golpe de geopolítica que siempre ha servido de pasto para los conspiracionistas del Nobel y el truco se resuelve con perogrullada: hay que leer a Churchill y descubrir que incluso al margen de su magna obra como historiador de su tiempo, llevaba en tinta no pocos relatos que lo consagraban como excelente cuentista. Ahora, como en todos los años salvo en las raras ocasiones en que los premiados son a su vez autores multileídos y reconocidos por sus millones de lectores, habrá que leer a Dylan y no excluir el argumento de que su obra ha abierto nuevas definiciones poéticas, espacios de expresión y gran calidad literaria que por algo deseaban conocerlo en persona *The Beatles* en cuanto llegaron a América, tanto como querían fotografiarse con Muhammad Alí, que se fue este mismo año para que el mundo entero llorase al más famoso musulmán norteamericano en un año en que gana el Nobel de Literatura un poeta judío de guitarra y armónica descendiente de inmigrantes en el último año que ocupa la Casa Blanca un presidente negro como para espetarle al imbécil de Donald Trump y a los millones de hipnotizados amnésicos que le aplauden y votan que hay una versión de los Estados Unidos de Norteamérica muy por encima de la oprobiosa imagen que destila su ira.

FORTUNATA EN BOTÍN

ice Galdós que "La moza tenía pañuelo azul claro por la cabeza y un mantón sobre los hombros, y en el momento de ver al Delfín, se infló con él, quiero decir, que hizo ese característico arqueo de brazos y alzamiento de hombros con que las madrileñas del pueblo se agasajan dentro del mantón, movimiento que les da cierta semejanza con una gallina que esponja su plumaje y se ahueca para volver luego a su volumen natural." Con la repentina llegada del otoño uno camina alzando la vista, a la espera de que Fortunata, o bien Jacinta, arqueé los brazos alzando por encima de los hombros el mantón o la gabardina como plumaje de atracción, insinuación del ahora en que todo vuelve al misterio de taparse.

Caminaba sin rumbo bajo la lluvia que dice Borges siempre sucede en el ayer y miraba las filas de turistas ilusionados con entrar al restaurante Sobrino de Botín, que al abrirse en una lluvia como la de hoy en 1725 se pronunciaba "Botán" por la pareja de franceses que abrieron aquí el hostal y el horno que a la fecha convierte a corderos y cochinillos en manjares. Pasado el tiempo y no pocas lluvias, todo ello heredó el Sobrino en tiempos en que ya se pronunciaba su apellido como "Botín" y entrado el siglo XIX acondicionó la planta que da a la calle como pastelería. Así la describe Galdós, cuando el enrevesado pícaro de Juanito Santa Cruz invita a Fortunata a una mesa que creo mirar desde la ventana donde se refleja todo Juanito que decide "declararse a sí mismo que más sabe el que vive sin querer saber que el que quiere saber sin vivir, o sea, aprendiendo en los libros y en las aulas. Vivir es relacionarse, gozar y padecer, desear, aborrecer y amar. La lectura es vida artificial y prestada, el usufructo, mediante una función cerebral, de las ideas y sensaciones ajenas, la adquisición de los tesoros de la verdad humana por compra o por estafa, no por el trabajo."

La novela, como la vida que pasa por la calle, parece hornearse en los calderos de Sobrino de Botín con el aroma donde se confunden las ilusiones y se agolpan los desencantos. Aquí donde siguen sonriendo las damas por un misterio inalcanzable y donde los caballeros en ciernes agitan también sus plumas como pavorreales presumidos de fortunas impalpables. Aprovecho que el coro se distrae con sus *selfies*, y asumo los nombres ajenos que alcancé a mirar de reojo y resulté ser invitado por una familia entrañable a una inesperada cena opípara en el restaurante más viejo del mundo como si alguien lo soñara en tinta.

EL AMOR EN TIEMPOS DE TRUMP

Ahora que Donald Trump ha confirmado el cobre de patán, reduciendo la posible admiración por una belleza a una vulgaridad animal, no le vendría mal un curso intensivo en la ya casi extinta materia del piropo castizo. Hubo un tiempo en sepia cuando las aceras de la Gran Vía se volvían el zarzuelero escenario de un coro anónimo de hombres atónitos al paso de una dama que fardaba su belleza perfecta sabiendo que pudo haber esperado una parada de más en el autobús o haber caminado por otra ruta si acaso quisiera evitar el coro de la admiración verbal. Hablo del *fox-trot* ya casi en desuso del asombro espontáneo, la ligera sorpresa de una pantorrilla como aviso de los muslos bien torneados y ese cuello que alguien vio de reojo en el paso de cebra, ese cuello que merecería quedar expuesto en el Museo del Prado como un yeso de piel y huesos.

Viene de largo, con la mirada fija en lontananza, en ese horizonte que siempre queda exactamente a espaldas del incauto que cree que lo mira a él y a nadie más; viene dando zancadas sobre el equilibrio sincronizado de unos tacones de alfiler, la cabellera al vuelo y los hombros que descubren el último recuerdo de un verano que no ha de repetirse.

Parece sonreír como para confirmar al mundo que no es estatua y con un leve giro de la muñeca parece demostrar que el bolso –bien armado— bien podría marcar con sangre el pómulo de todo majadero, todo Trump que se pase de la raya. Las miradas van alineando el pasillo por donde pasea su ilusión inalcanzable, la misteriosa majestad de una desconocida.

Ahora sólo nos queda el silencio. El suspiro callado en tiempos que ya nadie se atreve a gritarle *guapa*. Si acaso, el murmullo entre dientes, el deseo en voz baja, el comentario a toro pasado, donde uno le dice al otro el futuro que se inventa en ese instante o el remoto pasado que justifica un atrevimiento. Mira cómo mueve las caderas al ritmo de un *tumbao* que nadie escucha, observa cómo evita toparse con estorbos, cómo inclina la barbilla y se toca ligeramente el lóbulo de la oreja donde afortunadamente no lleva teléfono que la comprometa. Mira cómo gira la cintura y pasa la mano por el pelo sin despeinarse. Imagina entonces que se trata del poema, el conjunto de versos con los que sueñas cuando quieres recordar un baile y en breves segundos imaginas que no es otra, sino Ella, la que creías deletrear desde hace tiempo, memorizada como un soneto y, de pronto, se aleja. Se va esfumando como todos los días, confirmando sin palabras que no era más que pura prosa.

CALOR DE FRÍO

Ha vuelto esa extraña temporada de duración incierta en la que algunos persisten en andar de manga corta o arremangados y otros, que se adelantan al invierno con bufanda o incluso, abrigados hasta los tobillos. Es el Otoño, donde el despiste de sobreprotección puede provocar oleadas de sudor en cafés, restaurantes y establecimientos que ya echaron a andar sus calefacciones. Está el que lleva su boina con bufandita de melancolías al vuelo, al lado del que bien podría llevar bermudas y un coco con sombrilla diminuta. Ambos se cruzan en una esquina y de pronto, se filtra entre ellos una leve neblina morada por la transpiración del asoleado y el vaho del friolento.

Es la impalpable nebulosa más allá del debate y la discusión. La nubecilla morada que revuelve las temperaturas de ambos: el andante acalorado que viene sudando y la febrícula del arropado, que transpira bajo su abrigo calores que lo salvan de todo frío. La nube tibia y morada mezcla sus palabras, ambos bandos en busca de un acuerdo y por encima de discusiones necias; se miran en busca de coincidencias, se reconocen a través del espejo de sus diferencias como quien abre la ventana ajena del prójimo opuesto: uno lleva la lana tejida de un calor que intenta reproducir la temperatura del otro que parece andar a la orilla del mar, bajo palmeras borrachas de Sol. Entre ambos hay esa nube morada de posible conversación morada donde las posturas encontradas urden algo muy similar a lo que llaman clima templado, nebulosa impalpable de duración impredecible, niebla de saliva evaporada, nube de anhelos compartidos donde el andante abrigado y el aligerado andarín de arremangados brazos parecen encontrar un entendimiento.

Se cruzan en el paso de las cebras y cada quien sigue su clima con el cambio del semáforo y las direcciones opuestas de las calles. Es probable que al llegar a sus respectivas cuevas, el friolento encuentra el calor de una fogata inventada y pase el resto del día sin cobijas y el que anduvo sin mangas por la calle se arremolina en un sillón con un edredón de plumas, invirtiendo los papeles que ejercieron hace apenas unas horas a plena luz del día y la nube morada que los unió en conversación efímera se disipa en la desilusión y desidia, esfumada en la nada de las palabras huecas que se quedan flotando en un párrafo enrevesado que sólo pretendía volverse metáfora para toda la palabrería y todas las posturas que aturden como ruido de cascada trillada todo esto que llaman *debate de investidura.*

DE ESPANTO

Esa brujita que llega a la parada del autobús murmura por lo bajini que si ella fuera ministra de la defensa, lo mejor es el ataque y la calabaza anaranjada que soporta el frío de la mañana otoñal sin mallas dice que sonó que le encargaban la cultura "en general". A la siguiente parada se sube una viejecita que parece ánima en pena, arrastrando la sábana y una larga biografía de quebrantos como aullidos callados. El conductor tiene cara de pirata y acelera para sincronizar todos los semáforos en amarillo, que se mezcla con el amanecer como una inmensa naranja que se lanza sobre el escenario de Madrid donde todos los que vamos sin rumbo nos hipnotizamos con la tonadita siniestra de un teléfono móvil que nadie atiende.

Un par de gemelas con trenzas se enredan en una discusión sobre algo que vieron en televisión y Frankenstein sonríe al saber que sus futuros han quedado garantizados con los nuevos nombramientos del gabinete del Dr. Caligari que viene dormido en el asiento reservado, al tiempo que un niño de brazos se asusta con la marmota que bosteza asida al filo de un asiento donde –inexplicablemente—nadie se sienta.

No son horas para el engaño visual y el trayecto se diluye en confusiones. Apenas descienden diez pasajeros con sus respectivos disfraces, suben otros quince aún más maquillados: el hombre de hojalata y su consorte la chulapona, los niños que son maguitos de gafas redondas, la gordi de piel verde que parece la novia de un ogro y el flaco irremediable que viene de *Manolete* o bien, su fantasma. Son los estragos de intentar entender la confección del gabinete de un dilatado gobierno que tardó más de un año en formularse para un país donde persisten las necias ganas de alargar un *Halloween*, sabiendo que el peor de los espantos es vivir el tedio de todos los días como si todo fuera más de lo mismo.

EL GORDO ANDA TRISTE

En Nueva Orleans llama la atención de lectores de diferentes sabores y niveles el hecho de que la extraordinaria novela de John Kennedy Toole, *La conjura de los necios*, sea tan popular y querida por sus lectores en español. El hecho se debe al buen ojo de Jorge Herralde y las sucesivas ediciones que han consagrado esa obra maestra como uno de los pilares inconfundibles de su editorial Anagrama, a pesar de que la traducción al español deja mucho qué desear.

Además, creo que la trama con sus enredos, los personajes con sus locuras y el escenario entrañable de Nueva Orleans hacen que la novela quede imantada a las yemas de los dedos desde los primeros párrafos que van suscitando carcajada tras carcajada.

Hay una inmensa diferencia entre la chistosada de baba y el humor de altos vuelos; lo supo muy bien Miguel de Cervantes y G.K. Chesterton y lo supo también John Kennedy Toole, un novelista que consagró no poco de su ingenio y gran talento para cocinar *La conjura de los necios*, sin saber que el trasfondo de la confederación de los imbéciles habría de ensombrecer sus ilusiones, pues habiendo enviado la novela a diversas editoriales solo recibió cartas premecanografiadas y autojustificatorias de rechazo, sin revelar si lo habían o no leído.

John Kennedy Toole quemó el original y se suicidó a pocas millas del corazón de Nueva Orleans y si hemos podido leerlo es porque su anciana madre llevó una copia al carbón hasta el despacho de un profesor de literatura que resultó ser el honesto encauzador del milagro: *La conjura de los necios* y su autor recibieron el prestigioso Premio Pulitzer (por primera vez póstumo) y la madre vivió hasta su muerte unos no pocos años de felicidad... pero dicen que desde hace dos días el fantasma de Ignatius J. Reilly anda triste.

Es un gordo de bigote que parece cetáceo navegando con lentitud las aceras pobladas por tanta demencia; es un fanático del *Quijote* que dice estar escribiendo novelas y dibujitos necios en cientos de libretas que deja tiradas por doquier. Ignatius come salchichas como si fueran golosinas y habla como Tomás Moro, en tanto intenta poner en orden la válvula que le provoca flatulencia constante y eructos continuos pero no aguanta su tristeza, no da crédito de la estulticia desatada, la estupidez rampante y la desolación generalizada que ha provocado un engendro de piel naranja de pelos amarillos y ojeras blancas que increíblemente ha de dañar la enrevesada geometría y geografía del mundo.

LA MONEDA EN EL AIRE

V ine a Oaxaca para que un sabio me contara la vieja leyenda china donde se narran los infortunios de un viejo emperador, el Emperador Amarillo (que llegó a ser en tiempos, el hombre más poderoso de la Tierra). El sabio en Oaxaca me contó que hubo un día en que el Emperador Amarillo mandó a reunir a todos sus súbditos del palacio y a los guardias y funcionarios que lo rodeaban con el único fin de verificar si era o no cierto el hecho de que en cierto pueblo vivía un hombre feliz. Un hombre realmente feliz. ¿Cómo era posible que viviera en el reino un hombre plenamente y tan feliz que rebasaba incluso las satisfacciones del Emperador Amarillo?

Sucedió entonces que uno de los consejeros del trono aseguró que se encargaría de solucionar el problema y a la siguiente madrugada rodeó el jardín de la casa del hombre feliz, y mientras éste dormía, esparcieron 99 monedas de oro entre las flores y plantas del jardín. Al amanecer, el hombre otrora feliz fue recogiendo una a una las monedas, pero presa de la ambición y las ansias por el brillo del oro, se sentía insatisfecho: faltaba la 100, pues con 99 monedas a uno le falta un dedo.

La supuesta felicidad del hombre feliz quedó mancillada con la estrategia que propuso el ministro del Emperador Amarillo y para todos nosotros queda entonces abierta la ventana de una moraleja: cada vez que vaya usted caminando por la calle, en medio de Carretas, Arenal o Gran Vía y cada vez que decida perderse en el Parque de El Retiro o rondar por Recoletos o recorrer la Princesa y luego, bajar al Parque del Oeste... cada vez que camine Madrid y se encuentre con una moneda por azar, recuerde lo que me dijo un sabio en Oaxaca: esa moneda es la señal que faltaba de una cita que ha de ser siempre pendiente y la moneda única con la que se completa la cuota de una felicidad suspendida. Es la moneda con la que quizá se pague a Caronte el último viaje al más allá o el salvoconducto para salir del tedio de todos los días. Es la moneda que llevamos en mente y que también se puede compartir con quienes estiran la palma abierta en busca de un alivio. Es la moneda que viaja por los siglos, de la China hasta Oaxaca, pero pasando por Madrid.

UNA TORRE EXPANSIVA

La Feria Internacional del Libro de Guadalajara cumple 30 años como una inmensa torre que se expande en círculos concéntricos, quizá porque las ruinas circulares de la de Babel aspiraban a rozar los cielos. Escritores de todos los géneros literarios y lectores de todas las edades, editores de cientos de casas editoriales y diseñadores de pincel o pantalla digital, agentes literarios y traductores de todas las lenguas, académicos y pensadores, intelectuales y vendedores, artistas y fantasmas se multiplican año con año bajo una inmensa carpa de una celebración que se ha consolidado como la más grande del idioma español y que también abre ventanas a escritores de las otras lenguas del planeta.

Por aquí han pasado en página y en persona los más destacados y entrañables autores de obras intemporales, ediciones interminables y lecturas que se heredan de generación en generación. Bajo la clara sombra de la FIL se han apuntalado los premios a notables trayectorias bibliográficas y a todos los actores de las diversas caras del libro: por mérito editorial, por pasión bibliófila, por género y circunstancia. A partir de 1991 fueron conformando la honrosa galería de lo que se

llamaba Premio de Literatura Latinoamericana y del Caribe Juan
Rulfo hasta el año 2005. Recuerdo a Nicanor Parra ante una panda
de intolerantes universitarios que exigían que el poeta declarase si
creía o no en Dios, a lo que respondió que "sí..., se llamó Juan Sebastian
Bach", o la mano de Eliseo Diego cuando enroscaba la tapa de una
lujosa pluma fuente. Recuerdo a Julio Ramón Ribeyro, por supuesto
fumando, y a Nélida Piñón, que hablaba cantando; a Augusto
Monterroso, que afirmó en un discurso que sería breve y dijo entonces:
"Muchas gracias". Recuerdo el premio para Juan José Arreola y la
noche en que presentó un hermoso librito degustando ante el público
una honrosa botella de champán, y a Juan Marsé, que hablaba como
los ángeles en 1997; a Juan García Ponce en 2001, y siguieron Cintio
Vitier, Rubem Fonseca y Juan Goytisolo, hasta que el premio para
Tomás Segovia suscitó la lamentable confusión que motivó el cambio
de nombre y se convirtió por dos años en Premio FIL de Literatura
(a secas), con Carlos Monsiváis y Fernando del Paso, y luego, Premio
FIL de Literatura en Lenguas Romances, con António Lobo Antunes...,
y así, tres décadas donde toda una generación pasó de ser meramente
lectora a la de escritores en ciernes, blogueros por doquier, presen-
tadores en potencia, conferencistas poco a poco consuetudinarios sin
dejar de leer a cada uno de los autores galardonados y los cientos de
buenos ensayistas, notables novelistas, prístinos poetas, minuciosos
cronistas y todos los géneros de diversos idiomas y banderas que han
paseado sus biografías por los pasillos de esta FIL que año con año
aumenta en su número de lectores visitantes y en espacios de exhibición,
venta, conversación, debate y tertulia de libros y literaturas.

La FIL ha sido un espacio de aprendizaje y discusión, un foro de
debate y una sala de conciertos diversos. Por aquí anduvo la sombra
de Joaquín Sabina y los agentes incógnitos que custodiaban la vida
de Salman Rushdie, por allá se han visto entre los largos pasillos a
los personajes de novela y a los autores de otros siglos entre legiones
de niños y no tan niños, todos lectores. Sólo la FIL ha sido capaz de
confeccionar diálogos entre autores que quizá no aparecían reunidos
en estante alguno, y también una proyección galáctica donde Ray
Bradbury parecía dirigirse en directo y en tiempo real desde algún
rincón de Marte, o la conferencia transatlántica en que José Saramago

desde la FIL platicaba con Günter Grass en Alemania. Es una fiesta y al mismo tiempo un hervidero de trabajo; es la semana en la que no pocos escritores aprovechan para cerrar ciclo anunciando los párrafos por venir y abrazando a los colegas que sólo se ven aquí, y es también el mercado de los derechos acumulados, las posibles traducciones y las nuevas ediciones. Es la ronda de las fiestas y los bailes, por tradición y por sello editorial; la convivencia diaria con los lectores que buscan la dedicatoria de sus libros y la conversación con sus autores.

En buena hora la FIL se abrió a las escuelas del Estado de Jalisco y permitir que escritores consagrados y autores noveles no sólo conozcan el generoso paisaje de la región, sino la convivencia con los estudiantes jóvenes, los nuevos lectores y escritores en ciernes. De ida y vuelta, los círculos concéntricos de la FIL se inventaron también el escaparate de presentar a escritores ante foros de mil jóvenes que retacan los salones de la sede para abrir diálogos, tanto como los que preparan durante todo un año las cartas a autores seleccionados para una conversación en vivo que será una suerte de confirmación. Que se sepa, es quizá la única fiesta de libros y lecturas donde se ha visto a niños levitando con globos multicolores entre payasos que cantan las letras en voz alta o jirafas dibujadas en pantallas que proyectan toda la imaginación descabellada y desbordada de caricaturistas. Aquí han nacido poemas y tramas enteras de novelas inéditas, se han fincado afectos inquebrantables y amores para siempre.

Se trata de un circo de interminables pistas que a lo largo de tres décadas ha sido coordinado y coreografiado por mujeres que llevan la batuta en las trincheras. Marisol Schulz Manaut, que dirige la FIL desde hace ya varios años, y sus predecesoras en el cargo han dado la admirable nota de saber consolidar un encomiable y admirable ejército de trabajadores y colaboradores incansables que privilegian la hospitalidad y cordialidad, la coordinación minuciosa y los horarios perfectos con los que se sincronizan cientos de actividades: talleres para niños y cada una de las presentaciones, conciertos a diario y obras de teatro, lecturas en vilo y muestras gastronómicas, la ronda de los transportes e incluso el sosiego de la lectura que se percibe como contagio colectivo en cada uno de los pasillos, en cada uno de los hoteles y en todas las conversaciones entre lectores y escritores.

En la FIL se ha visto la conmovedora y encomiable abundancia de lectores no sólo de Guadalajara o del Estado de Jalisco, sino de muchas regiones de México que acuden para comprar los libros por los que ahorran durante todo el año y para ver en persona a los autores que comparten y contagian ideas, imaginación y memoria. Aquí se han paseado los escritores que transpiran grandeza intemporal y los que quedan congelados en intocables sonrisas de gaviero contemplando el mar, o de leyenda envuelta en mariposas amarillas y el que narró los secretos de la musa que se vuelve anciana por las noches y el que murmuraba las llamas de pueblos de muertos donde alguien se derrumba al final como un montón de piedras. Aquí se han escuchado los prístinos versos de una piedra hecha de Sol y la voz del poeta que se come a cucharadas una parte de la Luna, y entre los cientos de estantes se han visto desfilar las ediciones invaluables de libros que se leen como memoria viva de diversos paisajes y se hacen eco conversatorios y presentaciones que realmente confirman que lo único que nos salva como personas, como país y como planeta está en los libros, en los libros que cierto político no pudo citar aquí mismo, pero también en los poemarios que justifican la belleza de una mirada intemporal o en los ensayos que explican el resplandor de un instante y las crónicas que resumen al mejor oficio del mundo.

No sin nostalgia, la magna reunión de las muchas literaturas que nos unen bajo la ñ del idioma, que poco a poco inunda todas las geografías del planeta, también marca la ronda de los escritores que ya no regresan en persona; año con año, al tiempo que aparecen los nuevos escritores con su primer libro ya impreso, Guadalajara rinde gratitud y homenaje a quienes confirman que la eternidad por fin comienza el lunes siguiente a la semana de Feria. Es la semana del recuerdo y conmemoración y el anuncio de futuras efemérides, es la ocasión para celebrar a los nuevos premiados en el mundo de las letras y también el anuncio de los libros que han de inundar los mercados del porvenir. Es la FIL, la más importante reunión de la lengua castellana, del idioma español con todos los acentos con los que se habla a lo largo y ancho del mundo. La feria que empezó bajo una carpa con idénticos estantes de lámina amarilla y hoy es la escenografía alucinante de las naos de dos pisos, las pantallas en movimiento y el papel de siempre con las mismas tintas, el abecedario intacto, multiplicado por palabras en una sinfonía colectiva que bien ha sido bautizada por Juan Cruz como nada menos que un FILagro.

MADRID DONDE QUEPA

Mañana inicia oficialmente la cuenta regresiva para que Madrid sea el Invitado de Honor a la próxima edición de la Feria Internacional del Libro de Guadalajara y se abre el deseo para que no olviden traer en berlina al fantasma de don Benito Pérez Galdós, que capturen en limpias botellas de cristal el aroma del Retiro en los amaneceres del Invierno y que no olviden traer en sepia la memoria intacta de esa ciudad que en realidad nunca ha caído.

Quiero que Madrid quepa en las páginas de los libros que la imaginan y recuerdan, pero también en los paseos con barquilleros ocasionales y chulaponas del siglo XXI; vengan con chopos y esas bancas de enamoramiento instantáneo que alguien tuvo a bien colocar en Recoletos. Traigan dulces de violetas y claveles comprados en una esquina de la calle de Alcalá, pero también las pausas con las que hablan los madrileños que son madrileñísimos, los que preguntan si "¿por un casual es Usted la tía de MariPepa?" y reciben por respuesta la diminuta zarzuela que cabe en: "Por un casual... y porque soy la hermana de su madre".

Madrid cabe en el alma de quien la sueña y en la mirada congelada de quien ya ha visto el milagro de una ciudad tan vivible que parece derretirse en cada atardecer, allá por el Palacio de Oriente. Madrid se murmura en voz baja y se grita en las gradas del Estadio Bernabéu o en el Tendido 10 de Las Ventas, en la Corredera Alta y en la Cava Baja, en Atocha con flacos y falsos poetas que llevan tabaco negro en la garganta desde hace más de un siglo y en las vocecillas de las niñas que ríen porque a una se la han caído las gafas. Madrid cabe en recuerdo y en la añoranza, pero también en la promesa y en los pasos por venir.

A partir de mañana, Madrid cabe en mente de todos los que han de contribuir a cuajar el milagro de que Guadalajara reciba al Oso y el Madroño en su escudo de caballos rampantes, en sus campos de atardeceres morados y en sus miles de metros cuadrados de una entrañable feria de libros que bailará en 365 días la disimulada taquicardia de un chotís, con alfombra de claveles y toda la neblina de todos los madriles que caben en un Madrid.

ANHELO MADRID

No conozco a nadie que odie Madrid. No me he cruzado con alguien que se queje de sus calles como si fueran venas atrofiadas por las varices o metáfora de las piernas gordas de mujeres que usan pantuflas hasta en invierno para ir por la compra o pasear a un perro siempre diminuto que ha de llamarse *Chiqui*. Rara vez el lamento por el abultamiento del tráfico o la lentitud de unas obras se torna en declaración irascible de odio hacia la ciudad que siempre parece la misma y rejuvenecida, la que se lava la cara de noche y amanece con las caras de las biografías o recuerdos de cada barrio intactas; rara vez se escucha que alguien reclame de veras la urgencia de instalar un mar en pleno parque de El Retiro o abrir una brecha navegable que una a la glorieta de Embajadores con la ciudad de Toledo como extensión del Tajo y que se navegara hasta Lisboa en pocas jornadas de lamentos constantes.

Por el contrario, todas las personas que anhelan Madrid parecen amarla como una amiga infalible. Allí está la capital intacta de tanto sueño, la del recuerdo de una caminata a solas y luego, el paseo de una conversación que no ha terminado. La madrugada que alguien soñó como satisfacción y el atardecer compartido con tantos muertos que levitan por las calles de Madrid bajo la iluminación anual de los deseos, las caras enrojecidas de los niños que usan gafas y las señoras con mascada de seda que se cubren la cabeza como si desfilaran por un templo sin techos. Todos con la secreta admiración y callado orgullo de una ciudad que se vuelve anhelo entre los dedos al mismo tiempo en que se palpan sus calles y sus plazas, cada banca personalizada y generalizada para sosiego de un solo instante en que se le piensa como milagro.

A contrapelo, conozco a miles de habitantes que padecen a la Ciudad de México como una venganza, como una abierta grieta de abusos continuos con inventos urbanísticos que son no más que pretexto para afear, estorbar y mancillar la cara de una ciudad que fue perfecta. Lejos de Madrid, la ciudad de México padece el insulto diario de quienes ya no soportan tener que cruzarla en medio de todos los peligros asociados a las selvas, a la fauna de colmillos afilados y al polvo del desastre. La historia de dos ciudades refractadas en el espejo trasatlántico que las une inevitablemente en los párrafos que alguien lee de madrugada con el deseo de que la prosa las confunda y se corrija en tinta roja la tajante distorsión que las aleja, una de otra, cada día más y más.

LA NUBE NEGRA

Hay momentos en los que no pocos mexicanos confundimos la Plaza Mayor de Madrid con el Zócalo de la Ciudad de México o el Paseo de la Castellana con el de la Reforma. Quizá por el calor de la hospitalidad madrileña llegamos a sentir que el Parque del Retiro es Chapultepec o que la Cibeles en el cruce de Alcalá es una y la misma que sonríe en la Colonia Condesa, tan cerquita del Metro Insurgentes. Un puesto de kebabs parece un expendio de tacos al pastor e incluso consta que hay una novela donde el protagonista despistado llega a confundir la Gran Vía con la otrora imperial calle de San Juan de Letrán, que pasa al lado de la Alameda Central y cuadricula al Palacio de Bellas Artes.

Todo lo anterior sucede en el afán –no sólo etílico– de cumplirle a Madrid aquello de que en *México se piensa mucho en ti*, pero por estos días de climas enrevesados nos ocupa y preocupa descubrir que la *Señá* Carmena ha tenido que decretar el *Hoy no Circula* para las matrículas (que en México llamamos *placas*) con terminación en par. Contra los engominados que quieren denostar la medida como error ideológico, más de un mexicano alza hoy la voz para celebrarle a la alcadesa una decisión que es para bien de Madrid, para alivio de sus pulmones y en abono de que por lo menos la capital de España siga siendo *la región más transparente del aire*, ya que la antigua Tenochtitlán ha tiempo que abandonó el título con el horror de sus millones de coches (que sólo han servido para burlar los programas del *Hoy no circula*), con el espanto de los más de veinte millones de habitantes aglutinados como sardinas en los cientos de kilómetros del Metro anaranjado, en los cientos de hoyos y baches que cacarizan sus calles, en los horrores de las obras y construcciones que en realidad sólo afean a la Antigua Ciudad de los Palacios.

Por experiencia propia en inversiones térmicas, efectos invernaderos y a falta de la sierra donde aún nieva y se respira frescura el antiguo D.F. puede con todo derecho y solidaridad exhortarle a Madrid que bien vale la pena olvidarse del automóvil por unos días, dejar de circular por donde en realidad nadie quiere circular sino andar y detenerse al paso. Bien vale todo el empeño de querer limpiarle los pulmones a Madrid no sólo para que siga siendo la hermosísima ciudad que cada madrugada se limpia la cara con agua fresca, sino el espejo de una utopía que se llegó a palpar en medio del corazón de México y que las pasadas décadas de negligencia, desidia y polución se han encargado de enviar a la amnesia.

LA CABALGATA INTERIOR

Tras la niebla, las calles alineadas con todos mis muertos, fantasmas entrañables de navidades en blanco y negro, escritores de otros tiempos y amigos invisibles que fueron testigos de cartas que se enviaban por globo o se dejaban en los zapatos al filo de la puerta. A lo lejos, sigue la estrella incandescente que ya casi nadie confunde con fuegos artificiales y las nubes intactas de ayer que sí se confunden con los grises y negros nubarrones del hoy que era un mañana en que alguien predijo la posibilidad de que se perderían los sueños. Una brisa despeina la inquietud y de pronto, enredados en el pelo, descubres intactos a los magos sabios de un tiempo sin tiempo en el que nadie sabía explicarte para qué diablos sirve la mirra que cura las heridas y sana las cortadas profundas del alma. Llevas entre ideas las sombras de los tres reyes e incluso un cuarto viejo bueno que cuenta la leyenda que se le hizo tan tarde para ver al niño en el pesebre que llegó a Jerusalén el día en que lo crucificaban.

Recorres las mismas calles embadurnadas de luces de todos los colores y reconoces el paisaje de una biografía que se escribe día con día, cada hora transcurrida como un párrafo vivido que no podría corregir ni el mejor editor al amanecer entre dulces con la lectura tentativa de lo por venir. Caminas entre niebla de una madrugada que no es ajena y enumeras las deudas pendientes con tus deudos, con los miles de desahuciados y hambrientos que extienden la mano en espera de un instante de compasión y sosiego y de pronto, recuerdas que en el fondo los deseos de tu infancia no han cambiado salvo por una nueva etimología de la inocencia con la que callas y recuerdas. Llevas sobre el fleco las pisadas de elefantes invisibles, dromedarios que no son camellos y un caballo blanco que relincha cada vez que lo niegas en público, pero por hoy llevas la silenciosa cabalgata en la conciencia como el hombre que agradece calladamente el milagro impalpable de confirmar durante unos instantes que sigue siendo niño.

"VOLVIDO"

De niño decía *volvido* hasta que los adultos se encargaron como Real Academia de borrar la inventada etimología donde se conjugaba volver con olvido. No obstante, me gusta lo *volvido* porque leí en una novela que quien llega a Madrid, en realidad vuelve, quién sabe de dónde pero vuelve, y todo lo demás queda en un olvido. Incluso los recién llegados descubren las calles que se van abriendo gélidamente soleadas como si fueran el escenario de canciones memorizadas o referencias directas a recuerdos personales; y quien ya se siente habitante, vuelve incrédulo a lo que creía ya conocer a ciegas y se sorprende con la luminosa novedad de lo mismo, la renovación de la idéntica fachada, la inauguración del parque de siempre y la sonrisa intacta de quienes nos despidieron al irnos.

Lo *volvido* se vive en un Madrid de todos los días donde hay que refrendar las cartas credenciales de uno mismo como si se tratara de la presentación en sociedad de un recién llegado, todo veterano como novato, toda guía en reorientación de brújula. *Volvido* lo que sentía al irme y *volvido*, recupero la misma emoción intensa con la que descubrí una inmensa plaza de siglos por primera vez. Se abre entonces la página blanca de una agenda que apenas empieza a poblarse con los pasos de un enero que parece del pasado, siendo el inédito párrafo de la vida que se camina en los primeros pasos por el mismo delgado renglón por donde se supone ya habíamos transitado desde la infancia, cuando las palabras se definían por su sonido y su sabor mucho antes de que los adultos cuadricularan su sentido.

Queda entonces que lo *volvido* es un termómetro de un Madrid desconocido que se vuelve entrañable —una vez más— con sólo sobrevolar las varias caras que le cambian conforme pasan las primeras horas de una memoria renovada que se va fincando en los trayectos: el autobús repite el recorrido absolutamente impredecible de travesías históricas, de cuando el tiempo era un líquido saboreado de antemano, al tiempo en que basta cruzar una calle que se creía rutina para descubrir que ha sido enteramente renovada por la llegada, la más reciente llegada del *volvido* que encara el mañana quizá ya sin mucha preocupación por los ayeres, porque quien llega a Madrid sabe que vuelve, quién sabe de dónde y a qué, pero vuelve con la sosegada ilusión de que todo Madrid se ha de abrazar como el lugar del alma que nadie —quién sabe por qué— puede olvidar.

DE CAPA, SIN ESPADA

Una amiga me regaló una capa española para encarar los fríos y –a falta de abrigos dignos en la sección "Tallas Grandes" en tiendas de prestigio—me ha dado por deambular entre brumas de deshoras y amaneceres grises con las frondosas alas de vuelos en terciopelo rojo y botonadura de plata al cuello de esa prenda que lamentablemente ya no es popular entre el populacho.

Parece mentira que el paso de las décadas ha convertido la simple aparición de un embozado para llamarle la atención a madrileños –nativos, adoptivos y visitantes—con el asombro pasmado de quienes de pronto no encuentran explicación alguna para la prenda. Está el camarero que creyó que yo era miembro de una tuna o estudiantina salmantina y me indicó que no podía pedir limosna en su café, al tiempo que una viuda de no malas apariencias me pedía que le tocara "Clavelito"; están los niños que en un paso de cebra me preguntaron si era yo mago, señalando que me faltaba la chistera con todo y conejo o la panda de jóvenes en carcajadas que creyeron que yo era el hermano obeso de Drácula.

Con la capa sobre los hombros parece que camino más erguido que de costumbre, incluso sin que se note si voy de capa caída; con los vuelos rojos del terciopelo encendido parece que logro un alto grado de tolerancia ante el alud de miradas desconcertadas que se preguntan si acaso seré un cetáceo amaestrado fugado de un circo o un tenor prófugo de cualquier opereta circunstancial.

Embozado, parezco el misterio de un chambergo enredado bajo los ojos y el párrafo inédito de una novela en blanco y negro. Si la llego a combinar con boina o *txapela,* soy capaz de intimidar a más de un taxista que no me levanta ni por error y se proyecta con la luz de la Luna esa sombra cinematográfica que alguna vez alcancé a dibujar en un sauna.

Andar de capa y sin espada me convierte de pronto en una ilusión íntima, aunque sea no más que un desconcertante espectáculo para una inmensa mayoría que ha olvidado la muy práctica y elegante bondad de una prenda simple que sobre todas las apariencias me alivia del frío como cobija de cuna, manta calentita que permite hacerle oídos sordos a los patrones de la moda común y cotidiana.

Lo que no acabaré de entender por ahora es el reclamo intempestivo de un hombre que llevaba un gorro tejido de cuernos de jirafa sobre su cráneo que me detuvo para informar que le parecía *de lo más raro* que alguien levite con la capa al vuelo por las calles y callejas de un Madrid tan impredecible.

GRIS

M e gusta ese gris Madrid que viene con frío y que de pronto se despeina con una ráfaga inesperada de viento, en estos escenarios de climas tan cantados donde parece que a veces no sopla ni el aire. Me gusta el gris Madrid de las mañanas abandonadas al azar, sin prisa, de rumbo incierto donde de pronto alguien pregunta lo que sea como pretexto para simular una conversación. Una charla improvisada con alguien absolutamente desconocido que de pronto se vuelve entrañable quizá por el misterio de no saber qué lleva en la bolsa, esas bolsas que todo el mundo carga como salvoconducto en estos días grises de un Madrid que ya no existe, de paseantes en fantasmas de caballos en sepia y largas calles sin colores tan llenas de vida.

Gris Madrid en el parque de su corazón donde los árboles aún no retoñan para que sus ramas sigan siendo sombras alargadas de delgadísimos dedos recortados sobre el telón inconcebible de un atardecer en lila, allá al fondo, atrás de los palacios y las plazas... y se vuelven grises las blancas páginas de un libro que no termina de leerse y las hojas sueltas de una libreta que espera con ansias el regreso de su otoño, al filo de una primavera inalcanzable.

Se escucha el callado rumor de un piano que acompaña los pasos del pensamiento y parece redactarse un ensayo sobre la amistad, sobre la inquebrantable fraternidad que nos une con los autores entrañables que escriben en murmullos, lejos del estruendo de la megafonía en colores y el policromado telón de las mentiras. En gris se camina Madrid en silencio incluso cuando se sabe uno acompañado por la propia soledad y las aceras se van lavando los cuadritos con la llovizna que alguien desde lejos bautizó como *pelusa de gato*, como versículo suelto de un poeta anónimo y avanzan los párrafos de una caminata al azar sobre el paisaje memorizado de un Madrid en gris con todas las biografías pasadas tatuadas en los muros como grafiti invisible de un recuerdo que ya es imborrable. Todo gris, ni blanco como la nieve inédita ni negro como el incierto destino que quizá nos llegue mañana mismo; gris en la serena conversación con uno mismo, sabiendo que en el algún momento impredecible han de explotar los colores de una carcajada lejana o la eléctrica tonalidad de una sonrisa que pasa corriendo, en sentido contrario, quién sabe a dónde pero con bufanda roja.

ESPEJISMO DEL RETIRO

Hay una bruma lila que llega con el frío y convierte al Parque de El Retiro en el anfiteatro de una memoria inasible que proyecta como fantasmas a las figuras de los paseantes distraídos. Hay un leve escalofrío de dudas cuando el niño que se esconde tras un roble parece un duende de bufandas moradas y sus risas como murmullos se vuelven el telón de fondo para el silencio con el que conversan sus abuelos como estatuas, allí en el claro donde los árboles parecen mover sus ramas como dedos flacos para brindarles una bienvenida más para otro amanecer en lila, lejos del arco iris y en ese palmo de espacio universal donde las pequeñas biografías se vuelven intocables, inéditas y comunes a todo aquel que se acerca con el pasajero afán de improvisar una pregunta cualquiera.

Llega entonces el hombre de la boina sin ladear que no llega a *txapela* ni a casco y pregunta sin preguntar el efímero comentario que se convierte en tertulia y los tres se enredan en expresiones de zarzuela, con el vaho entremezclado de sus voces en el frío de un Madrid sin tiempo donde parece que fue ayer mismo hace treinta años el instante exacto en que estos tres personajes del azar se vieron aquí mismo para reírse a carcajadas con la sola idea de que el tiempo habría de envejecerlos idénticos.

Las aves quietas como azules porcelanas, los arbustos secos en espera de una primavera, los senderos húmedos de una arena que parece albero en abril y esa ráfaga inesperada de viento gélido que le brinda un raro dramatismo a la escena para muchos monótona del mismo parque de siglos que respira incólume en medio del mundo, en el centro mismo de un Madrid tan lejos de todo y tan cerca del corazón.

No será único el paseante que va redactando en silencio la confirmación de que el ensayo más que un género literario es no más que pensamiento andante, polifonía de voces que se entretejen en sílabas calladas para intentar enderezar por lo menos una idea clara, una reflexión personal que podría entenderse como simple gratitud de levísima sonrisa por gozar del privilegio absolutamente gratuito de caminar un parque en medio de la ciudad, un paisaje entre tanto edificio que nos intenta cuadricular, un remanso para remarcar estas líneas que caminan libremente sobre el papel como pasitos de insectos invisibles sobre el tapete helado de un prado inédito el párrafo preferido del parque que uno intenta redactar todos los días.

MIRA QUE TE MIRO

Cómo mola que Madrid te mire fijamente de frente, como si te reconociera. A veces y quizá sólo de vez en cuando, porque hay días en los que resulta intimidante: se te queda mirando como si llevaras una mancha de callos en la pechera o huellas de un nefando catarro en las fauces y avanzas sin saber a ciencia cierta qué te ve la gente: las pocas personas, los prójimos y los próximos; los que ya conoces de vista y los que se cruzan al azar y deprisa, decididos a llegar siempre a una cita que nadie entiende, pero no sin antes mirarte fijamente. Para que te quede claro que Madrid te mira a los ojos como ninguna otra ciudad del mundo.

Podrás perderte en París, deambular en Madrid o buscarte a ti mismo en un Berlín que ya no existe, pero nadie te mirará a los ojos fijamente como sólo lo logra Madrid. Con una sonrisa de párpados lánguidos, que a veces parece el guiño de una confirmación. Allí en plena Gran Vía, cientos de ojos de todos los colores te miran al pasar en segundos, que se prolongan según los pasos. O en el sereno atardecer de lo que le queda de invierno en la Plaza de Oriente, donde un par de ojos negros, envueltos en una bufanda de siglos, te miran directamente a la conciencia.

Supón que se lee el secreto que llevabas tramando de madrugada y que toda mirada de Madrid al paso va leyendo sin hablar de eso que creías que era sueño. Supón que alguien descifra, en el largo sendero subterráneo del Metro, lo que significa en tu cerebro un recuerdo intacto; una vieja culpa; una deuda pendiente. Te mira hipnotizada la niña que va en carriola y el anciano con todas las dioptrías de su biografía acumulada. Te otea de reojo el serbio, que alguna vez jugó baloncesto, y la simpática gordita que parece portera de un edificio derrumbado por la modernidad del mismo Madrid, que te mira en las pupilas de las niñas que van riéndose al salir del colegio.

Y la parvada de monjas de hábitos trasnochados como especie en peligro de inminente extinción; te mira el conductor del autobús de bigotes de morsa y cejas como moqueta de sus pupilas de viajero de tren antiguo y te mira la señora de la papelería que envuelve como regalo los bolígrafos con los que pretendes anotar cada una de las miradas de Madrid que te ven pasar, inventándote al vuelo un cuento para cada párrafo del día por el juego involuntario donde tú mismo intentas narrar cada página de Madrid, leyendo como ensayo cada cara que te cruzas en la redacción andante de una ciudad que se escribe porque cada uno de sus fantasmas te lee.

ESPECTROS ENTRAÑABLES

El hombre que se queda dormido en el primer asiento del autobús de la línea 61 con rumbo a Moncloa, cortando por Chamberí, murió en 1953 y se le concedió volver a este mundo con la condición de que no hable con nadie y no revele jamás el secreto que lo une a miles de fantasmas anónimos que deambulan por aquí ya para siempre, pues parece ser que la eternidad es no más que el viaje sin tiempo por los lugares donde uno llegó a sentirse feliz en vida.

Así la señora que se quedó con la moda a go-gó en la minifalda fucsia y el tenedor de libros decimonónico que lleva leontina con llaves inútiles al bambolear por las viejas calles del Barrio de las Letras. Lo sabe el camarero que lleva como delantal un mantel que fue blanco y la costurera recatada que va leyendo una novelita de amor en el último rincón de un vagón del Metro e incluso, los niños que van en carriola amarilla, gemelos con gafas y carcajadas sinónimas son en realidad ancianos que recién han vuelto de su repentina desaparición en 1897.

Tengo para mí que el conductor de un transporte eléctrico que suele rondar por el Madrid de los Austrias fue en un ayer de sepia el famoso asesino del tranvía de la calle Princesa y el rubio germánico que se desvive en silencio ante la ventana de una vieja cervecería en la plaza de Santa Ana llegó a ser en su tiempo uno de los más hábiles espías del Tercer Reich, hasta que lo asesinaron agentes secretos de la inteligencia británica en un páramo cercano a El Escorial.

Por lo mismo, la chica que me citó en el café del Círculo de Bellas Artes –aunque aparenta ser una estudiante contemporánea de la Universidad Complutense y asegura estar haciendo su tesis en literatura sobre el cuento latinoamericano–fue en realidad una cantante de boleros que llegó de México en 1945, enamorada de un banderillero que murió a consecuencia de una cornada en la plaza de Lisboa.

Se le ven las manos transparentes y, como sucede con todos los demás, no aparece en las fotografías que toman al vuelo los turistas de la mesa de al lado; habla con palabras que ya nadie usa y se queda mirando al vacío en medio de la conversación. Todos intentan ocultar la secreta condición por la que levitan y recorren Madrid a deshoras, sin imaginar que todos los demás también encarnamos de vez en cuando el antojo invaluable de volvernos espectros entrañables en medio de tanta conversación y tanto ruido.

GABO, EL OFICIO DEL DETECTIVE
Y LA PLUMA DEL POETA

Gabriel José de la Concordia García Márquez, que vino al mundo hace noventa años, llegó para contar las historias que heredó, narrar los paisajes y pasajes que vivió, sonreír el hablar pausado que parecía de versos, bailar vallenatos como si planeara por la nubes con las manos bajas extendidas y cantar boleros con los amigos en una liturgia que se improvisaba con cada sobremesa. Gabo se extiende en el amor infatigable de Mercedes y en el brillo entrañable de los ojos de sus hijos y las miradas de sus nietos que son sonrisas, incluso cuando los he visto tristes; Gabo se multiplica en los millones de lectores que siguen conversando con sus páginas en silencio, sincronizando sus propias biografías con cada párrafo que se abre como enredadera de verdes hojas, en generosa selva de su prosa y, sí, tenía toda la razón Eliseo Alberto cuando pronosticó que dentro de quinientos años no sabemos bien a bien quién leerá el *Quijote* aquilatando sus palabras añejas, mientras que consta que así pasen mil años habrá no pocos lectores que entiendan perfectamente —en cualquier tipo de plataforma, idioma o dialecto— las palabras como flores de Gabriel García Márquez.

Gabo es mucho más que las mariposas amarillas que le siguen la cabellera a sus personajes o los enredos inolvidables de los amores contrariados: es en sí mismo una Literatura con mayúsculas, que ha de leerse con la sabia saliva de los murmullos y la conversación en voz baja, entre las sabanas de un insomnio quizá compartido y el largo paseo de toda una vida para rememorar lo que aún no se inventaba. Gabo es el periodista en persecución del arte del hecho, con el oficio de detective y la pluma del poeta, que no precisa poner en versos lo que le cabe en un párrafo urgente; con la adrenalina de lo efímero, narrar para que la memoria no lo olvide y apuntalarlo todo con el sazón artístico de la metáfora precisa, tan aguda que no recurre a la exageración del adjetivo, sino a la descripción exacta y así, como periodista, Gabo convirtió en novela el naufragio de un hombre cuya crónica ya había sido narrada mecánicamente por otros reporteros, y elevó a rango de las bellas artes el maquinazo sobre el acordeón, para rellenar un hueco en la página ocho de un diario condenado a volverse papel amarillo en los archivos.

Gabo es el cuentista que nos enseña a todos la suprema importancia de saber describir todo lo escrito que le sobra a la trama en su nudo, a los personajes en su perfil y al planteamiento en su contundente convicción instantánea y por ello, Gabo es el novelista que desenreda sobre una navegación de largo aliento todas las palabras que han de deshilarse para que todos los personajes se vuelvan palpables, creíbles en el espejo de su prosa con todas sus aventuras y travesías perfectamente constatables en la flor de sus respectivos finales. Pero Gabo es también el generoso lector del mundo, que se obsesionaba con los guiones de las historias visuales, tanto como se hipnotizaba con los hombres que desde el parapeto del poder intentaban sortear el engañoso rasero de querer gobernar a los demás, o a los demonios de sí mismos o las dimensiones invisibles del mundo o el mercado.

El hombre que llegó al mundo hace noventa años ha de permanecer intacto en el recuerdo del lector que hoy mismo lo descubra por primera vez y en la bitácora de la inmensa gratitud que le guardan quienes ya lo venían leyendo desde hace más de medio siglo, con sus historias ensortijadas como peces de plata derretida que se vuelve a coagular a la siguiente lectura. Es el hombre que confesó escribir para que sus amigos lo quisieran más cada día y que evadió la banalidad de las mentiras para convertir en verdad toda fábula legible y es el hombre cariñoso que abrazaba con afecto incuestionable y procuraba ayudar sin condiciones a quienes buscaban orientación en tinta. Es el hombre ya sin tiempo que conquistó al mundo con la imaginación de su memoria y el recuerdo genial de sus inventos: la constancia del mundo alrededor de la vista y la invención de todos los mundos que solo se ven cuando se leen, o al cerrar los ojos con las yemas de los dedos sobre el renglón que parece moverse con cada sílaba —en cualquier idioma— para recorrer el páramo de todas sus páginas. Es el hombre que hoy cumple noventa años en el recuerdo de un siglo que le espera ya mañana para seguir celebrando todo lo que cuenta por haber venido a este mundo.

RÉQUIEM POR EMBASSY[1]

Me gusta soñar que en un ayer en blanco y negro se citaron en Embassy, Rick que venía de Casablanca aunque se llame Humphrey Bogart (luego de venderme su café con letrero de neón) e Ilsa Lund o Ingrid Bergman, ya libre de Victor Lazlo o Paul Henreid, su marido mártir de la causa. A veces, todos somos personajes sin colores de las películas entrañables, como esa donde huimos de los nazis y venimos a Madrid para conseguir unos salvoconductos que nos permitan huir en el primer tren a Lisboa y de allí, montar una nao de ocho hélices que nos lleve entre algodones a Manhattan.

El disparate no es tan descabellado si consideramos que el salón de té llamado Embassy, al filo de cerrar sus puertas en el Paseo de la Castellana por no poder pagar ya más el elevado alquiler, fue no solo refugio de no pocos héroes que venían huyendo de los horrores del nazismo, sino lugar de encuentro de espías y mensajes cifrados. Fundado en 1931 por la irlandesa Margarita Kearny Taylor, el Embassy elevó

---

[1] Al corregir las pruebas de este libro celebro con agua de azar que han abierto en la esquina de casa un nuevo Embassy como oasis en la esquina de la calle O'Donell con Narváez, a pocos pasos de el Retiro... Seguirán los mensajes cifrados.

a rango de las bellas artes la tarta de limón, y al ejercicio de la alta coctelería al rango de liturgia terapéutica. En el Embassy se degustaban los sándwiches en discretos triángulos y los poliedros de los postres como exposición de una geografía de la restauración al servicio del buen vivir; de telón de fondo, las muchas historias y la leyenda intocable de los muchos judíos huyendo de Europa que recibieron precisamente sobre las mesitas del Embassy los salvoconductos para la libertad y los visados del sueño para una nueva vida por el simple hecho de hallarse un discreto salón de té en medio de tantas embajadas que habitan esa zona de Madrid.

Aunque el Embassy cuenta con una cafetería sucursal en Aravaca, una tienda en la lejana Alcobendas y otro expendio en Chamberí, no puedo negar la tristeza que infunde su desaparición del Paseo de la Castellana. Así como le lloré al Café Comercial y a la Cervecería Santa Bárbara en el cruce de Goya con Alcalá, así le guardaré serena nostalgia a la esquina de Ayala con Castellana, con el ligero consuelo de que todos los personajes entrañables, los espías que aparecen en los sueños sin colores y los muertos de todos los pretéritos que conformaron mi infancia deambulan de una rara manera en una neblina lila sin tiempo ni distancias, habitantes de una película donde los sabores más íntimos del alma nunca manchan la filipina impoluta de los camareros intemporales que poco a poco se van quedando sin empleo.

ESTAS LÍNEAS EN PANTALLA

En el transcurso de las próximas semanas, la televisión pública de México (SDP) estrenará *Café desde Madrid TV*, una prolongación de los párrafos y dibujos de esta columna en pantalla. Se trata de una producción del gran Miguel Andrade que garantiza por la elevada calidad de sus trabajos un nivel de excelencia visual a través del lente genial del cámara Noah Shae, que parece tocar la batería del jazz con cada paneo y cada *traveling* de su lente. Serán trece capítulos de la primera temporada que podrán verse aquí en España y el mundo entero a través del internet y de la ancha red de contagios en las redes sociales, en cuanto se corra el chisme de que una columna de papel y tinta se vuelve proyección palpable de pantallas.

Caminaremos por el parque de El Retiro desvelando su microhistoria y la biografía de algunos árboles, recitaremos párrafos de grandeza desde la cátedra de Nebrija en la Universidad de Alcalá e iremos de la mano de los fantasmas de Lope de Vega, Miguel de Cervantes Saavedra y Francisco de Quevedo en el entrañable Barrio de las Letras del viejo foro del oso y el madroño. Por allí desfilarán los grandes escritores mexicanos del pretérito que fincaron raíces en Madrid a través de la conversación con Pablo de Raphael, agregado cultural de México en España y hablaremos de la importancia y dinamismo de este propio diario en charla con su director Antonio Caño, *the one and only* Juan Cruz, el brillante Bernardo Ruiz que dirige todo lo digital y mi comandante Vicente Olaya, que cuadricula las páginas de la biografía diaria de Madrid en las páginas del periódico.

Café de Madrid TV también dedica un capítulo al mundo del jazz que cabe entre los muchos mundos de una ciudad que no duerme y que además reúne en su seno a todos los palos del flamenco y casi todos los ritmos del mundo. Por lo mismo, estaremos de manteles largos en Casa Salvador hablando de música con el enciclopédico Jesús Ruiz Mantilla y partiremos plaza con Rubén Amón en pleno ruedo de Las Ventas; no faltará una tertulia improvisada en las sombras del bar Chicote con el documentalista Luis Mancha y la visita obligatoria al inmenso santuario de Santiago Bernabéu para rendirle tributo a los mexicanos que también le han dado honor y gloria a la camiseta blanca de Chamartín.

Esperemos con aplausos la llegada de un programa ameno, enemigo de la aburrición y el tedio, que confirma las muchas posibilidades y potencialidades de la crónica: ese género del periodismo dinámico que nos permite pensar andando y soñar desde la navegación en poltrona. Pura prosa con prisa o, como dice Juan Villoro, literatura bajo presión que, por lo visto, además de leerse también se ve.

HELADO VELO BLANCO

Dice la poeta palindromista Merlina Acevedo que la nieve es el vestido de novia del viento y la primavera ha llegado a Madrid con el helado velo blanco de una gasa algodonosa que no cuaja en granizo, como para recordarnos que la felicidad es llovizna inesperada y efímera. Incluso para quienes caminan con prisa, agachándose con desdén, o para quienes precavidamente abren paraguas como flores negras, la insólita nieve de esta primavera madrileña es una felicidad de minutos que se extiende por cuartos de hora y se ven los niños que sonríen sacando la lengua al cielo y los ancianos que extienden los dedos de los guantes como si lavaran su conciencia con la ilusión limpia de que tanta caspa gratuita no deje nunca de llover.

Durante el lapso que confunde a las bufandas y arrepiente a las faldas cortas, la nieve de esta primavera enrevesada bañaba la confluencia de encontradas esperanzas: los que ni caso hacían a los vaivenes del clima y los que miraban absortos el recordatorio de pasados inviernos: parecían entonces canosas las melenas de los jóvenes y se tapan de pronto las calvas de los ancianos resignados; todo el velo blanco se derretía sobre los asfaltos y acaso en los prados se lograba convertir en alfombra fugaz. De pronto, se asomaban por las ventanas las miradas que llevaban toda la mañana entre cortinas recalentadas, leyendo otros párrafos, sorprendidas de pronto por miles de diminutas páginas minúsculas e inéditas que lloraban sobre Madrid exigiendo durante unas horas el silencio necesario para una renovada redacción de aguanieve serena.

Nevaba sin nevar del todo y Madrid saboreaba un remanso que parecía suspender el orden de sus desórdenes: lo que se llama un paréntesis. Ya saldrá el Sol en pocas fechas para justificar las mangas cortas o el corte de mangas, ya vendrán oleadas de calores inesperados y la vuelta de ventoleras repentinas, ramalazos de vientos ajenos e incluso otras versiones de la callada quietud que se sintió durante el simulacro de nevada intensa que tendió ese helado velo blanco sobre el rostro de una ciudad entrañable como para recordarnos lo que ya sabía el poeta Eliseo Diego: la lluvia es no más que un ajeno llanto por la cara que encierra todas las tristezas y las muchas alegrías que nos depara la llegada de una enésima primavera, posiblemente inesperada.

CUARENTA AÑOS... APENAS

Algunos llegaron a percibirlo. Era un raro hálito impalpable que de pronto confundía el perfil de Cádiz con los portales de Veracruz y esa media luna de Donostia con un espejo de Acapulco; hubo quienes caminando por Toledo de pronto salieron andando por un túnel en Guanajuato y no faltaron los que trastocaron los anchos campos de Castilla con los llanos alargados de Jalisco y la selva de Chiapas parecía enredarse en un bosque de Galicia, pero sobre todo, hubo quienes confundieron el Parque de El Retiro de Madrid con Chapultepec, el Paseo de la Castellana con el de la Reforma, Gran Vía con Artículo 123 o Venustiano Carranza y el Zócalo de la Ciudad de México con la Plaza Mayor.

Durante horas, el sortilegio provocó que en un café de barrio alguien pidiera un café *porfavorcito* y que dos cantinas de Aguascalientes sirvieran *carajillos* a deshoras con tapas de boquerones; se escucharon saludos de *Quihubo* en Castellón y un *Mecagoendiez* en Querétaro, amen de una banda municipal que entretejió las notas de la marcha real de España con el sonoro rugir del himno mexicano y dicen que hay turistas que lograron fotografiar a una parvada de voladores de

Papantla en una plaza de Barcelona, al filo de la Rambla de las Flores que parecía por unos instantes el Mercado de San Ángel y consta que los visitantes del Palacio de Aranjuez no se esperaban el tumulto de trajineras floreadas que sorteaban los canales como falúas en Xochimilco.

El delirio de esta semana llegó a devaluar ilusoriamente al euro como si fuera nuevamente peseta o simplemente peso y se vieron no pocos transeúntes pidiendo más tacos de lo normal justo al lado de un barquillero que giraba su fortuna sin entender la cantidad de cantinflismos que dictaba un hombre menudo, con su chipiturco como gabardina al hombro y la mímica que clonaba las llamadas telefónicas de Gila al frente de guerra y se escuchaban boleros que armonizaban con tarantos y un schotis que se bailaba como danzón y todo se arremolinaba en un oasis de colores y sabores que se comen de ambos lados del Atlántico como festín imprevisto y todo, absolutamente todo, se debía a que por estas fechas se conmemoran los 40 años de la reanudación de relaciones diplomáticas entre México y España, una hermandad sellada por el mismo idioma que nos separa y más de quinientos años desde que nos vimos las caras directamente a los ojos para sellar una estrechísima relación que va muchos más allá de la distancia, el tiempo y el delirio de tanta imaginación desatada que nos confunde y conforma.

TE QUIERO, VERDE

Una pareja que parece perfecta pasea por un parque. Parte del plan es pensar en paralelo las palabras que proponen para permanecer pegados y uno declara: "paternidad" y ella le responde, "patrimonio" y se parten de risa y pegados sus labios parlan en silencio la ponderada partitura de su felicidad.

Al filo del estanque están los estudiantes que establecen el emblema de sus esfuerzos con entregas semanales de estatuillas de estaño y Eduardo estima que es Ernestina la elegida de este día y todos estiran las horas del estío, aunque apenas sea su primavera. *Más 'alante*, una niña unta en sus uñas brillantina de unicornio y su hermano bota balones bailando la baba de bobería feliz; la nana que cuida a la Nona niega navegar en el estanque y el corredor de fondo corre y procura cumplir la cuota cotidiana de los campeones de Castilla, cada quien corriendo anchos campos y estrechas callejuelas.

Turistas tapan la tapia como terapia para abatir el tiempo y más turistas transitan templadamente, ya sin tímpanos, los senderos nada seniles de este sitio sensacional donde ancianos como arcángeles y enamorados enaltecidos, transeúntes transparentes como fantasmas fantásticos o espectros especiales provocan pequeños poemas en prosa en párrafos pendencieros para que poetas profesionales se burlen abiertamente de esta prosa perniciosa que merece psicoanálisis o periodo penitenciario porque se trata de un impulso inexplicable, quizá injustificado e inaceptable, intempestivo y sobre todo inútil porque quizá nadie nunca navegue la realidad rotunda que va hilando hechos y helechos, caras y cartones, manchas y mantones en una suerte de mural maravilloso y mágico de este Madrid, madre y madrastra, de monumentos y Manolas y el Manu que me mentó la mencionada menudencia de que estos párrafos posiblemente pecan de puerilidad mas no de perfidia, parecen potables y podrían pintarse en la pared con papelitos o pasear el paisaje como papalotes policromados... todo ello, con tal de que alguien entienda por hoy que Madrid ya se pinta de primavera por todos lados, habiéndose bañado en aguanieve helada hace apenas unas semanas y por tanto enredo y tanta entrañable sinrazón a uno no le queda de otra más que celebrar con palabras alineadas al azar, la deuda que le tenía esta tinta –siendo siempre savia en sepia—al color verde de un bardo y al paisaje de un parque.

PENITENCIA PASAJERA

Como penitentes en procesión, los turistas asumen la lenta peregrinación de las colas constantes: la fila para las entradas a los museos, la cola de las comidas y los pasos lentos de todos los santos de bulto que ocupan el arroyo de las calles ahora alineadas no sólo por feligreses y creyentes, sino también por devotos ocasionales, laicos peregrinos y mirones circunstanciales. Ecualización de los deseos, los variables días de la Semana Santa de todos los años ecumeniza –de una u otra manera—el deseo compartido por la mayoría de los prójimos: aliviar los dolores del alma, sean del espíritu pecador arrepentido o del viajero cansado que sólo busca una hamaca digna para descansar sus pies cansados.

Allí adelante, va el *Cashorro* con su cara de desahuciado y a mi lado, una llorosa Dolorosa viuda que gira los ojos en blanco; varios nazarenos de blonda cabellera aún sin coronarla de espinas vienen escuchando letanías tristes en los cascos de sus audífonos y los gendarmes de todas las ciudades atiborradas de turismo espiritual avanzan con el peso cansino de su coreografía como legionarios romanos. Al doblar la esquina, unos desvelados vienen de la última cena de sus vacaciones en grupo, quejándose de que alguno de ellos ha realizado la traición impredecible de su confianza y entre todos ellos, el más joven, el que anota en una libreta lo que podría convertirse en el evangelio de su asueto. Por el sol quemante se agolpan en la poca sombra unos chismosos de turbantes coloridos y entre tanta multitud, de pronto una fila serena de mujeres que vienen de luto, con mantillas largas colgadas sobre los mástiles de sus peinetas de pandereta silenciosa, elegantes hasta en la mirada concentrada en los adoquines de las viejas calles bañadas por goteo de cirios y velas largas.

Van los de las cofradías con sus cucuruchos bamboleantes, apenas sus ojos a la vista, descalzos todos con la penitencia pasajera de cumplir con la procesión llevando cada un su maleta con o sin ruedas por las calles que resuenan con las campanadas de los horarios precisos de los trenes y los pases de abordar de todos los vuelos que cumplen la liturgia anual de conmemorar la tragedia del humilde hijo de un carpintero olvidado, sin que nadie en realidad se proponga ya seguirle el ejemplo, aunque todos –de una u otra manera—procurarán evocarlo en cuanto toda la coreografía de la cotidianidad se vuelva a instalar en el tedio irrefrenable y la aburrición desilusionada en busca de una futura redención.

JORGE Y DRAGÓN, ROSA Y LIBRO

No siempre, pero le llega a salir fuego y su piel verde se cubre de escamas de intolerancia rancia; vuela por encima de la estulticia generalizada y va espetando los libros que ha leído con sus alas de monstruo. A menudo se siente santo canonizado por la imbatible propensión a cortejar a la princesa inalcanzable y sintiéndose dragón no es más que un Jorge, inofensivo y bonachón. El otro, celebra su día en la madrugada de las cuevas donde se encierra a devorar libros por los ojos, salivando verbos humeantes y dibujando personajes diminutos con sus garras afiladas; se cree escritor e incluso, a veces alza el vuelo sintiéndose poeta y no es más que una bestia de diminutas alas puntiagudas que ya consta que no existe entre la fauna verídica de este mundo. Ambos se dibujan en el espejo de las páginas de un libro donde así son descritos, ¿o es al revés?

La rosa, leída lentamente, va deshojándose en delicados pétalos que abren la imaginación desde su propia encuadernación. Las hay de todo tamaño, color y aroma, e incluso el nuevo siglo ha inventado la flor en pantalla portátil para que las yemas de los dedos vayan pasando los párrafos como hojas verdes sobre el delicado tallo de sus espinas.

El caballero lleva la armadura para aumentar la confusión de sus pasiones: es capaz de combatir contra su propia sombra para que la mejor historia jamás contada libere de su tedio a la Dama de sus sueños, enredada su cabellera en el misterioso enigma de un capítulo donde un hombre que parecía dragón se planta ante ella sin más yelmo que su nombre y en el paisaje de cada abril se confunden las rosas con los libros, las flores recién amanecidas de un inverno incierto con los libros recién editados que huelen al perfume de lo inédito.

En torno a ellos, el telón infinito de los lectores que son miles aunque no llegan a calcularlo debidamente las estadísticas insípidas. Los lectores en fila, ávidos de viajar en historias increíbles o narraciones verificables de hechos inverosímiles que se parecen tanto a los juegos con espejos que todos inventamos cuando la infancia nos regaló la magia de convertirnos en dragones o abatirlos con armaduras de cartón para luego seguir el juego con los años y enfundar en la delicada presencia de una rosa la esperanza intacta de una buena novela, un ramo de versos, el cuento breve que se prende a la solapa o el mínimo aforismo que lleva ensortijado en el pelo la reina de todos los días que sonríe ligeramente al reconocerse en la página de un libro, allí donde alguien guardó una rosa como recuerdo.

CARAS LARGAS

A veces, en el andén del metro y luego, en la discreta fila que se forma en las paradas de autobús; también hay ocasiones en que de coche a coche, en el breve espacio que se establece en los semáforos y también en las aceras al llegar a los pasos de cebra. Hablo de los peregrinos minutos en que parece que Madrid se pone de caras largas y a uno le entra una suerte de culpa indefinida que incita a la revisión repentina del estado de la bragueta o de la posible mancha de salchichón en la mejilla. Durante los minutos de las caras largas uno se queda pensando si acaso se publicó sin enterarnos un Real Decreto que prohíbe de pronto el estado ingobernable de mi peinado o la dimensión descarada de mi cintura; en esos minutos de largas caras caigo en cuenta de que ando chimuelo por la caída de un diente que ya se volvió fantasma en la sonrisa que insisto en no borrar.

Caras largas en las tiendas donde parece que ejerzo el mal gusto en las prendas que intento comprar o que se nota a leguas el ridículo contraste entre mi talla verdadera y las que están a la vista en los escaparates de moda. Caras largas en los restaurantes y cafeterías donde parecería que el coro de máscaras helénicas están a punto de lograr que cambie mis antojos por un menú menos energético y más biodegradable, menos azúcar y más brócoli y luego, las caras largas en la puerta de las pastelerías donde me ven salivando pedidos de madalenas como Proust al cuadrado y palmeras de chocolate como para cambiarle el paisaje a cualquier playa del Caribe. Caras largas al verme deambular con la jerigonza de una mexicanidad en las palabras que confunde al cheli y a la chulapa, extraña al baturro y enreda al académico que sólo puede alargar su rostro ante cualquier encharcamiento cantinflesco.

Digo que hay minutos de estas caras largas y el ánimo se alivia en cuanto Madrid abre la sonrisa, esa leve medialuna con la que de pronto el viajero o el visitante, el recién llegado o el putativo sienten el abrazo de calles abiertas y plazas en palmadas sobre los hombros. Esa magnífica epifanía de las miradas que empiezan a sonreírle a uno desde los párpados aunque estén cansados y que en muchas ocasiones llegan a convertirse en la gracia retrechera de brindar incluso saludos o mínimos jaleos que parecen piropos y uno se siente elegante, guapo e incluso, inteligente por el solo hecho de que las caras se acortan y ensanchan con esa sonrisa.

HABLABA EN SILENCIO

Juan Rulfo vivía en una calle que hoy debería llevar su nombre, en aquel entonces bautizada en honor de un compositor y, luego, rebautizada para un Papa. El que escribía de murmullos y sombras en llanos interminables caminaba por la Ciudad de México de su casa al escritorio que ocupaba en las oficinas de un instituto indigenista y se le podía ver cruzar Revolución de ida y vuelta como si fuera metáfora. De vez en cuando, pasaba por la librería-cafetería El Juglar y allí se me concedió hablar con él una memorable tarde donde consta que hablaba bajito, con un arrastre salivoso y callado que parecía acompasar el peso de cada palabra.

Creo que no pocos suscribirán que era buen oyente de la sandez ajena con no pocos visos de parsimoniosa paciencia y que formulaba interrogaciones con un halo de sinceridad por saber del Otro, aunque tratándose de comentarios o preguntas sobre sus dos libros subrayaba que en realidad le tenían sin cuidado la avalancha de teorías que el mundo entero podría espetarle, considerando que habían pasado ya por lo menos tres décadas desde que había cuajado la perfección en una sola novela y el elevado palmarés de prosa concisa y contundente en un ramo de cuentos: y así era capaz de alargar una plática con preguntas prácticas y acotar una charla con breves anécdotas como ejemplos siempre en abono del oyente, cortesía de sobremesa y entrañables maneras.

En entrevistas ya congeladas en blanco y negro y recuerdos a todo color de sus raras apariciones públicas se puede confirmar que miente quien afirme que Rulfo era hosco, intolerante o intratable, pues negaría la presencia palpable de un escritor que soñaba en tinta y un hombre cuya literatura le permitía hablar en silencio.

LAS TRES CARAS DEL QUE VUELVE

Ya se dijo en una novela: quien llega a Madrid, vuelve...quién sabe de dónde, pero vuelve. En la ventana de migración se refleja la primera cara del que quisiera declararse madrileño y aún no cuenta con los papeles que lo avalen; en la ventanilla del taxi, la cara con bigotes del gato improvisado que le indica al mismísimo taxista y a su modernísimo GPS la mejor ruta para un hogar improvisado y en el espejo ya de casa, la cara que se quedó a la espera del viajero que siempre vuelve convertido en Otro, aunque siga siendo el mismo.

Una de las caras lleva ya tatuados los recuerdos del viaje que lo alejó de la calle de Alcalá, sus remanentes tropicales y cierto vaivén en el andar. La otra, recupera el paso memorizado de todos los días, la infinita paciencia ante los que estorban en las aceras y preguntan obviedades, la entrañable manera de los *madriles* al decir que *sí* con un chasqueo entre dientes y luego soltar un *no* rotundo con chasquido que sería parecido si no fuera porque viene acompañado por el movimiento horizontal y ligero de la cabeza que lo niega y la tercera cara empieza a contar en euros el antiguo cálculo de las pesetas. Una de las caras anhela seguir comiendo yuca salpicada con limonada de coco, mientras a la otra le urgen callos a la madrileña y gaseosa de zarzuela. Quizá la tercera se jubila con el júbilo del agua directa del grifo y dice en silencio –como dice todo madrileño— ¡ay qué buena es el agua de Madrid!

Las tres caras del viajero que llega se funden en la primera sonrisa que intenta aclimatarse al letargo o a la adrenalina, a las prisas de los que corren en andenes vacíos y de los que arrastran las pantuflas al acomodarse en las bancas hospitalarias que hay por toda la villa del oso y del madroño. Las tres caras buscan la confirmación de sus respectivos recuerdos inmediatos, los que se quedan intactos en las fachadas de las casas y en la mirada siempre atónita de los camareros, los niños con gafas, los actores con chistera que hacen fila en la cola del paro, las señoras que se ríen al vacío, los conductores que van hablando solos, los ancianos de gorra y las monjas con hábitos negros. Las tres caras se van aclimatando con el retorno en una clonación de sí mismas para fundirse una vez más en ese paño biográfico que llevamos sobre los hombros y que llamamos *rostro*.

ELENA LA ENANA

A la siguiente parada del autobús, subió una hermosa niña de la mano de su madre y quien parecía su hermanito mayor. La niña tendrá cinco años y –mientras su madre sacaba el abono de transporte y malabareaba bolsos con una sola mano—le contaba a su hermano "El cuento de Elena la Enana" con una vocesita entrañablemente madrileña, de esas que parecen terminar ciertas palabras con un ribete de colores.

El trío recorrió el pasillo hacia el fondo del autobús mientras los pasajeros escuchábamos ya con la atención despertada por la gracia de la hermosa niña que Elena la Enana "usa una sola media color naranja y brinca con sus zapatitos rojos por encima de los zapatones de los mayores"... y allí se fue alejando el volumen de la vocesita hasta obligarme a mí y a otro pasajero a movernos por el pasillo del autobús cerca de donde la agotada madre de los críos encontró un asiento para su solaz y una ventana amplia para perder la vista en la nada.

Ningún pasajero miraba directamente a la niña para no interrumpir el torrente de su narración y creo también que no pocos alargamos el destino de nuestra respectiva travesía con tal de seguir escuchando que Elena la Enana "es de las niñas que brincan por todos lados sin despeinarse porque lleva un lazo rojo sobre el pelo amarillo y su vestido verde no se mancha y si se mancha se desmancha..." y se reía ella sola y si acaso la interrumpía de vez en cuando su hermanito mayor para cuestionarle la veracidad de los disparates o los posibles errores de ilación.

No había un solo pasajero del autobús que no viniera absorto con la maravillosa vocesita que iba narrando como hilo de media lo de la "hermosa mañana en que Elena la Enana nadó por un pantano de chocolate y voló por las nubes atada a un puñado de florecillas amarillas que le regaló su abuela en la puerta del estanco donde bailan unos caballos de dulce que se ríen de las cosas que cantan los niños del bosque..." y así nos tuvo a todos, de paisaje en paisaje, siguiendo el cuento hasta que el autobús llegó al fin del trayecto en Moncloa y tuvimos que bajar con la resignación de volver sobre nuestros recorridos las paradas necesarias para llegar al destino inicial, cuando de pronto reaccionó la madre y preguntó a la hermosa niña si ese cuento se lo habían contado en la guardería o si era de los libros del cole de su hermano o si lo había visto en la televisión y a mí me llenó de vida escuchar el instante en que la hermosa niña contestó, como si nada, "Ay Mami, lo que les cuento... es mío".

LA CASETA DE
LAS FIRMAS IMPOSIBLES

Ese hombre engolado que no esconde su guante de terciopelo izquierdo, no es un actor disfrazado, sino el mismo Miguel de Cervantes Saavedra que espera en la puerta de la Caseta de las Firmas Imposibles la llegada del próximo primer lector de su *Quijote* y el gringo gordo que bebe vino en la bota que trajo de Pamplona es Hemingway enfundado en su guayabera de lila, haciendo tiempo como un viejo náufrago perdido en el mar. Son los asiduos fantasmas que pocos ven, pero que consta a muchos, habitantes de la caseta que se esfuma al final de la fila de los libreros en pleno corazón del Parque de El Retiro.

Año con año llegan los espectros de Shakespeare para firmar traducciones y la delicada sombra de Quevedo envuelto en gasas que fueron telón de un teatro donde ahora recita con pajarita intacta Federico García Lorca. Vienen al Retiro y hacen tertulia por las madrugadas, cuando amaina el calor y logran arrebatarle a ciertas nubes el frío de su propia inmortalidad: allá por la cueva del Palacio de Cristal se reúnen Gabo y Fuentes, sin mariposas amarillas y un ligero viento de ocres como murmullos acompaña los pasos de Rulfo por el sendero más solitario del parque; en la fuente donde termina el Paseo de México se encuentra desde hace unos años el Poeta Paz que recita de memoria los versos esculpidos en una Piedra de Sol y corriendo alrededor de todos los arbustos parece imposible, pero es totalmente cierto, que se trata d John Kennedy Toole que corretea tras su personaje entrañable llamado Ignatius J. Reilly en esta inmensa reunión de necios conjurados.

En la Caseta de las Firmas Imposibles logran los niños el garabato mágico de Harry Potter y sus abuelas vuelven a viajar al desolado desierto donde el piloto Saint-Exupery las llevará en andas a la fila donde firma Julio Verne. Este año, el invitado de honor es Fernando Pessoa con todos sus heterónimos, firmando el único ejemplar en pastas amarillas que parece volar por los aires cada vez que se abren sus páginas en flor y abajo, recostado sobre el césped en amena charla con Benito Pérez Galdós estará durante estos días la figura en neblina de José María Eça de Queirós y la silueta intocable de José Bergamín haciendo prestidigitaciones compartidas con Ramón Gómez de la Serna... y todo, todo ocurre, por el sencillo milagro de saberse leídos en la incandescente alegría de los miles de lectores que animan a Madrid con el deseo irrefrenable de mantenerlos vivos.

RETIRADOS

En realidad, se miran sin verse aunque se observan de lejos, cada año, cada mayo que se vuelve un junio juntos. Se citan a la altura de un monumento de mármol intacto y pasean platicándose casi todo lo que cada quien, cada uno por su lado, ha vivido a lo largo de los doce meses en que no se ven aunque se miren de lejos. Se conocieron hace ya tantas Ferias que ninguno de los dos recuerda si llegan a treinta, a la altura de la caseta 132 donde firmaba un autor ahora fantasma de si mismo y saborearon juntos un helado de leche merengada que se fue fundiendo en la saliva de ambos como una suerte de coloquio bibliográfico donde Ella recomendaba leer a Rilke y Él, los recién publicados libros de Muñoz Molina y así, cada año los clásicos que Ella honra se confunden con las novedades que ya se van amarilleando en las listas de Él y a veces, incluso han reído no sin nostalgia al ver como se van encaneciendo los autores que apenas hace unas Ferias eran novatos y se van volviendo Nobeles los noveles.

Hubo el año en que sólo se leyeron ensayos, tirados en el prado que rodea al estanque y la primavera feliz en que leyeron de cabo a rabo la enloquecida novela que elevó a Macondo al territorio de La Mancha en el mismo mapa donde alguien dice que se ubica Comala, cerca de Mágina, lejos de Yoknapatowpa.

Hubo la Feria en que Ella insistió en su poesía y los versos favoritos se le fueron entreverando con los sonetos que Él se sabe de memoria, tatuados sobre la piel como si fueran deletreándole los rasgos del rostro, el contorno de sus labios y el color morado de su vestido de siempre y pasaron de la rima simple de las coincidencias a la metáfora profunda que provoca silencio inapelable y así se les ha visto andar el recorrido de ida y vuelta de todas las casetas de todos los libros y de todos los años de todos los días de la Feria, convencidos de que sus mejores conversaciones son en silencio.

En páginas compartidas dónde consta en tinta que Ella puede contar con Él y no se extrañan por la distancia ni por el paso de las primaveras ni por el cambio climático ni el precio de la cebada o la ubicación exacta de Samarkanda, en tanto Ella sepa que Él la piensa y la recrea con las sílabas íntimas de su nombre y Él vive el resto del año en el sendero que van formando los árboles alineados que inventan sombras para las aves de lomos azules y la arenilla húmeda por donde han levitado ambos, felices y en silencio, sabiéndose amados y enamorados, demorados sobre los vuelos morados de su vestido morado, aunque nadie en Madrid se entere que en realidad, no necesitan abrir los ojos para verse porque se saben el uno para el otro con el sencillo milagro de... leerse.

SER MADRILEÑO

Es un ser polifacético y sorprendente, nacido o asimilado, vecino o visitante; es gato-gato quien presume de ambos abuelos también nacidos en la villa y corte y casi gato quien aprende a amar la figura inasible del oso embelesado con un madroño. Es el que baila sobre un ladrillo el ritmo de un schotis, pero también el que añora el danzón que ondula sobre la misma altura y es el que evoca sin que nadie lo escuche la secreta fórmula de que en *México se piensa mucho en ti* y el que tararea por los túneles del Metro que *Yo me bajo en Atocha* y es la bruma incandescente de los fantasmas en Chicote y las caras de carcajadas de la nueva generación que baila sobre la barra del Space Monkey y los barquilleros intactos y las chulaponas nonagenarias y los libros viejos en la cuesta de Moyano y el museo que parece siempre recién estrenado y las calles alineadas con chopos ancestrales y las bancas del Retiro que guardan conversaciones privadas y el perfil de los edificios con balcones siempre abiertos y las calles lavadas por la madrugada y las parejas de todo el arco iris que caminan o se besan hasta convertirse en tatuajes sobre los muros de un estrecho callejón de piedra caliza y el paisaje al óleo de los jardines que anteceden al atardecer.

Es el sabor del café que varía de barrio en barrio y las librerías entrañables o el mantón de Manila sobre un piano que se asoma por una de las calles que se retuercen en el mapa mental que llevan en sus ojos los gatos que nunca duermen, los miles de perritos falderos y los taxistas malhumorados.

Es el rostro de todas las caras de todos los idiomas que hablan el mismo caló en pequeñas frases que no se usan en el resto de España y la inexplicable intensidad del jazz en las madrugadas de Malasaña o del flamenco al amanecer en cafeterías recién lavadas o de la salsa caribeña por los pasillos donde parece que todo mundo baila en fila las calladas oraciones de un credo pagano, pegado a la frente bajo la visera de una gorra a cuadros que se esconde al filo de los pilares de la Plaza Mayor mientras parece que cabalga en piedra el rey anónimo que corona la cuadrícula intacta de todos los tiempos, entre cientos de bicicletas que ruedan sin manubrios y paseantes que caminan sin rumbo por el milagro vivible de una ciudad que se va abriendo de par en par y de parte a parte para que le quede claro a todo humano: basta que el asombro se vuelva afecto y que la amabilidad se contagie a primera vista para que la más rara de las siete estrellas te corone el ánimo para que sientas lo que es ser madrileño.

SI SE LLEGA A DERRETIR

S i se derrite Madrid, conviértanlo en gazpacho a la fresa y sírvanlo helado, pero por sorbos y de postre: sorbete de Cibeles o granizado de limón de la Puerta de Alcalá. Si nos derretimos todos con los golpes del calor, aullemos en las tibias fuentes de Neptuno hasta que nos oigan quienes niegan el calentamiento infernal que nos sofoca las almas, pero bebamos del arroyuelo que alfombra Recoletos como una inmensa horchata fresca servida desde el Gran Café de Gijón hasta las faldas de Nuestra Señora de Correos y aliviemos la desolada y derretida pendiente de Gran Vía con las colectivas cucharadas de su pavimento convertido en la más fría leche merengada.

Si se derrite el parque de El Retiro, cortémoslo en rebanadas como un inmenso melón de todos los verdes y esperemos la llegada de cada madrugada como si fueran rebanadas de una inmensa sandía que se pone roja al atardecer habiendo sido la máxima naranja pintada por Velázquez a la tibia sombra del Teatro Real. En un recodo de la Plaza de la Paja se arremolinan los niños que han enfriado durante horas en una nevera íntima los gajos de la Cava Baja como cubitos de hielo en pleno veraneo. Allá abajo, por la calle Segovia hay ancianos que volvieron hielo las bancas donde miran pasar las décadas de sus vidas y en el Matadero pasean las musas en sus bicicletas como abanicos para aliviar el sudor que transpira el café con hielos, la gaseosa helada y una inmensa ensaladilla rusa a punto de convertirse en helado napolitano.

Si se derritiese el busto de Goya, en un cruce de la calle de Alcalá, ruego que alguien le peine las greñas para que no parezca una cascada de melaza en bronce y si acaso se van derritiendo los escalones en la boca de cualquier Metro, habría que instalar unos toboganes con cascadas de sangría fresquita para que todo viajero encuentre en bañador la correspondencia con la línea 4 y que algún arquitecto posmoderno instale inmensos abanicos en las azoteas de todas las terrazas que contemplan el cielo maleable de Madrid como cuadro de Dalí, relojes que se cuelgan sobre los pretiles del tiempo y manteles que cobijan la tierra ardiente de la Pradera de San Antonio para que todo habitante y todo visitante de esta ciudad –la villa y corte que recuerda los fríos y las nevadas como si fueran un pretérito inventado—no se derrita del todo... hasta que la volvamos a digerir con el apasionado convencimiento de que parece un milagro.

POR EJEMPLO

Lejos, muy lejos de la caravana del maquillaje, ellos sacan a pasear al perrito y Uno sabe que puede contar con el Otro... toda la vida. Se cruzan con Ellas, que son Una para la Otra desde mucho antes que se instituyera el arco iris sin restricciones en el cielo de Velázquez. Él sabe que cuenta con Él para las madrugadas de llanto y las pequeñas alegrías de los días que transcurren con horarios enrevesados en oficinas a menudo agresivas e insolentes y Ella sabe que cuenta con Ella en todo lo que se cuentan y en lo que sólo cuenta para ellas, juntas, ambas, ambos, juntos.

Caminan un paseo que se prolonga mucho más allá del fin de semana de la juerga envuelta en boas de plumas y brillantina en los párpados, lejos muy lejos de las pelucas de todos los colores y los exagerados tacones de elevación sideral. Caminan como han andado la vida, contra vientos y mareas, contra la inquina y los chismes, incluso contra el silencio y las miradas del oprobio constante y la burla instantánea. Caminan y sus pasos son un callado homenaje a siglos de fantasmas que fueron condenados a la hoguera por tomarse de la mano entre ellos, por mirarse a las pupilas con una sinceridad absolutamente ajena y pura a quienes miran de soslayo, de reojo y al vacío. Caminan y sus pasos son el eco de las calladas alegrías y murmuradas carcajadas de las parejas llamadas raras, heterodoxas, secretas e invisibles en un mundo que era de blanco y negro... hoy que se viste de colores, lejos de la caravana ruidosa de la música altisonante en el silencio del sendero por donde pasean al perrito todas las tardes y se cruzan con ellas que viven la vida andando entre nubes y algodones, secretos leves y confidencias cimentadas en el pelo, lejos del decibelaje y los globos en racimos, serpentinas de lluvia policromada y espuma de cerveza rosácea.

Él se queda callado cuando lo mira leer la enésima página de una novela que los une y Ella se vuelve a enamorar cuando la mira hablando por teléfono con los que en un ayer que parece neblina fingieron ser familiares. Él se siente orgulloso de los pasos que da su pareja cuando defiende en paz los derechos de todos los demás que conforman el mundo allende las calles del desfile y Ella tararea en silencio la melodía que bailaron por primera vez juntas en un sótano de un barrio sucio ahora lavado con la dignidad impecable de una armonía aún incomprensible para muchos habitantes grises del mundo que florece bajo el arco de todos los colores que sólo se alcanzan a palpar cuando se cumple la rara epifanía de un beso. Por ejemplo.

AL LLEGAR

Al llegar, recuerde que vuelve; quién sabe de dónde y sin importar si en realidad ha estado o no con anterioridad, pero es sabido que quien llega a Madrid, siempre vuelve. Si viene usted de la Ciudad de México, deja atrás veinticuatro razones para atascarse en tráficos infernales y contaminaciones insalvables; si viene de New York, olvídese por ahora de la mala leche de quienes no toleran el idioma español y la piel morena y asómense todos a la villa y corte donde el calor sube del asfalto que se va dorando bajo un Sol que antiguamente llamaban de Justicia y que hoy sólo ha quedado definido en la frase de *¡Cómo pega Lorenzo!*, porque el Sol se llama Lorenzo y la Luna, Catalina. (Lorenzo por la parrilla de la fritanga y Catalina, por la rueda de la tortura en Siena).

Salga usted sin miedo a los asaltos en la madrugada, a menos de que acostumbre ponerse beodo en barrios de mala sombra con navaja en mano y observe la multitudinaria navegación de taxis blancos, bicicletas sin cascos, pedestres en pantalón corto y ninfas con velos asoleándose en los prados. Deténgase con compasión ante los pocos encorbatados que tienen que padecer los calorones con tebas ligerísimas y las viejas chulaponas que no pueden dejar de portar medias que ha tiempo dejaron de ser de seda.

Observe la costumbre intemporal de llevar barras de pan en discretas bolsitas bajo la axila y el afán ancestral de no pocos lugareños al detenerse a media acera, a los pies de las escaleras eléctricas, en medio de los pasillos, justo delante de un paso cualquiera simplemente para estorbar subrayando la frase ya clásica: "No soy nadie, pero estorbo" y escuche el decibelaje inconfundible con el que se discute en bares y cafés sobre cualquier tema, tópico o tonto de moda; escuche también las exhortaciones que van del camarero a la cocina y de mesa en mesa que se confunden con celebraciones y con constantes avisos de que alguien se va a la sierra o a la playa o lejos de este calor infernal tan acogedor y envolvente que se va filtrando en la mirada desde que uno cruza el biombo en Barajas o las vallas en Atocha... entradas para un regreso que siempre se anhela y que siempre, absolutamente siempre, es bienvenido.

MIRAFIJO

¡Salve la legión de *Mirafijo*!, esa indiscreta panda de mirones que no puede andar por las calles de Madrid sin fijar su vista como pegatina sobre las pupilas del Otro, de todos los Otros que caminan en sentido inverso a su impaciente curiosidad. Hablo del pelma incurable que no tiene nada mejor qué hacer y por ende, clava sus ojos en la mirada de quien procura caminar sin molestar al prójimo y hablo de la señora Cotilla que no puede andar sobre las aceras sin mirar con las cejas fruncidas el atuendo, rostro, peinado y pensamiento de todo el que se le atraviesa en su camino. Es una legión en minoría que contra el oleaje de la muchedumbre hace su agosto en los pasos de cebra, en los cruces de las avenidas donde parece que se pasan el día de ida y vuelta en chismosas travesías que sólo sirven para clavar sus miradas en los ojos de los demás.

Mirafijo, el jubilado malencarado que parece aliviar sus calladas frustraciones íntimas con el desprecio con el que sanciona en silencio los rostros del mundo y *Mirafijo*, la secretaria cotorrita que rompe con el tedio de sus horarios cansinos oteando la ropa ajena y *Mirafijo*, el grupo de parvularios adolescentes que van de excursión por la

Gran Vía o al filo del Museo del Prado oteando por un instante el paisaje que les queda allende las pantallas de sus móviles hipnotizadores. *Mirafijo*, el gendarme de paisano que intenta detectar la cara de un delincuente entre el rebaño aparentemente inofensivo que cruza en tropel la estrecha nervadura de la calle del Príncipe y *Mirafijo*, también el portero –otrora espía– que se queda como tótem en el portal de su castillo, mirando fijamente a todo paseante con el antojo de reconocer entre las caras al azar, el rostro inconfundible de un bolchevique empedernido o la cara intacta de una vieja amante que dejó olvidada en la barra de un bar en Albacete. Son los inevitables personajes de un cuento cotidiano que va nutriendo la novela madrileña de todos los días, la épica sin sordina de las muchas personas que simplemente no pueden salir a la calle sin imantar sus pupilas en las caras de los demás, esos rostros como enigmas de un sortilegio casi inexplicable: el contagioso enredo pedestre de esa anónima legión que me mira fijamente en casi todas las calles de la villa y corte como si me reconocieran a primera vista o como si quisieran acordarse de alguna posible deuda en un juego de naipes... o como si les intimidara que simplemente no puedo quitarles los ojos de encima cada vez que camino directamente a la portadilla de sus biografías.

VERANEO AL VOLANTE

Ese alegre conductor de gafas que circula por los antiguos bulevares en un diminuto carrito sin colores no es espectro ni proyección fílmica, sino un viajero voluntario de lo que llaman *veraneo al volante*. Se trata de una legión secreta, una cofradía ocasional que recorre las calles de Madrid en automóviles de museo, carromatos de colección o pequeñas barcazas motorizadas con el feliz afán de circular sin prisas, confirmando que Madrid cabe en la palma de una mano y que se suda menos sobre ruedas.

Van de la M-30 a la Moncloa, pasando por Gran Vía, se pierden en Malasaña y dan siete vueltas en Alonso Martínez nomás para inventarse un tiovivo a la medida de sus vacaciones, con la mirada absorta en las fachadas de pastelería decimonónica de los edificios vacíos y la carcajada sintonizada en la radio que proyecta el nuevo éxito de verano, canción igual de efímera que la del trayecto que los trajo desde Badajoz, bajo un Sol de Justicia, mareados en el utópico deseo de entrar a Madrid por la Puerta de Toledo y sólo bajar del vehículo para ocupar el servicio en una cafetería escondida.

Se les ve catatónicos en los pasos de cebra y serios al pasar por enésima vez por la calle más cercana al Palacio de Oriente o sincronizar su recorrido con la idea de que la puesta del Sol se encuadre exactamente en el Palacio de Debod o bajar el Parque del Oeste ya en la oscuridad turística para toparse de frente con una cuadrilla de travestis otrora albañiles de su mismo pueblo que ya nadie reconoce por el maquillaje y subir por una cuesta de Colegios Mayores hasta reencontrarse con el emparrillado urbano de una ciudad casi cuadriculada que se abre en espina dorsal por la Castellana hasta Atocha, en ese carril perfecto por donde circula el carrito mientras alguno de los pasajeros va largando una explicación pedagógica sobre el secreto origen de la estatua de Castelar, la biografía oculta de Cibeles, las decepciones de Neptuno y el discreto encanto del Museo Nacional del Prado que parece una secundaria norteamericana, según dijo Hemingway y hay quienes aseguran que en las noches, los del *veraneo al volante* logran saltarse la barda del Retiro y vuelven a circular en las sombras del insólito bosque que respira en medio de Madrid como un corazón natural de vegetación oxigenada y fauna entrañable, allí donde de madrugada nadie se detiene a preguntar de dónde salen las historias inconcebibles, las notas inverificables de los cuentos cotidianos que justifican entre todos los sopores del calor insoportable la invaluable oportunidad de practicar la imaginación al vuelo; es decir, *el veraneo al volante.*

DEDOS DE LLUVIA

Por estos días de calor recrecido, a Praga le ha dado por llover. Tal como lo cantó el poeta Nezval, la ciudad se peina entonces con dedos de lluvia y a la horda incómoda de las *selfies*, la masa monótona de los mismos turistas de siempre, le da por buscarle Kafkas a todo flaco, Mozarts a todo *greñudo* y ven a Beethoven en el primer malencarado. Lllueve sobre Praga y parecen llorar los viejos templos y las fachadas intactas de siglos pasados que increíblemente se han salvado de las diversas devastaciones que le han llovido a Praga desde su fundación.

Ese hombre que camina con bolsas de basura parece la reencarnación del rey que encargó el puente de piedra y la dama que habla sola, sólo consigo mismo, parece ser la princesa entrañable que salvara un caballero andante. Efectivamente, en una taberna cercana al teatro ha salido con prisa un joven de peluca despeinada que intentará escribir al vapor la obertura para una ópera que estrena por la noche y aquel hombre de ceño fruncido que le estorba el paso, el que camina encorvado con las manos a la espalda y da gritos a los adultos que le quedan al paso, mientras le hace cariños a los niños, ése es el sordo de toda la vida que lleva en la cabeza la enredada melodía donde Praga se explica por los dedos de la lluvia.

Es la ciudad y es el río... es el castillo y su catedral. Es la Praga que si no lloviera, quizá no se echaría tanto de menos al dejarla o quizá no se anhelaría con tanto cariño poder volver a caminarle la espalda medieval, la cara de sus sinagogas y el paisaje de sus puentes. Es la ciudad que se mide con dedos de lluvia para que, de pronto, en medio de una pequeña plaza, aquel hombre extremadamente delgado que venía siguiéndome se detenga para observar lo que lleva en la palma de la mano, la mano alargada en dedos de lluvia y su mirada se agudiza y no tiene ya palabras y su pelo de tinta se queda quieto mientras el mundo entero gira alrededor de este hombre delgadísimo que se queda mirando las alas de un raro insecto que llevan tatuadas en su delicada trama todas las cosas secretas que unen desde ahora a la Praga de la lluvia con el Sol de Madrid.

SÍNDROME DE SOL

Esa pareja que se pasea por Madrid con el atuendo intacto de sus recientes vacaciones en Mallorca ha contraído —y anda de contagio— eso que llaman los entendidos el Síndrome de Sol: el ánimo ocioso que se pega a la piel como arena con sudor, el sentimiento alucinante de que el Matadero, a la vera del Manzanares, es un malecón de mariscos madrileños.

Ella no ha de quitarse el bikini hasta que le amanezca el lunes, rumbo a la oficina de siempre y dispuesta a cambiarse de ropa en pleno vagón del Metro. Él ha de presumir de pectorales asoleados, la calva enrojecida y las gafas de hollywoodense improvisado. Ambos cumplirán hasta el último día de sus merecidos descansos con la sintomatología clásica del Síndrome de Sol: pedir boquerones o raciones de chopitos en terrazas de inevitable escenario urbano como si estuvieran tirados en camastros plegables, perder la vista en lontananza (sin importar el estorbo de los edificios) y soñar que allá a lo lejos se esconde el mar en el horizonte.

Luego, los pasos arrastrados de sus chancletas, la bolsa de playa, rellena de quién sabe qué tantos ungüentos que quizá no sean necesarios en los autobuses que recorren la Castellana, e inundar los audífonos con estrambóticos ritmos reguetoneros que obnubilan sus miradas bajo las gafas. Hablan entre ellos con una pereza de palmeras inclinadas y se rascan mutua y levemente las espaldas con las yemas de los dedos para no rayar la piel quemada de sus lomos enrojecidos y van posando en selfies y retratos grupales con sonrisas abismales, de carcajada congelada en la alegría incontenible de saberse transportadores del Síndrome de Sol.

Tan inconcebible el cíclico y calendárico hipnotismo de poder rondar las mismas rutas de siempre en su Madrid, con la adrenalina aligerada que adquirieron en las playas del placer y del descanso; subir por Gran Vía como quien conquista una duna oscilante de espejismo ocre, surfear a lo largo de Alberto Aguilera sobre una patineta que parezca una tabla en las olas y sonreírles a los lugareños que no han podido salir este año para el pueblo.

Granizados de limón en pleno barrio de Salamanca dando el sabor de una palapa tropical en el recuerdo de sus papilas, ensaladas frescas de ventresca en antiguas tabernas de rancio sabor de castellano viejo para simular que andan comiendo a la orilla de una piscina que ha quedado demasiado lejos, pero no tan distante como para opacar otra invaluable virtud de la vida de Madrid: sea en la Puerta por donde amanece todos los días o en la glorieta del carruaje que arrastran los dioses para pasear a una diosa... Aquí todos llevan el Síndrome del Sol en las venas y no pocos lo revelan en la claridad de sus sonrisas.

TAN CERCA DE TAN LEJOS

Quiero que sepan que el sismo que azotó a México al empezar septiembre es el de mayor intensidad registrado en los pasados cien años, aunque el terremoto del año 85 del siglo pasado también sacudió en septiembre y parece que fue ayer en sus escombros. Que se sepa que hace treinta años el sismo sacudió a tal grado la conciencia de la antigua ciudad de los palacios que se confirmó la vitalidad tenaz y la solidaridad de millones de mexicanos en medio de la polvareda, muy por encima de la errática des-administración oficial.

Cada vez que tiembla crece la efervescencia de lo mejor de México, lo que no tiene que ver con el nefando imperio de la corrupción endémica, el pillaje tradicional y la niebla constante de las mentiras; tiembla y crece el valor de las manos abiertas y las pupilas llorosas de la sinceridad y el silencio, por encima de la boruca sangrienta del narcotráfico ahora glorificado en corridos y teleseries... crece el alma callada de millones de personas entrañables, incansables trabajadores, empeñosamente ingeniosas, apasionadamente fervientes, muy ajenos a la gente que levita en las alturas del desprecio y la denostación constante, la denigración diaria del prójimo y la delincuencia verbal del racismo clasista.

Quiero que se sepa que cuando tiembla en México hay ecos en Manhattan y reverberaciones obvias en Los Ángeles, que no sé bien si se mueven los tejados en París o se inunda Tailandia de lágrimas, pero consta que en Madrid oscila de pronto la Columna de la Independencia que se alza en el Paseo de Recoletos como si fuera Reforma y se tambalea la silla de Castelar y se alebresta el caballo del Espartero; amanece inquieto el follaje del Parque de El Retiro y reina un tufillo de preocupación inevitable sobre la antigua Pradera de San Isidro, como si quisiera palpar la piel de las campanas de San Francisco el Grande o agitar las compuertas de la Almudena que dan al Palacio de Oriente, como si fuera inmenso barco que navega amaneciendo hacia la noche de México, tan lejos de tan cerca, donde se escucha que hay gritos de desesperación y memoria: el recuerdo intacto de todas las desgracias que no merece la generosa tierra de tantos rostros y mil caras.

Tiembla entonces un poco en Madrid cada vez que tiembla en México, quizá por la confusión de un oso que sacude el madroño o por el abrazo que intento lanzar a todos y tantos corazones que resguardan al mío.

MERECER EL RETIRO

La idea era traerlo a Madrid, considerando su muy avanzada edad. De sobrevivir al vuelo trasatlántico transpiraba cierta ilusión imaginar su cara salivando ante tantas viandas que se presumen en las vitrinas de las pastelerías españolas, los jamones colgantes en museos de fiambres variados y el alivio de las fuentes con esa agua de Madrid que todo el mundo elogia. Se merecía el retiro voluntario de los largos paseos por las calles arboladas y la afortunada convivencia con sus semejantes. Más que en México, se asombraría ante la higiénica cultura de tanta persona respetuosa que levanta despojos en bolsitas y los espacios arenosos reservados para tertulia entre sus semejantes. En realidad, se merecía El Retiro; el parque de El Retiro con sus caras cambiantes según la estación del año en esta época rara en que parecen borrarse primavera y otoño porque se pasa directamente del verano al invierno, al ocaso de los seres cansados que merecen la tranquilidad y el sosiego de ese parque irónicamente poblado por tantos jóvenes enamorados, rayos en patines, cantantes de utopías.

Hablo de un perro. Mi mascota *Chesterton*, que merecía El Retiro para intentar congraciarse con tanto caniche pequeño o algún ovejero inmenso de este lado del mar. Sería fantástico verlo posar con el Palacio de Cristal al fondo y acercarse a la reja del Ahuehuete mexicano, ese árbol viejo que vino en semilla y fue testigo de las balas francesas y luego, imaginarlo al trote en pos de los pasos de alguna de las muchas musas que hacen lo que aquí llaman *footing* a todas horas. Me imagino su azoro ante la diferencia en las ardillas, marrones roedores voladores que parecen primos lejanos de las negras ardillas de Coyoacán y supongo que habría tenido que vivir un periodo de adaptación a los ladridos con ce y con zeta, los madrileñísimos sonidos que significan sí como silbato y no con un chasquido que mueve ligeramente la cabeza.

En verano, quizá hubiese sido capaz de darse un chapuzón en el inmenso estanque y soñar que cruzaba el Atlántico *nomás* por nostalgia y para el invierno le teníamos preparado un chaleco de lord inglés con leontina como correa para que diera sus somnolientos pasos acompasados por los largos senderos de ese Retiro poblado de tantas almas que lo merecen: el sosiego y silencio de un parque donde hoy más que nunca deambulan los fantasmas de todos mis muertos entrañables, amigos y familiares que caminan allá adelante como si fueran al Jardín Botánico o al Museo del Prado pasando por las tentaciones de los rosales y el Ángel Caído. Allí donde Chesterton no llegó a correr tras el vuelo de un ave de alas azules, aunque su sombra me espera ya todas las tardes de este otoño para que no olvide que hay que merecer los privilegios por donde andamos vivos.

EL QUICIO DE LA PUERTA

Los mexicanos llevan tatuada en la piel una noción como salvavidas para el último instante: en caso de temblor, abraza el quicio o pilar de la puerta más cercana. La guadalupana fe que se balbucea en taquicardia, el oleaje oscilatorio del mundo entero y la trepidación destructora que pone en evidencia no sólo la fuerza de la naturaleza, sino también la deshonestidad de muchos constructores sólo deja esos segundos en que nos asimos al quicio de una puerta con la esperanza de flotar en medio del hundimiento cíclico y constante de la ciudad más grande del mundo que boga sobre dos inmensos lagos invisibles desde siglos y al pie de gigantescos volcanes nevados que no dejan de humear sus quebrantos. En el diario torrente del agua de azar con el que se escribe la historia de México una línea de sus páginas de pronto se desquicia y convierte en rayones de un sismógrafo: al cumplirse exactamente treinta y dos años del terrible terremoto de 1985, otro sismo de muerte y polvo volvió a sacudir el alma de una ciudad que parece país y un país que visto desde la luna parece una media sonrisa.

Ese personajillo que se abraza ahora en el quicio de la Puerta de Alcalá cree sentir un mareo en medio de un marasmo que –en realidad–le queda muy lejos. Él sólo quiere abrazar a todos los mexicanos que le quedan siempre muy cerca y a todos los españoles que jamás se han alejado: los que lloran con mirar en el telediario las angustias dolorosas de unas manos agrietadas en Oaxaca, la mirada vidriosa mas no cansada de miles de jóvenes que han tomado las calles de la Ciudad de México para llevar agua entre las manos incluso bajo un diluvio de lluvia inesperada o el silencio de adobe y llanto con el que unos niños recorren lo que fueron sus casas en Atlixco o los perros que aúllan perdidos en la noche o los perros que rastrean sobrevivientes al lado de los héroes que son topos que confirman que hay murmullos abrazados a lo que fueron quicios.

La solidaridad trasatlántica de España en todas las pasadas desgracias confirma que el mareo madrileño de hoy mismo no se debe a lo telúrico, sino a los muchos españoles que palpitan ahora por ayudar y admirar a México, un pueblo cuyo paisaje no merece ninguna de las desgracias que la sangran. Hace treinta y dos años llegaban cajas con mantas y medicinas que volaban desde España y en todos los cartones había anónimos mensajes de aliento escritos con bolígrafos al vuelo; hoy son millones de *guasaps* y correos electrónicos y *tuits* y *esemeses* que preguntan por afectos o realizan donativos como alivio... al amparo de la Puerta de Alcalá.

OCTUBRE ES UN ESPEJO

Ése que llegó a Madrid hace treinta años venía de México con el recuerdo en cicatriz de un terremoto devastador, todos los afectos resguardados en un baúl de memoria y una máquina de escribir Olivetti. A los veinticinco años, Madrid era la nebulosa feliz de un libro al día y caminatas interminables por la madrugada de toda su historia en aceras intemporales, sin teléfonos móviles ni correos electrónicos; las anclas eran teléfonos de cabina o de barra de bar repiqueteando sus contadores como taxímetros que tragaban monedas de cien pesetas y las cartas eran de papel cebolla, envueltas en sobres con los colores de banderitas y sellos como timbres que se pegaban con saliva. Ése que llegó a Madrid hace treinta años asistía a cátedras de viejos fantasmas que dictaban desde la tarima lo que luego se podría discutir, previa cita, entre los terciopelos de la Academia y en los archivos de la memoria se usaban guantes blancos y tapabocas como rescatistas entre los escombros del pretérito en ese ayer sin escáner y tan sólo algunas microfilmaciones extraídas directamente de una película de espías.

Para ver jugar al fútbol había que asistir o jugar a la lotería del único partido que transmitía la tele de dos canales o dos cadenas, que a la medianoche cerraban la cortina con el himno y la cara de un rey hoy emérito. Era un Madrid de siesta obligatoria al son del documental de la nutria o los gritos despistados de algún motorista en desesperada renuncia a los bandos que había proclamado un viejo alcalde que bailaba *schotis* y en los bares el sonsonete de las máquinas tragaperras cantaba *Pajaritos a bailar ad nauseam* y se fumaba en los cines y en el metro y en los autobuses campeaban carteristas medievales que sólo iban a por el dinero y luego depositaban las billeteras en los buzones de correos para que los incautos llegaran a Nuestra Señora de Correos en Cibeles para reclamarlas por el valor sentimental de las pequeñas fotografías o la utilidad sin caducidad de los carnets que se plastificaban en pequeños hornos de papelería donde nadie entendía al melenudo joven que pedía "enmicar la credencial".

Ése que llegó a Madrid hace exactamente treinta años es la sombra joven y delgada que quiere dejarse crecer la barba y el pelo como naufrago asido a los propios inventos que va dibujando en una libreta que quizá se convierta en novela, recargada de letras diminutas como laberintos donde alguien podrá leer en el espejo de octubre —con canas, muchos kilos de más y otro terremoto en cicatriz— la promesa inexplicable de que quien llega a Madrid, sea de paso o de vuelta, por unos días que son décadas o por libros que podrían confundirse con mero placer... quien llega a Madrid, se queda.

MI REFERÉMDUM

De un impulso que me nació de recuerdos heredados o impostados por tanta televisión, decidí hacer una consulta conmigo mismo y logré colar a mis espaldas unas urnas bastante prácticas (que ahora puedo aprovechar para restos semanales de paellas y croquetas) y sin que yo mismo me tomara en serio lo que estaba pasando, realicé mi referéndum ante el espejo irguiéndome yo mismo en colegio electoral y pectoral contra toda advertencia de mí mismo de la situación insana y absolutamente inválida, pues según ponderaba mi conciencia no había ningún control ni en el empadronamiento de mis muchas personalidades ni en la identificación de mis variadas biografías. La jornada transcurrió en paz mientras el escenario de mis desvaríos no salía del cuarto de baño ni de la almohada, pero al llegar al salón como plaza pública terminé por reprimirme inevitablemente lanzándome yo mismo al sofá, contra la pared de la cocina y gritándome yo mismo los peores apodos y epítetos en todos los idiomas que domino.

En encomiable tiempo récord realicé el recuento de mis votos, que rebasan el número de todos mis Yo y caí en una torbellino de no pocos desvelos acusándome de haber buscado consultarme por una notable esquizofrenia insuflada por las deudas con las que yo mismo me he esclavizado ante el presupuesto personal y sabedor de que sigo dependiendo de mí mismo para lograr cumplir con los sueldos de cada quincena, los gastos en servicios de transporte, limpieza e incluso higiene que demando y merezco.

Varios perfiles de mi actividad económica han amenazado con cambiarse de sede y afincarse incluso en la vida de los vecinos, algunos de los cuales han colgado banderas adversas a mis colores de ambos hemisferios cerebrales en sus respectivos tendederos y he pasado largas tardes cantando consignas y canciones supuestamente adversas o contradictorias en una creciente irascibilidad conmigo mismo por culpas anquilosadas y un ramillete de ilusiones envueltas en la anhelada utopía de que probablemente logre disociarme de tal manera que adelgace, endurezca mis glúteos, enderece mi dentadura, corrija el fleco de mi peinado *a go-gó* y elimine todos mis malos hábitos con la silente campaña hasta ahora nada convincente de que soy Otro, siendo en realidad el mismo, aunque envuelto en el enredo más o menos psicótico de hipnotizar a una buena parte de mi hipotálamo con mentiras y más mentiras, sabiendo que en realidad he sido reconocido por mí mismo desde hace varias décadas, consolidando por otras vías la constitución física y mental que me caracteriza de los demás, aunque no sé bien a bien si amaine este ríspido fervor por creer que inventando el arquetipo en el vacío sea capaz de escindirme indebidamente de quien soy, quien he sido hasta hora y de quien realmente puedo llegar a ser.

TERTULIA DE NECIOS

Esa joven punketa que podría ser bella no se cambia la camiseta (como Isabel la Católica) hasta que conquiste las granadas de su encono y ese joven que ondea una banderola sin saber si es o no la que representa a su feudo y esos niños que corean el nombre de un dictador muerto o las amas de casa que anhelan la unidad general de todos los ciudadanos, aunque ellas ha tiempo que se han divorciado, separado o liberado de sus cónyuges y ese señor de corbata que pasa sin ver y es repudiado por no alzar los brazos al unísono y los miles de rumiantes que reproducen la Marcha sobre Roma sin saber si se trató de una farsa de Fellini o una escena de la peor película de gladiadores y los que leen el periódico para criticar cada nota con las corazonadas e intuiciones con las que descalifican los hechos en abono de toda posverdad que más o menos embone con el antojo delirante de cualquier opinión o los que se reúnen en la pantalla de la televisión para hablar mientras hable el que tiene la palabra y luego interrumpir casi a gritos los pocos instantes de silencio que preceden a la publicidad inamovible que anuncia pasta dental inmaculada o automóviles que alcanzan velocidades absolutamente prohibidas en cualesquiera de las vías pavimentadas, fuera de los circuitos de carreras profesionales y los cientos de jóvenes que hacen fila para las carreras cortas que garanticen un curro al paso y los ancianos que no olvidan los tiempos de los gritos entre pólvora y metralla y los niños que ya ni saben de qué sabor es el hambre, al filo del olvido, en medio de una inmensa tertulia de necios que no saben bien lo que se discute y lo que se pierde con tanta saliva agria.

Entre lunáticos queda explicado que dado que Uno cree que millones se han proclamado en su favor, asume entonces el mandato de las calles, ramblas y rúas y declara lo que acaban de escuchar, suspendiendo inmediata y aparentemente lo que acaba de declarar y el Otro, confiere cinco días hábiles (considerando que se cruza un asueto) para que me diga usted si recibe esta misiva en la que le pido que diga si dijo lo que dijo (y luego, se desdijo) o más bien, intentó decir lo que dicen que quiere decir, según dicen los dichos que inundan las redes, donde digo que me diga de una vez qué dice o quiere decir... en este enmarañado parlamento cantinflesco que más bien parece el necio intento por decirle a la Gordi que no se lleve a la boca la enésima donut rosácea de su insuflado colesterol.

HOJAS SON ALAS

A l filo de la realidad, allende las malas noticias y lejos del ruido del mundo, Madrid es un espacio expandible con recovecos entrañables donde reina el silencio y fluye una ligera brisa casi imperceptible, ideal para el intento de poner en palabras los inventos de la mente. El teclado se vuelve un huerto cultivado a golpe de cada una de las yemas de los dedos y las hojas en blanco se elevan flotando en una confusión literal donde parecen mariposas amarillas u hojas ocres que quieren *anaranjearse*, flotando como una parvada de insectos en otoño sobre la cabeza enmarañada de quien ha logrado aislarse del bullicio de las calles, de las iras desatadas en la plaza pública y pasea su prosa por las calles recién llovidas por su propia inspiración.

Hojas son alas que se elevan como la delicada voz de una soprano inventada y Madrid confirma entonces que hay un perfil de su larga biografía que sólo se entiende en saxofón o en la lectura que se sigue línea por línea sobre los antiguos bulevares de un sosiego ya olvidado. Quien lo conoce, va leyendo en las caras de los paseantes el verdadero rostro de una ciudad que te mira directamente a los ojos: Madrid de miraditas al vuelo, en el paso de cebra o en la ventanilla del autobús, como si descubrieran los detalles de una trama que aún no termina de ser escrita sobre el teclado donde salen las hojas de un otoño personal.

Madrid de las palabras que se van hilando sobre el papel como un elegante desfile de hormigas negras que han de cercenarse por sílabas y frenar en los semáforos de la supuesta convivencia en cuanto las nubes abren un paréntesis con puntos suspensivos. Es la ciudad ideal para imaginar que todo lo imaginable se va plasmando sobre las hojas de un otoño soleado con ecos del frío que nunca se olvida e incluso, añoranza de los calores que se transpiran cerca del mar; la ciudad de las inspiraciones instantáneas y los párrafos cortos, los capítulos que anhelan eternizarse y la vida misma, encuadernada en piel del parque, tipografía de farolas, tinta de palacios imperiales y todos los personajes verídicos e inverosímiles que van desfilando como pequeños dibujos en la mente de la novela que se escribe al vapor, en el fragor de un Madrid literario hasta en los charcos donde la noche refleja junto a la luna un puñado de hojas marrón ya dormidas sobre una novela inédita que no es más que el espejo fiel no sólo de su anónimo autor, sino de cada uno de los desconocidos lectores que han de merecerla en sus manos abiertas, como mariposas.

NO VE...

Ese que no ve, observa. Parece que hace oídos sordos, pero escucha y anda como niebla entre las calles de Madrid aparentemente alejado del bullicio ya cansino del monotema que se ladra por todos lados. Ese personaje que va vestido como bandera tropical, corbata de Sol radiante y las palmas de las manos extendidas, como en espera de nieve; ese que no habla, murmura, se confía casi en silencio los párrafos que imagina que serán quizá el relato testimonial –al hilo de las crónicas que publican todos los demás—donde consta lo que le duele y lo que le falta, lo que asusta y desconcierta.

Es un testigo ante la boca del abismo, un ciudadano anónimo ante el amasijo enrevesado de tantas mentiras que levitan por encima de los gritos. Allá lejos, desatados los pendones y banderolas, gritan a pulmón e insultan al vuelo, cierran filas y objetan a todo lo que ven ajeno, todo lo que consideran diferente. El hombre percibe la ira que parece contagio, la saliva rancia de las sonrisas irónicas o el descaro hipócrita de quienes se saben capaces de engañar a miles, de desorientar en distintas lenguas y aprovechar confusiones para salir bien librados de embrollos que aparentemente quedan ya en la amnesia. Pero es precisamente contra la amnesia que camina –como quien redacta—este hombre excéntrico y raro que recorre Madrid con los párrafos doloridos de una herida que se abre cada vez que alguien cree abonar esperanzas en el vacío; eso que supuestamente celebra una mayoría ficticia simplemente no puede ser decretada como axioma inapelable, sentencia condenatoria sobre la libre voluntad de quien prefiere perderse en la madrugada personal.

Ese hombre que abre las manos, extendiendo los brazos como signos de interrogación abiertos va leyendo los pocos rostros que se conservan entre un mar de caras secas; ese señor lleva tinta en las venas y la cabeza se le llena de nubes silábicas, verbos encarnados y el sustantivo particular, el pronombre preciso con el que quizá llegue a perderle el miedo a la página en blanco, la pradera de nieve blanca inmaculada por donde han de desfilar como pequeñas hormigas negras las letras –una por una—que narren para memoria a compartirse el inmenso sinsentido, la increíble sinrazón y lamentable desmadre que se entiende incluso sin traducción, incluso sin el uso de la eñe, en la engreída y descabellada bravuconería disfrazada del buen rollito, ignorante y amnésica, atrevida más desquiciada, engañosa y voraz de quienes optan por romperlo todo. Ese hombre que parece no enterarse, el señor que escribe incluso cuando no escribe, no ve: novela.

VIVE EN LIBROS

La simpática gordita del vestido naranja (cuyo bolso y zapatitos combinan con su peinado rubio de agua oxigenada) lo mira pasar por el andén del Metro y esboza una sonrisa; el hombre que amasa pan a la manera antigua, sale de vez cuando a la calle para fumarse un pitillo y también sonríe cuando lo mira caminar sin quitar la vista de las páginas y por último, el niño más despierto de su barrio lo mira salir todos los días con la nariz ya hundida en el volumen que ha elegido para navegar ese día y al día siguiente, volver con otro libro entre narices como quien viene de explorar un planeta lejano, náufrago arrastrado por la espuma de unos párrafos que vuelven a la playa entrañable de su piso en quién sabe qué barrio donde quizá prosiga la navegación en otras páginas.

Es el hombre que sólo lee periódicos durante el desayuno, al humo del primer café y dedica el resto de sus horas despierto a deambular Madrid en libros, a menudo leyendo en silencio los mismos paisajes que recorre andando y también novelas o crónicas de ciudades imaginarias que va sintonizando con las rutas que se inventa. Es un diestro en la levitación lectora que logra evitar –a veces por pocos milímetros—los estorbos instantáneos de quienes se paran a la mitad de la acera o estorban en los pasillos o se detienen en el primer escalón de unas escaleras para subrayar sus despistes y el hombre camina leyendo, evitando también a los perritos chatos que –como sus dueños—también se detienen a la mitad y sin aviso para aliviarse dónde sea –a diferencia de sus dueños, que llevan la bolsita para la limpia, similar a la que lleva el hombre del libro que a veces los envuelve para que no se mojen con la lluvia, para que no le estorben en las manos cuando han cumplido su fin o para dejarlos discretamente en las bancas de las avenidas o los parques para que llegue un anónimo lector potencial, otro que los lea y se vuelva clon de sus andanzas, metidas las narices en las historias que nos distraen de la realidad circundante, el ruido envolvente, las voces de todos, las malas vibras, los horrores del ayer, la maldición de mañana, el chisme del instante, el olvido que nos endilgan y las promesas que nos deben. Clones todos los que sueñan, los que buscan un salvoconducto y los que procuran no olvidar; los que imaginan y se ríen en blanco o se enojan entre líneas, hablando a solas con la tinta que va aliviando el paso de los años, salvavidas invaluable de quien vive en libros.

LA ETERNIDAD ES POR LA IZQUIERDA

Decía Borges que los laberintos se resuelven siempre por la izquierda. Lo decía quizá no tanto por las ideologías, sino probablemente porque los caballeros andantes y los que se visten con oros suelen llevar en la diestra las espadas. Para abrir el telón de lo infinito sólo se precisa saber mover bien la muñeca izquierda, templar la embestida de todo toro o dragón con una tela como suspiro y girar lentamente, con las piernas como compás en un indescriptible diluvio de estrellas que en tauromaquia se llama *pase natural*. Miguel Espinosa Menéndez vino al mundo precisamente para redefinir ese tipo de coreografía: hay un natural que pegó en la Monumental Plaza de Toros de Las Ventas que al día de hoy no ha terminado de dar y una serie vestido de tabaco y oro, en la Monumental Plaza de Toros "México" a un toro que se llamó "Arte Puro" que debió medirse en la escala de Richter como uno de los más hipnóticos temblores oscilatorios que haya experimentado el Valle de Anáhuac. Esa faena la empezó doblándose con "Arte Puro" como quien empieza la redacción de un ensayo que terminaría en poema: cortó una oreja a pesar de haber pinchado hasta en tres ocasiones y no había un solo aficionado que no pensara que en ese instante se cifraba la seguridad incuestionable de un nuevo siglo para el toreo mexicano.

Miguel era hijo del Maestro de Maestros, Fermín Espinosa *Armillita Chico* monumento andante de sonrisa trasatlántica que parecía tener una lidia para cada toro bravo del mundo, conquistador de España y emperador de México que se retiró de los ruedos con una sola cornada en su haber y una leyenda generosa: su cuadrilla se formaba con sus hermanos Zenaido y Juan (que había renunciado a la alternativa para volverse banderillero con pasamanería de plata para custodiar a su hermano Fermín, ya considerado el *Joselito* mexicano.)

Miguel fue medio hermano de Manolo Espinosa, hijo mayor del Maestro, que bordó no pocas esperanzas en los ruedos mexicanos en la década de los sesentas del siglo pasado y pasó la batuta a su otro medio hermano Fermín, fino y hierático torero de gran parecido a su padre que aquilataba de vez en cuando la onza del arte bueno, pero sería Miguel quien realmente elevó a la categoría de grandeza pura la tauromaquia de la familia. Hasta hace pocos años, con el debut de su sobrino Fermín (que viene a ser el cuarto eslabón de la dinastía) Miguel seguía en la mente del aficionado como el cachorro de una estirpe, el agraciado con el don del temple que era capaz de hipnotizar a los tendidos con abrirse de capa y recordarnos que el lance de la *Verónica* honra un instante bíblico; de vez en cuando, lo recuerdo en quites, siempre abrevando de la tradición mexicana de intentar con el capote una elocuencia plagada de gracia a contrapelo de la parquedad castellana o el chispazo andaluz.

Luego, durante no pocas temporadas Miguel Espinosa *Armillita* era el amo del tercio de banderillas: una danza donde nunca llevaba el par hecho, siempre cuadraba en la cara del burel y a menudo, salía andando –como mandan los cánones– y como si estuviera entrenando con una carretilla en medio de un bosque. Venía entonces la sinfonía de las faenas de muleta con las que Miguel hilaba como joya de la retórica sin palabras el toreo en redondo, frenando el paso de las nubes con un muletazo de *la firma* o sellando el secreto orden los planetas cada vez que desmayaba la embestida del toro con eso que en México llaman *desdén* y en España, *desprecio*. Después, el trámite de las estocadas que no siempre lo definían como gran estoqueador, aunque era siempre atinado en saber firmar el punto final de sus párrafos en los ruedos con la repentina explosión de una sonrisa, hoy ya inolvidable.

Parece que no pasa nada cuando muere un torero, pero incluso quienes no son aficionados perciben un raro silencio que se decanta entre un misticismo en constante peligro de extinción y un mundo de pantallas planas donde se ha confundido el antiguo papel de los héroes locos. Salvo los agresivos dementes que en su supuesta defensa animalista son capaces de festejar la muerte de un ser humano para opinar como si de veras supieran sobre lo que ellos creen que debería ser el destino de los toros bravos, hay seres que aún se duelen cuando cae en el ruedo un torero corneado o cuando una Figura del Toreo cierra los ojos aparentemente sin el vestido de luces para quedarse en el recuerdo intemporal de quienes no podrán olvidar jamás un estético instante irracional, como ese pase natural que acaba de iniciar Miguel Espinosa *Armillita*... impalpable, invisible... inolvidable.

MIRA, QUE SE ESCONDE

Parece mentira lo que diré en estas líneas, pero consta para algunos que Madrid es villa que se esconde y corte capaz de desaparecer cuando le conviene. Hablo del vacío que sorprende a los andantes en los días de inesperado asueto o a los desvelados en las madrugadas de absoluta soledad; hablo de la última nota que queda flotando en los conciertos de auditorios ya vacíos y el eco de las escenas que quedan en la pantalla de los cines donde acaban de proyectar una película para nadie.

Madrid escondida en el bolso de la anciana que la lleva a cuestas con cada uno de sus recuerdos y Madrid en el bolsillo del hombre que parece un viajero en el tiempo: leontina, polainas, bigote encerado y chocolate en San Ginés. Son los habitantes en blanco y negro que descubren en su saliva el sabor constante de un Madrid que se esconde tras los anuncios de publicidad y tras las legiones de turistas obnubilados con quitarle las leves tiras de grasa al jamón serrano; es el ánimo que se esconde en los vientos de un otoño fugaz que ha llegado para recordarnos el aroma de una ciudad que se esconde en la cabellera al vuelo de una mujer que camina como si redefiniera el pavimento y la ciudad narrada en párrafos que se llevan bajo la boina de un poeta que recorre los viejos callejones de cantera de siglos, las risas de los niños que usan gafas desde niños y las arrugas de una vendedora de lotería que allí mismo, bajo el delantal que estira sobre la falda de cuadritos, guarda también su Madrid.

La ciudad que se revela a diario es porque se esconde de vez en cuando entre quienes la dan por hecha, la toman a gratis, la habitan sin preguntarle su pasado o respetarle su memoria. De pronto, ligera llovizna o ráfagas de un viento helado recuerdan en lenguaje de otoño que Madrid se ha escondido en el alma de quienes la cantan y los que la saben decantar, se envuelve en el pañuelo de una zarzuela que ya no se canta en voz alta y en las páginas pares de un libraco que lleva bajo el brazo la bibliotecaria de un santuario en pleno barrio de las Letras. Madrid entre un ramo de claveles con frío y en la cara sonriente de Ramón Gómez de la Serna, en el oído del sordo que sigue retocando un cuadro en el museo del Prado cuando nadie lo puede ver y en los bulevares donde camina una pareja que avanza porque se hablan, sabiendo que Madrid es en realidad esa cristalina gota de llanto que Ella siempre lleva en pupila para que la llore Otro de pura alegría o quizá de añoranza al partir.

ESTO EN PANTALLA

Esta columna se arruga en papel, se yergue en versión electrónica y se dibuja en acuarelitas que pretenden acompasar sus párrafos, es también un programa de televisión. Café de Madrid en pantalla es Café desde Madrid y cumple 26 capítulos en este mes de diciembre. Se transmite a través de la ancha red de la televisión pública mexicana; y también por ese inmenso mar que se llama internet (www.unavozcontodos.gob.mx). Valgan estos párrafos para intentar el contagio y celebrar que el programa ha sido reconocido con el Premio de la Asociación Iberoamericana de Periodistas y Comunicadores como la mejor serie cultural iberoamericana y el de la voz, premiado como Mejor Narración al Aire con el prestigioso Premio Pantalla de Cristal 2017.

La voz al aire le habla al vacío y a millones de personas que han paseado párrafos y pabellones, calles y callejones de la Villa del Oso y el Madroño a través de los programas donde una columna periodística se encarna en pantalla para pasear con Antonio Muñoz Molina por el bosque entrañable que llamamos Parque de El Retiro o conversar con Miguel de Cervantes Saavedra en un viejo corral de comedias para brindar por él en la dorada Cátedra de Nebrija en Alcalá de Henares o sincronizar la síncopa de un jazz bluseado con Pepe Rivero al piano. Aquí se han prolongado tertulias con el fantasma de Alfonso Reyes y Ramón Gómez de la Serna en una mesa al fondo del Gran Café de Gijón y donde el periodista Rubén Amón bordó una deliciosa faena verbal en pleno ruedo de Las Ventas o Jesús Ruiz Mantilla y su orquesta invisible en el gran restaurante Salvador.

Café desde Madrid intenta la multiplicación de la crónica como género que se ensancha con la vista y los oídos de los lectores que lo sintonizan, con el aroma caliente de los variados temas y paisajes; sea el páramo vecino a El Toboso en la Mancha, poblado de molinos que parecen gigantes o sea la cibernética redacción del mejor periódico posible donde cuatro periodistas de veras hablan en pantalla del oficio de comunicar historias verdaderas y verificadas en esta época teñida de tanta falsa verdad, mentira suelta o paparrucha, que se disuelven en la neblina humeante de un aroma. Medir la grandeza desde el punto de penalti en el Bernabéu o recordar las noches que amanecen en Museo Chicote, alfombrado de claveles o hablar de la vida misma con Ray Loriga a deshoras de Malasaña: todo eso es el Café que nos une todos los sábados y que promete seguir en el intento por dibujar en acuarela, pintar en párrafos o proyectar en pantalla a los muertos y vivos que abrevan de la grandeza de una ciudad entrañable, generosa y hospitalaria que regala una inmensa sonrisa con cada atardecer.

MARIACHI MADROÑO

Sustituyamos los narcóticos frutos rojos del madroño por el hipnótico destilado del agave e imaginemos que el oso de estos lares decide vestirse de mariachi; por una semana, el tequila almendrado ocupará el lugar normalmente reservado para el vino tinto y en vez de piernonas de jamón de camiseta habrá tortas ahogadas y tacos ardientes en salsa muy picante.

Se trata de la celebración de la 31 edición de la Feria Internacional del Libro de Guadalajara, que ha sembrado en México una antesala feliz para el cierre editorial de todos los libros que se escriben con eñe: miles de fervientes lectores acuden en tropel a ver, escuchar y conversar con cientos de autores, poetas, ensayistas, periodistas, novelistas, cronistas, epigramistas, diseñadores, ilustradores, cuentistas, editores, publicistas y todos los *istas* que conforman la adrenalina en ebullición del inmenso mar de libros en español y este año, el Invitado de Honor es Madrid. Nada menos. Nada más.

Es el año en que por las calles de Guadalajara y todos los paisajes circunvecinos se escucharán lejanos ecos de zarzuelas antiguas y la taquicardia posmoderna de una ciudad polifacética, incluyente, plural y policromada que recibe todos sus días abriendo la Puerta del Sol y despide sus atardeceres por el último hueco de un palacio egipcio al filo del Parque del Oeste; la ciudad que lleva al Parque de El Retiro como pulmón y la Gran Vía como espina dorsal, tangente al sistema nervioso central que va de Atocha a Chamartín, paseando desde el Paseo del Museo del Prado hasta el de la Castellana, pasando por Recoletos... como quien recorre las páginas de la sabia y gran literatura que ahora aterriza en la FIL con no pocos embajadores vivos de sus palabras y todos los fantasmas de sus pasadas grandezas en sepia.

Por allá los versos intemporales de los poetas inmortales y por aquí los cuentos que se van hilando de Vallecas a Chamberí, los enredos de la Moncloa y los misterios de Lavapiés, la cara amable de los cronistas en blanco y negro, la música que se respira sobre un Madrid de tejados entrañables y la ejemplar dinamización diaria de una ciudad que se inventa y se reinventa a diario, lúcida y luminosa hasta marear al Mariachi que se acerca a su madroño para confirmar que las canciones y los libros que nos unen pertenecen ya desde hace tiempo a las dos orillas de un mismo corazón.

CIUDAD QUE SE LEE

Madrid es un poema que amanece siempre por la Puerta del Sol, se vuelve un cuento de mediodía, allá por los rumbos de Chamberí y duerme una siestecilla de novela antigua cuando enfila por Goya al encuentro de Alcalá. Madrid es un aforismo que murmura un fantasma acodado sobre la lápida de mármol de un viejo café y la greguería que va cantando un pájaro entre los árboles de un parque que es pulmón ancestral; es la crónica de las angustias que vocifera una loca sobre la madrugada de Gran Vía y el secreto que une a los amantes que deciden besarse en el Templo de Debod; es un poema instantáneo en la mirada de los niños que juegan a la sombra de las cúpulas y el relato interminable que relata una viuda alegre en las estrechas calles del Barrio de las Letras.

Madrid es la enciclopedia que vuela en bicicleta enredada en la cabellera de la joven que baja por Alcalá hacia Ventas a velocidades supersónicas y el paso lento de una gabardina gris que se espera siempre en los pasos de cebra al cambio de párrafo. En un punto y seguido, Madrid es la frase que alguien murmura en silencio en un callejón de Malasaña y punto y aparte al cruzar por Montera en una travesía de nostalgias con pañuelos y bastones de otros tiempos.

Madrid, tres puntos suspensivos a la orilla de lo que fuera el Manzanares y todos los signos de admiración unidos a la sombra de sus palacios en flor; es la ciudad de una caligrafía de pergamino en arco iris, de papel delgado en el vaho de los fríos y encuadernada en sudores entrañables por los túneles del Metro. Madrid es el ejemplar de bolsillo que cabe en un rincón del corazón del demente que se cree rey de las estatuas y la prosa pura que fluye de las fuentes con el sabor inconfundible del agua y su propia lírica. Madrid es el recuento de una nómina invisible y la cartografía impalpable de un mapa que se lee con las yemas de los párpados; es la sinfonía en tres movimientos que alguien deletrea en los espacios abiertos, orgullosos de hablar en todas las lenguas posibles y autorizados para adoptar o adaptar a cualquier viajero en el instante en que decida vivir su Madrid –que no vivir en Madrid–como quien lee las páginas policromadas de un pergamino de piel pensante, el relicario latente de un corazón con edificios y techos de tejas ocres y tanta palabra que es nombre, tanto sabor que es vida y tantas historias por contar que han inundado por una semana la Feria Internacional del Libro de Guadalajara para dejarnos a todos como lectores hipnotizados.

EXTRAÑA CIUDAD ENTRAÑABLE

Extraña ciudad, iluminada por las fiestas, que reduce la cintura de su Gran Vía al reducir como en corsé los carriles de su circulación sanguínea; extraña capital de una piel de toro extendida sobre varias lenguas, rompeolas de todas las Españas que caben en la palma de la mano de quien sueña que camina por Recoletos hacia el encuentro de un recuerdo intacto y extraña villa entrañable que se cobija por las mañanas con un vaho comunitario de calorcitos de cafetín con fríos de la madrugada que se extiende en la desmañada mirada del quiosquero que recibe los primeros ejemplares de un diario recién horneado.

Extraña metrópolis que se maquilla de noche entre las esferas luminosas de los niños que sueñan con la llegada de tres reyes sabios y entrañable ciudad de las calles estrechas y tejados ocres, helados por los versos de los poetas que vuelven por estas fechas como fantasmas en busca de una colación que los alivie del olvido. Entrañable partitura de una ciudad intemporal que se atasca con las falsas rebajas de tantas compras obligatorias cuando en realidad basta un mazapán compartido y un abrazo a la mitad del paso de cebra para sellar otro año de buenos deseos. Extraña España entrañable de quienes se desean los mejores futuros posibles al margen de la engañosa verborrea de los políticos y la falsa utopía de los legionarios belgas, España extraña que a veces opta por olvidar los villancicos por las canciones de navidades inglesas y entrañable parcela de inmensa geografía alfombrada de pináceas y madroños que extienden sus ramas como dedos hasta tocar los enredados nudos de los árboles en Burgos o las palmeras que se carcajean en Alicante a la vera del mar y Madrid cacariza con las aceras de cuadritos y callejones que se funden en un punto de fuga a pocas calles donde una luz parece iluminar como vela el monólogo del insomne que la recorre a miles de kilómetros de distancia, en otro frío y a tantas millas náuticas sobre el inmenso océano que parece reptar hacia Madrid cuando le llaman Tajo en Toledo como arruga en las manos de quien la busca desde lejos en los edificios que se le parecen y en las postales acuareleables de la memoria más íntima.

Madrid entrañable que se te extraña en el habla de las aves que amanecen confundidas en las plazas y en los viejos bulevares en sepia; en las prisas por encontrar la cuadratura de un obsequio secreto o la línea de prosa helada con la que alguien intenta recordarle al mundo que se vive Madrid de lejos, incluso en las noches de pesados acentos ajenos cuando los párpados se velan como telones para que nadie olvide que Madrid es una entrañable ciudad que se extraña.

DOS QUE SON UNO

Quizá el mejor preámbulo para una jornada impredecible o para los nervios al filo de unos días de guardar sea la evocación del efímero instante en que dos que son uno se encuentran a la mitad de una calle y la conversación convierte sus cabellos en hojas reverdecidas de una conversación común. La concordia no excluye la posibilidad de debate y ambos se estrechan la mano como árboles humanos a la mitad de una selva de asfalto; el uno sabe que el otro, aún siendo diametralmente opuesto a sus opiniones o posiciones, concuerda en la saliva sin ira, en la capacidad para escucharse y en las ganas de formular respuesta verbal, mas nunca en puños.

Uno que son dos o multiplicados por un azar inexplicable se hablan a los ojos y evitan las mentiras; por lo mismo, no vienen al caso los rencores vetustos, las rencillas caducas o los reclamos ancestrales que en realidad correspondían a sus abuelos. En el espejo instantáneo en que se cruzan sus palabras flota un ligero vaho de posibilidades, de parlamentos constructivos y de coincidencias inesperadas: las hojas de sus respectivas cabezas empiezan a revolotear en cuanto recuerdan sus respectivos otoños y uno de los dos parece convertirse lentamente en roble, con el trampantojo de su ropa marrón y quizá hablen entonces de los fríos que se comparten en ambos lados de un inmenso mar o de la diferencia de los horarios que cada uno lleva en su corazón.

Con todo, se entienden y entre ambos parece florecer una pequeña cartografía de sílabas hiladas que les permite mirar mucho más allá de sus limitados espacios. Imaginan entonces que se han visto en otros lares y en épocas remotas, que se conocen de oídas y se memorizaron ambos un rostro que se puede ensombrecer o iluminar con la luna. Ya entrada la confianza, evocan los nombres de una mujer con la que uno hablaba de madrugada o la musa que se aparecía al mediodía sin aviso y a escondidas del mundo y pasan a enlistar los sabores de las frutas, los colores de los óleos, las ganas de ayudar a alguien, el estado intacto de un sendero casi desconocido en medio de un parque o la panadería hacia donde se dirigen ambos, cruzándose inexplicablemente en una calle donde parecía que cada quien iba en dirección contraria... y se me ocurre que en realidad no son más que metáfora y buen deseo de que tanta diatriba y tanta necia discusión, tanto jaleo verbal y tanta mentira embadurnada por razones políticas podría esfumarse inofensivamente en la limpia superficie del espejo que nos refleja y refracta a todos.

AZUL Y FRÍA

Para quien llega, Madrid en Navidad parece una inmensa esfera azul y fría, microhistoria de un planeta que cabe en la palma de la mano, aunque ruede interminablemente sobre un inmenso terciopelo negro. El efecto es tan engañoso como la reprimida capacidad para dar abrazos apretados que imprevisiblemente se olvida en cuanto los madrileños caen en la cuenta de los afectos: florece el abrazo entre quienes sólo acostumbran la palmadita en la espalda o el saludo con sonrisa y al que llega se le olvida que son dos besos. Sucede entonces que el azul se vuelve rojo en las esporádicas flores de Nochebuena, que vienen de México y que un gringo abusivo rebautizó como *Poinsettias* y en el calor de los ponches entre viejas conversaciones y en los acalorados festejos por un Gordo de Lotería que vuelve a caer en manos inesperadas. Lluvia de colores en las prendas de los que estrenan bufandas antes de partir el pavo y en los juguetes a punto de abrirse en lunes, porque es el día en que comienza de nuevo eso que llaman eternidad.

De azul, frías las luces de la Puerta de Alcalá y los focos tendidos sobre las calles que ya sólo reciben peatones para abultamiento del tráfico en las aledañas y en el vaho colectivo de los que unen las manos al filo de sus narices aparece el enrojecido gesto de la memoria: vienen a cuento todos los fantasmas de las navidades pasadas y todos los proyectos para las futuras epifanías inesperadas; en el brillo de las pupilas se clonan las velas y esa chispa insólita y efímera que llamamos felicidad, cuando en realidad no sea más que un pasmo tranquilo de serenidad. Incluso, en los oscuros rincones de lo que fuera el portal de un banco ahora clausurado o al filo de un recoveco a pocos metros de la Gran Vía, una tertulia de indigentes brindan por San Patricio en su demencia sin calendarios y también transforman en verdes carcajadas el último trago de un vino amargo de cartón.

Azul y frías las calles se calientan con la callada resignación de un desmadre electoral y político que queda como telón de fondo, callado y amarillo, tan lejos de lo que realmente importa: el empeño de los miles de madrileños que habitan la ciudad crisol y plural que une a todos los españoles ante la necia recurrencia de la cerrazón y el olvido. Calurosa y enrojecida, a contrapelo de las equivocadas voces que claman por alejarse; roja felicidad de los moños que envuelven un pañuelo de regalos y rojas las mejillas de infancia; roja alfombra políglota de la lengua que se asoma en la inmensa sonrisa de un Madrid que no deja de cantar, azul y fría, la feliz melancolía de estas voces frías que siempre parecen entonar un *blues*.

DICEN QUE DIJO

alguien de aquí ya no está...

Dice que dijo que alguien decía lo que dijeron, ahora que todos dicen que lo dicho por aquel es en realidad lo opuesto a lo que dijo de veras. Me dijo entonces que alguien vio lo que ya nadie vio, habiendo visto los que vieron que clarito se veía lo que luego se vería y escucha: ella oyó que alguien vio lo que dijeron que se veía cuando ya nadie volteaba a ver lo que se oía a leguas... Y así, más o menos, predomina el mexicanísimo afán por explicar lo que sólo se puede narrar en *cantinflismos*.

Basta intentar recorrer de punta a punta la Ciudad de México para armarse de una enrevesada bibliografía verbal donde más de un taxista intenta explicar el estado de la nación por el color rosa de su unidad o el morado de los autobuses; luego, en el lúgubre silencio de un microbús que parece iluminado con neones azules, un adormilado pasajero aprovecha para felicitar al pasaje prójimo con unas sentidas palabras que se deben más a los brindis en la comida de la oficina (de la que acaba de salir huyendo) que a la sinceridad de sus intenciones.

En medio, miles de automóviles desatienden la restricción de hablar por celular y se conectan con la misma guía del tráfico, esa anónima voz que desde un satélite lejano intenta convencerte de que Barranca del Muerto es una alternativa viable para tu destino y en los camellones sirven viandas inesperadas los niños abandonados, los payasos de postín y los vendedores de modernísimos globos transparentes que quién sabe cómo emiten pequeñas ráfagas de luces multicolores.

Por el frío, parece que han tomado asueto los tragafuegos y los faquires que se acostaban en vidrios rotos, pero el circo de cada esquina parece seguir en franca competencia con los espectáculos de los teatros donde se arremolina la gente con bufandas mal anudadas y un hartazgo maquillado con la ilusión de olvidarse por unas horas de la inmensa puesta en escena que ronda las pantallas de los televisores, las ondas de la radio y los chismes de sobremesa donde México llega a una nueva Navidad con la confusión recurrente de los políticos, la tolerancia siempre endeble por la cíclica corrupción de los aguinaldos y el despilfarro...

Pero pocos, muy pocos, se detienen a ponderar que los mexicanos acabamos de vivir el mes más violento de las pasadas décadas, que se han sumado nuevos nombres a la imperdonable e impune lista de crímenes contra periodistas mártires, mujeres asesinadas, desaparecidos por doquier y desamparos acumulados. Dicen que el que dicta dijo lo que dijeron que debería decir, al menos eso que se oye en el páramo donde nadie escucha, pero todos suponen que lo dicho ha de dictar el remedio infalible para todos los males que esperamos todos que alguien diga que son ya fácilmente solucionables en el desmadre de los dimes y diretes con los que van y vienen los peregrinos de estas navidades, cantando las posadas y tocando puertas para ver si se nos concede un respiro de solaz, un momento de serena quietud para que de veras pueda decirse lo que dijo alguien que dicen que nació en un anónimo pesebre hace un chorro de años, hoy mismo en casa de cualquiera, en medio de las luces que se prenden cuando todo mundo se queda a oscuras, tan sólo para que no olvidemos a los damnificados de todos los sismos y a los desheredados de tanta abundancia.

ELOGIO DEL ESTORBO

Me he quejado tanto de los estorbos que creo que sería mejor cerrar el año celebrándolos como elemento esencial de la cultura carpetovetónica. Loas al imprudente que se planta frente a las escaleras eléctricas para reflexionar sobre el rábano y larga vida a la señora que se detiene de pronto en medio de cualquier pasillo como declaración simbólica de una conquista íntima; aplausos para todos los grupos que extienden la tertulia con la que estorban al filo de una larga barra de bar, más allá del local, en plena acera y viva la dama que interrumpe sus pasos para obsequiar su espalda como un muro con el que pretende camuflar la insulsa conversación que viene vociferando en el móvil.

Celebremos a los cientos de automovilistas que estorban el flujo vehicular e incluso los pasos de cebra con la inapelable excusa de sacarse un moco o mirar el móvil o sintonizar mejor el chisme de una tertulia donde todos los invitados gritan parlamentos con el fin de estorbar el decurso de una posible conversación y por lo mismo, conmemoremos un día más en el que políticos profesionales y funcionarios sin cartera despliegan el bello arte de estorbar el planteamiento de posibles soluciones o planes de convivencia. Albricias, que por allá se asoma la simpática parejita que pretende estorbar la vereda en pleno parque con el propósito de informar corporalmente de su recién fraguada felicidad y sonora ovación para el que estornuda, se suena con pañuelo y aprovecha para escupir en plena vía andante como para alertar a todo prójimo del posible contagio; sereno reconocimiento a los cientos de madrileños, españoles de toda geografía, que acostumbran apostarse al filo de todas las puertas (del autobús, del Metro, de las letrinas y de los consultorios) no para entrar o salir, sino simplemente para estorbar que de eso se trata, que la consigna recurrente es la de *no soy nadie, pero estorbo* para solaz del resto de la humanidad y envidia de los sajones o rumiantes que fluyen sin parar, que caminan hasta cuando se hacen a un lado, que se pliegan a la vera y renunciar al torrente que nos une por estorbos, que nos dan las uvas en la espera y que somos capaces de atragantarnos con un barquillo por sincronizar los propios pasos al ritmo impredecible de los estorbos, al filo de los codazos que parecen inocentes y en este Madrid donde toda fila implica que no falte alguien que *te se pega* a la espalda como si perdiera el rumbo, como si fallara el eslabón comunitario que permite sentirse en paz, precisamente porque siempre habrá alguien que nos estorbe.

CABALGATA

El dromedario mascaba chicle sin importarle estorbar el paso, mientras la paquiderma sin colmillos oscilaba monótona, moviéndose sin moverse en la fila que formábamos los peregrinos incautos, los advenedizos accidentales y los avezados adultos que evitan el carbón de todos los años con regalos al vuelo y presentes improvisados. Había un par de asnos que no paraban de rebuznar sus sesudas opiniones sobre la situación política de no sé qué paraje y un buey flatulento que parecía reírse con cada queja; más adelante, tres vacas de ordeña comparaban sus hazañas amorosas en una antigua ganadería donde se habían formado, mucho antes de la pasteurización de sus vidas y un rebaño de dieciocho ovejitas impolutas se jalaban su respectiva lana haciendo cuentas y cuentitas, como si calcularan precios en antiguas pesetas.

De los monarcas: uno se había refugiado en el baño con una diarrea galopante provocada por unas lentejas cargadas de chorizo, Baltasar bailaba una bachata con una farmaceuta y sólo Melchor permanecía a las riendas de su elefante (que le hacía ojitos a la paquiderma) mientras el rey mago gritaba a voz en cuello, en esa madrileñísima costumbre de subirle el volumen a los propios parlamentos y hablar con quien sea a cuatro metros de distancia para que el mundo entero se entere.

Había mucho duende enano y sí, efectivamente con pleno derecho, dos *drag queens* de exagerada brillantina que fardaban sus abanicos invisibles y sus togas fosforescentes, mientras una comitiva de pastores, abanderados con el tradicional pendón de la trashumancia, llevaban sus cabras sobre los hombros, al filo de un discreto charco como espejo donde se orinó un caniche llamado *Chiqui*, pequinés horrendo que se colaba entre las piernas de los peregrinos pendientes del lentísimo avance de la cabalgata que parecía procesión de Semana Santa.

Un arcángel bajó de la tercera planta para intentar iluminarnos y poner en orden al desordenado belén donde algunos pajes gritaban y otros dormitaban en la sabrosa tradición inexplicable de formar la cabalgata anual de los reyes convertidos en magos de un presupuesto que se estira milagrosamente para comprar regalos y regalitos en una tienda departamental y además, intentar el envoltorio con moños multicolores que han de despedazar los angelitos en brevísimos segundos al filo de un abeto moribundo, a punto de desaparecer hasta el año que viene ya encima de todos los que cabalgan en fila entre tanta paja y pastura, a la espera de la epifanía azarosa de la lotería o la maravillosa estrella de las rebajas.

LA HELADA MEJILLA

De lejos, parece que invita al desprecio o que transpira una frialdad ajena a toda forma de afecto. Rosácea y helada, la mejilla de Madrid anda de nieve y niebla con los fuertes vientos que despeinan su sierra y congestionan la respiración de sus vías a Segovia. Es la breve y acolchada piel de su rostro que, conforme se acerca, parece evocar la tersura de cada infancia, carita de parvulario y esa inocencia con la que se pierden las miradas en pendejadas: la señora que se queda mirando la carrera de gotas en el cristal del autobús o el hombre que lleva perlado el abrigo con la llovizna —que parece que no moja, pero cala, esa que llaman *txirimiri* como apodo vasco y que en México se volvió *chipichipi* y que en Veracruz llaman pelusa de gato—.

Una anciana sonríe bajo cero porque quizá me ha confundido con un nieto y un joven hace alarde de sus capacidades deportivas, con las mejillas aún más enrojecidas que los demás, por venir de trotar en medio del bosque que se alza en medio de Madrid y todo se vuelve un pequeño concierto de la helada mejilla con la que las caras desafían los fríos que tardaron en llegar.

De cerca, la helada mejilla se vuelve el entrañable almohadón del saludo, la piel plural unida por un instante y dos besos al aire, al filo de las orejas también heladas y parece entonces que Ella se sonroja y Él ha regresado al tiempo inasible, el que no vuelve, del sueño o primaveras pasadas donde las mejillas dormían acompañadas o revoloteaban en carcajadas unidas por un calorcillo que sonroja. Mejilla helada entre las manos del Otro que quiere que se confunda el vaho compartido de una conversación en el quicio de un portal, en el dintel de un invierno que pinta las caras de Madrid con tatuajes leves de escarcha invisible, cabezas en boina y gorros de lana tejidos como para enmarcar mofletudos y cachetones, flacos de pómulos en sepia y rostros intemporales del vientecillo, que cala hasta los huesos, que se manifiesta bajo los párpados —llorosa y salada agüita de azar—, que traza las raras coincidencias y las sincronías inesperadas, los nombres olvidados que llegan a la mente en cuanto se acerca la mejilla que parecía ajena y saluda efusivamente para que, por un instante de levísimo calor, ambas mejillas se fundan en una caricia instantánea que parece romper el hielo con esta madrileñísima costumbre de chocar ambos lados de la cara de un Madrid que, de lejos, parece frío y se va calentando conforme se multiplican los calores que irradian las voces calladas que entran todos los días por la Puerta del Sol.

ORWELL POR O'DONNELL

Habrá quien crea que el título de este Café imagina el regreso de George Orwell del frente de una batalla en la neblina de los tiempos, con el fin de reunirse con Hemingway en Chicote o que aquí se pretende sustituir a D. Leopoldo, descendiente de Irlanda, con el inglés que imaginó la distopía de *1984* o *La rebelión en la granja*, que nos enseñó que "todos los animales son iguales, aunque hay algunos animales más iguales que otros".

En realidad, hablo de un mexicano descendiente de ingleses que tiene un olfato envidiable, capaz de localizar un buen jamón de bellota a nueve metros de distancia; un sabueso que parece detective (o al revés), que fija la vista en un Madrid que casi nadie conoce: el paisaje a ras del suelo donde las aceras de cuadritos van marcando un raro sendero de sorpresas donde quedan tatuadas las huellas de los habitantes y viajeros. Alfombra gris con pequeños parches de chicles viejos, ocasionales pañuelitos faciales y, de vez en cuando, el abono de transporte caducado al filo de esos pequeños recuadros donde sobreviven arbolitos en adolescencia. El Orwell del que hablan estas líneas cruzó el Atlántico en la panza de un avión que no le permitió viajar en primera clase ni en turista y despertó de la travesía luego de diez horas ladradas como quien vuelve, como si conociera el foro y las perritas que lo tientan de lejos sin correas. Antes de que se me acuse de políticamente incorrecto, aclaro que es un perro, raza Basset Hound y conocido como Hush Puppy por unos zapatos de otras épocas. La mascota que reinaba en una casa de libros, grande y compartida con una entrañable tertulia de amigos y escritores que lo vieron convertirse en la pareja de hecho de Chesterton, la mascota cuya vejez no le permitió llegar al maravilloso descubrimiento que ahora le brilla en los ojos al Orwell: el parque de El Retiro como confirmación del Infinito.

Ajeno a las motocicletas que aturdirían los nervios de Tierno Galván y lejos de la altanería de ciertos pastores alemanes, Orwell ha chocado fauces con una pequeñísima perrita encantadora que andaba despeinada en los fríos mañaneros donde los canes provocan encuentros y conocencias, conversaciones al vuelo y una forma de andar que se concentra a ras de suelo, en los pasos palpables de tantos fantasmas que deambulan por Madrid sin ser vistos por quienes fijan la mirada en otra altura. Sincronizado con la siesta castellana, Orwell parece irse adaptando al elevado volumen de las voces, la ce y la zeta y las muchas distracciones que nos enredan en rollos necios a casi todos los que vivimos Madrid, pero basta llegar al Retiro para imaginar que el mundo entero se acaba de inaugurar y por eso, este amigo se parece a su dueño.

LA SONRISA QUE ILUMINA[1]

Jorge Ibargüengoitia cumple hoy sus primeros noventa años de eternidad y no pasa un solo día sin que intente contagiar su literatura, ya por pensamiento, palabra, obra u omisión. Su familia deseaba que se convirtiera en el ingeniero que resucitara la antigua alcurnia de la familia en Guanajuato, pero Ibargüengoitia dejó la carrera de los números y se lanzó a los escenarios queriendo ser dramaturgo, pero un maestro le dijo que su apellido era tan largo que sus letras no cabrían en la marquesina de los teatros. Pasó entonces a la crítica teatral en prensa, de donde germinaron con los años sus memorables columnas semanales donde era capaz de narrar la microhistoria del taco, el sentido filosófico de cuando le cambian el sentido a una calle o la sinrazón de todas las razones necias que sustentan toda burocracia.

Como cuentista, Ibargüengoitia ejemplificó el bello arte de narrar las cosas de la vida como si fueran chismes o chistes, que si no se cuentan bien se caen de las manos como nata inerte; por lo mismo, no pocos

---

[1] Al revisar las pruebas de este libro, celebro con agua pura del azar la publicación en España de *Los pasos de López* con el título peninsular *Los conjurados*, las dos ediciones de la novela *Las muertas* (una bajo el sello de Cátedra y otra, con el nombre de Machado) si Ibargüengoitia volviera de un viaje para ¡por fin! Conquistar España.

lectores confundían el elevando sentido de su humor con el pastelazo del *chistorete* y el error es grave, pues olvida que Jorge era un Chesterton, de agudo filo inglés y por algo se casó con la hermosa pintora Joy Laville, de paisajes en pastel que son eco de esa suerte de serenidad de acantilado en Dover. Ella pintaba y Jorge escribía novelas indispensables: *Estas ruinas que ves* (la hilarante transformación de Guanajuato o Toledo en una comedia de equívocos); *Los relámpagos de agosto*, donde baja del pedestal de la Revolución Mexicana a los generalotes que rellenan el festín de la corrupción o *Maten al león*, la carcajada de un déspota que gobierna la isla de Arepa como quien habla con los pajaritos para tomar decisiones de Estado o *Dos crímenes* (reseñada por Octavio Paz como perfecta) breve maravilla de esa vida en México que no caduca con los años: las herencias engañadas, la soledad de las vitrinas del polvo y la contundencia del azar... y así, podría ir citando todos sus libros y cada uno de sus artículos, sus miles de anécdotas y la tragedia que se lo llevó de viaje tan cerca del Aeropuerto de Barajas, pero para ambos lados del Atlántico no quiero dejar pasar este párrafo sin celebrarle *Los pasos de López*. Es la ficción que subyace a la historia de bronce, los párrafos supuestamente intocables que más o menos explicaban la Independencia de la Nueva España fueron coloreados por Ibargüengoitia en un delirante mural que explica mejor que los papiros la enrevesada cotidianidad del reino que nos une: el reino de la lengua y sus mentiras, más allá de los diccionarios de la academia. Así era Jorge Ibargüengoitia, un pensador andante, un escritor de veras hilando las mentiras que se enredan alrededor... una sonrisa luminosa.

LA SOMBRA DE FRANCO

Un demente en Dinamarca, políglota y enflecado, aseguró con dudosa confianza que "en España sigue presente la sombra de Franco". Ya entrado el siglo XXI, la declaración merece atención médica, no solamente porque una generación *feisbuquera* ya tiene al viejo dictador empotrado en la vitrina de los carcamanes, sino porque la mentada sombra no se ve ni en la acera del costado de los Nuevos Ministerios donde en un ayer cabalga su enana majestad sin palio. Al generalísisimo de la voz tipluda no se le ve la niebla en la España de hoy, a pesar y más allá de los gazapos, tropiezos y errores del respectivo gobierno; una cosa es denostar la errática política de la nulidad y otra, pisotear a un país plural e incluyente, ajeno a la pena de muerte, hospitalario hogar de millones de migrantes, seguridad social y quién sabe cuántos pros intacahables, a pesar de inevitables contras ligadas al cáncer de la corrupción.

El demente en Dinamarca olvida que la saliva de la cerrazón e intolerancia, el placebo de la mentira como garante de libertades y los bulos de la propaganda que conformaban la sombra del caudillo cuando sopeaba madalenas al tiempo que firmaba sentencias de muerte es un coctel mucho más cercano a la rabia con la que la estelada niega los vuelos de cualquier otra bandera, la estulticia con la que millones de personas ilusionadas se han cegado ante la estela de corruptelas y la descarada artimaña de disfrazarse de libertarios los hijos y nietos de la rancia y casposa burguesía catalana que extendían los brazos para celebrar cada visita de Franco y sus sombras.

No se le ve en la sonrisa entrañable de miles de españoles que abren los brazos con el mínimo saludo y no se le ve en las fachadas de los viejos edificios que han sido reformados para que precisamente se les borre la sombra de sus viejas mazmorras; no se le ve en las monedas de uso ni en los cafés o mercados donde se ejerce la libertad de reunión y expresión. Esa sombra sólo se observa en la memoria viva de los miles de muertos y en la herencia trasatlántica de los miles de hijos del exilio que huyeron de esa tiniebla y han vuelto para celebrar precisamente su ausencia. Eso que tanto obsesiona al demente en Dinamarca se proyecta nítidamente en los charcos de Bruselas o en el fango que dejó olvidado en un callejón de Barcelona: es la engañosa imagen del espejo donde cualquier mentiroso se topa de pronto con su propia sombra.

SOSPECHOSOS

Marrón se apeó del coche y caminó como soldadito de plomo, sin saber que lo observábamos; Frau Fucsia lo saludó con dos besos y tomada de su brazo, lo encaminó al café donde los esperada el Negro. Los tres pidieron café con leche y parecía que entraban directamente en materia, sin sospechar que el camarero traía un micrófono oculto con el que se grabó el plan: los tres ingresarían en la joyería y fingirían buscar un anillo de compromiso (Fucsia y Marrón en el papel de tortolitos y el Negro, futuro suegro). La agencia no contaba con la traición del Azul (vestido de camarero y alambrado con el micrófono), quien transcribió en la cocina las precisas instrucciones para que Verde se adelantara a la joyería, liquidara a los dueños y esperara pacientemente la llegada de Fucsia, Marrón y el Negro, quienes se toparían con el asesinato del joyero Gris, las vitrinas vacías y un regadero de cristales rotos.

El Verde salió por la puerta trasera de la joyería y bajó las escaleras de la boca del Metro con la bolsa deportiva cargada de joyas anónimas, misma que intercambió casi imperceptiblemente con Rosa, quien avanzó hacia el andén fingiendo hablar por el móvil con Lila. Siete estaciones de recorrido, ligera adrenalina más o menos sosegada con el simulacro del maquillaje y Rosa salió en Sol con la determinación de una ejecutiva de altos vuelos: llevaba la bolsa deportiva colgada al hombro como quien viene del gimnasio y realizó la entrega en la puerta de una tienda tradicional de abanicos y paraguas, donde esperaba Morado (corbata a tono con su apellido, chaleco y saco en tweed, zapatos con hoyitos en el empeine y la clásica gabardina que siempre queda mejor en blanco y negro).

Morado había aparcado el vehículo en un lote subterráneo cercano a la Plaza del Carmen y según las cámaras de vigilancia, guardó la bolsa con las joyas en el maletero y se dirigió caminando con prisa a la caseta donde intentó pagar el parking. Allí fue interpelado por Rojo y su mujer, Naranja, quienes aparentaban alegría; intentaron ponerse al día con una conversación insulsa, sin que se notara impaciencia alguna por parte de Morado, quien finalmente logró pagar el parking, sacar el coche y dirigirse al punto de reunión donde se encontró con Azul y Verde.

Treinta y dos minutos después, Morado, Azul y Verde se reunían con Rosa y Lila en la estación de trenes de Atocha con la intención de abordar el AVE a Sevilla (aunque pretendían cortar el trayecto en Ciudad Real)... y fue entonces, al cambiar de página, que el autor de esta fallida novelita policíaca decidió levantar la pluma del papel y seguir su recorrido azaroso de todos los días donde parece que todos somos sospechosos.

BARCELONA SIMBÓLICA

Una posible explicación para la notable baja en el turismo de Barcelona se debe a que hay delirios que se contagian. Quizá un porcentaje de los visitantes que han cancelado reservas en hoteles y restaurantes han optado por el plan esotérico que permite al viajero levitar entre las flores de las ramblas con sólo imaginarlo, cerrar los párpados o bien sincronizar su telefonillo inteligente con un dron a distancia. La brisa gélida del Ampurdán y el remanso hipnótico del Mediterráneo ondean los flecos de toda melena advenediza y, con la ayuda de algún tarot rumano, es posible incluso hartarse de fuet y butifarra cuya amenaza calórica sea también meramente simbólica.

Imagine usted el recorrido de la Sagrada Familia de Gaudí sin filas de espera, con libre oscilación entre sus torres, misa virtual y rapidita, con opción a visitar la tienda como holograma que paga en bitcoins; a media mañana, una oscilación por el Museo Picasso y recorrido simbólico por el Barrio Gótico, quizá con el estorbo de alguna legión de compañeros turistas asiáticos que también decidan simbolizarse a la misma hora por esos callejones entrañables y se sugiere entonces una bacanal imaginaria en algún templo gastronómico de La Barceloneta para luego degustar ensaimadas con sobrasada en un simbólico homenaje a Mallorca. Recuerden que este tipo de demencia permite asumir que toda propina no es más que gestual, así como todo esfuerzo se vuelve virtual y casi imaginario sin precisar mayor consenso.

Empodérese Usted con las raras virtudes de la presencia simbólica y será más veloz que el AVE en su paso por Lleida, con el consiguiente aligeramiento de su peso corporal en una suerte de liposucción impalpable que le permitirá deambular por el Parque Güell sin cansancio para luego asumir el Tibidabo en volandas. Ya puestos en la dimensión del ensueño, el turismo simbólico ofrece el don de lenguas permitiendo al viajero parlar en francés belga, masticando medio inglés y evitando el idioma español o lengua castellana que puede resultar demasiado terrenal o racional para esta onda psicodélica de correr por ambos sentidos de la Diagonal y jugar a las escondidillas en los chaflanes o esquinas ochavadas del Ensanche sin moverse de la cómoda poltrona de una casona alquilada en Bruselas o en el escenario recreado de una histórica derrota donde por obra y gracia de la cualidad simbólica cualquiera se disfraza de guitarrista del extinto grupo Abba cantando su éxito *Waterloo* o bien se reduce en estatura, se acomoda el fleco bajo el bicornio (casi de torero goyesco) y contempla en el espejo la cara fiel de una locura con la mano anidada entre los botones de la pechera desde la simbólica altura de una pequeñez imperial que cree que todo se puede gobernar por poder.

LA VOZ DE UNA IMAGEN

Berta Vias Mahou es una maravilla. Su prosa ha dado voz al vacío e incluso al hombre que se parecía tanto a un torero que terminó siéndolo él mismo, cornadas al vuelo y gracias a las traducciones de Berta he podido conversar con Stefan Zweig en vagones anónimos de trenes inexistentes o seguirle la sombra a la leyenda de Joseph Roth en diminutas habitaciones de hoteles rancios. La he visto en persona una sola vez y parecería que lo mejor de su biografía se convierte en un banquete callado al filo de un rostro de niña en blanco y negro, con postre de fresas, que se ha quedado mirando al mundo para aprender a leerlo y por ende, escribir.

Vias Mahou ha cuajado una novela que parecía imposible: rescatar la voz invisible de Vivian Maier y narrar su andar entre las sombras del mundo en *Una vida prestada*, que es la que Berta tomó empeñada para poner en palabras el enigmático laberinto de puros misterios porque Vivan Maier fue una niñera que sería anónima si no hubiesen aparecido en una subasta de cachivaches olvidados los baúles y maletas, cajas y relicarios donde había ido guardando su vida entera sin que el mundo se diera cuenta. Vivian vivía aún cuando el lote con sus pertenencias entró a subasta en Chicago aunque quiso el azar que no se vendieran a un solo postor y que se dividiera el tesoro de un excelentísimo testigo del siglo XX: los miles de negativos, cientos de miles de imágenes sin revelar y algunas películas en colores de la vida misma que fotografió la niñera cuando sacaba a pasear a los niños de la familia que la contrató.

Hace pocos años, al convertirse en un fenómeno sideral, la niñera Vivian Maier ya no estaba en este mundo para narrar su vida en fotos o contarse a sí misma la vida que no ha sido del todo revelada en documentales y exhibiciones en museos. De aquí que Berta Vias Mahou ha logrado transcribir la partitura callada de una vida que murmura en la oscuridad con el arte de la novela, la voz que no habla de la mujer alta y de pómulos salientes que se fotografió a sí misma en los escaparates y en la topografía interminable de las caras de los demás en medio de un mar de rostros sin nombre, calles curtidas en blanco y negro y viejos automóviles que se fueron fundiendo poro a poro en óxido marrón como quien disuelve un negativo en el líquido revelador o la niñera que acumula toneladas de película sin revelar porque se sabe de memoria lo que captó su mirada y también los recibos del tinte, de la compra y de los niños de un naufragio tan cercano a la amnesia que hoy habla en tinta.

ALGUNOS PASOS

Me gustan las parejas que andan sincronizadas, esas que caminan como si se coreografiaran de memoria la sincronía de sus pasos y que incluso se detienen ante un escaparate para volver a sintonizar la travesía que han emprendido. He visto jóvenes enamorados que incluso bajo la lluvia parecen convertir sus piernas en metrónomo y proyectan la posibilidad de que van felices o por lo menos eficientemente ágiles en una suerte de rompehielos contra el viento frío y la marea de gente que se atraviesa y de pronto se para en seco.

No me gusta ver la gran cantidad de señores que caminan siempre por delante de las señoras que, al parecer, son sus parejas; las dejan cuatro o cinco pasos atrás y los hay que mantienen la conversación (por lo general, discusiones no exentas de hostilidad verbal) pero sin perder la delantera. Esos que van a su bola como si no vinieran acompañados sirven de metáfora para tanto descabellado proyecto de la vida donde el portavoz no es guía, sino anzuelo. Tampoco me gusta ver cuando una pandilla de cinco o seis abarca el ancho de las vías y caminan sincronizados pero a paso ganso, como documental en blanco y negro de un comando hierático que no niega el afán de arrasar a tantos que se quedan en Babia estorbando el flujo de las aceras y por lo mismo, me intrigan las parejas que zigzaguean entre el oleaje de la ahora más ancha Gran Vía: ejemplo de arteria que se ha vuelto estrecha en la medida en que se desparraman sus lonjas peatonales.

Sobre todo, me gusta ver a las ancianas que coordinan con el carrito de la compra el paseo consuetudinario que —en un ayer— recorrían acompañadas. Ya van solas, pero en realidad es como si mantuvieran con el rodar del carrito la liviandad anónima de una vida que fue de pareja; algunas hablan a solas con el fantasma que sigue arrastrando como vaho las pantuflas, el abriguito y la bufanda con la que fue visto la última vez que anduvo por la faz de la Tierra y ella sigue —de casa a la compra y de la compra a casa— con el mismo recorrido entrañable, deteniéndose en el escaparate de las fajas color carne, las batas floreadas y en la siguiente calle, la botica que ya es farmacia donde le miden la presión, como en gasolinera de barrio para garantizarle el regreso a la vida de siempre, la televisión como compañía y por lo menos una larga conversación telefónica por semana con quien sea. He sentido la tentación de seguirla hasta el portal de su casa y felicitarla por encarnar a tantas biografías que habitan el corazón de los demás, pero mejor me siento en las bancas que ofrecen tantas calles para saborear durante unos párrafos el placer de pensar en algunos pasos.

ELLAS

Ellas. Todas. Madres. Solteras. Calladas. Gritonas. Incansables. Silentes. Invisibles. Sabias. Ecológicas. Tolerantes. Nerviosas. Serenas. Robustas. Etéreas. Cantantes. Escritoras. Danzantes. Actrices. Poetas. Ojerosas. Desveladas. Pensativas. Madrugadoras. Reflexivas. Impulsivas. Eruditas. Cirujanas. Taxistas. Panaderas. Contables. Incalculables. Inocentes. Vírgenes. Abuelas. Atletas. Primas. Conocidas. Anónimas. Madrinas. Proveedoras. Ejecutivas. Influyentes. Asesoras. Educadoras. Enfermeras. Pilotos. Navegantes. Trapecistas. Dominantes. Aisladas. Vejadas. Avejentadas. Rejuvenecidas. Maquilladas. Somnolientas. Medidoras. Asombradas. Lectoras. Sonrientes. Malencaradas. Aceleradas. Fulleras. Preparadas. Sigilosas. Minuciosas. Traductoras. Gobernantas. Camareras. Dependientas. Delgadas. Malabaristas. Coreógrafas. Cartomancianas. Ajedrecistas. Peinadoras. Masajistas. Palindromistas. Locutoras. Expositoras. Diputadas. Senadoras. Accionistas. Modelos. Modistas. Costureras. Lavanderas. Arquitectos. Futbolistas. Escolares. Monjas. Redactoras. Telefonistas. Doctoradas. Psicólogas. Motoristas. Bailaoras. Cantaoras. Fantasmas. Personajes. Funambulistas. Amazonas. Lacias. Pelirrojas. Atrevidas. Reservadas. Calmadas. Chismosas. Cotillas.

Amnésicas. Olvidadizas. Distraídas. Engreídas. Tímidas. Abusadas. Auxiliadas. Enfermeras. Neurocirujanas. Astronautas. Gemólogas. Joyeras. Falleras. Sevillanas. Europeas. Tarotistas. Adivinas. Sospechosas. Prófugas. Pensionistas. Hispanoamericanas. Niñeras. Fotógrafas. Violinistas. Escultoras. Funcionarias. Directoras. Memoriosas. Biógrafas. Editoras. Correctoras. Carpinteras. Ebanistas. Fontaneras. Madrastras. Miniaturistas. Muralistas. Decoradoras. Jardineras. Barrenderas. Ferroviarias. Aeromozas. Comandantes. Uniformadas. Nadadoras. Magistradas. Bulímicas. Intérpretes. Aficionadas. Obesas. Hermanas. Hermanastras. Neuróticas. Políticas. Turistas. Bisabuelas. Cadeneras. Sopranos. Molineras. Floristas. Libreras. Farmacéuticas. Podólogas. Conserjes. Porteras. Elevadoristas. Veterinarias. Dietistas. Divas. Investigadoras. Filólogas. Detectives. Difuntas. Acuarelistas. Acróbatas. Fantasmas. Meretrices. Esquiadoras. Tejedoras. Vegetarianas. Descalzas. Ecuménicas. Justicieras. Pendencieras. Generosas. Rencorosas. Dadivosas. Pecadoras. Ecuánimes. Brujas. Bailarinas. Guerrilleras. Estanqueras. Kiosqueras. Niñas. Granjeras. Toreras. Señoritas. Mujeres. Ésas. Aquéllas. Algunas. Otras. Todas.

VAHO

Depende de la humedad y se eleva desde el calor de las bocas como íntima niebla entre el frío; depende también de la temperatura de la piel que se contrasta sobre el lienzo gris de una tarde lluviosa y dependiendo de la imaginación de cada quien, el vaho es beso que se vuelve visible sin dejar de ser impalpable. Flota en el vacío y se evapora sin dejar olor, como una imagen de pétalo de aire o ensayo de nube y su nombre resuena en los diccionarios como uno de los más bellos.

Desconozco cómo se llama en árabe o cómo se dirá en francés, aunque consta que en inglés no existe una palabra específica para denominarlo: quien quiera escribir vaho en inglés tiene que construir la descripción donde el sujeto mira su propia o ajena respiración como una capacidad registrable, aunque innombrable.

Vaho sobre las cabezas de quienes esperan cruzar una calle y vaho de los enamorados que conversan en el diminuto escenario de un coche antiguo, mientras las ventanillas se van recubriendo con esa piel líquida y helada donde casi nadie se resiste a dibujar con la yema de los dedos. Vaho simulado el del espejo que cambia de piel como quien abre ahora una pantalla hecha del vapor humeante con el que alguien profesa un día sí y otro también la secreta liturgia del afeitado y el reconocimiento cotidiano de una biografía en construcción. Vaho en el espejismo con el que se aleja con prisa la imagen de una mujer que parece despedirse para siempre y vaho que enmarca la cara de un niña envuelta en bufandas anchas de lana colorida como mascarón de proa para un invierno que quisiera anunciar su próxima primavera de lluvias soleadas y arcos de todos los colores como pupilas brillantes sobre un cielo limpio.

Vaho de frío y de la prisa por volver al nido, vaho de vuelo por alcanzar el paso de un autobús y vaho del gendarme inmóvil que hace guardia en la portería de su edificio sin mover los ojos del mundo que le pasa por delante. Vaho de las conversaciones ajenas que empezaron al huir de una llovizna y se prolongan por debajo de las calles en los andenes del metro y luego, en el vagón donde de vez en cuando se une en concierto colectivo todo el vaho de los viajeros que se mueven en idéntico trayecto como tipografía de una línea determinada sobre el párrafo incierto de un pasaje subterráneo donde alguien se entretiene mirando a los demás, muchos se distraen mirando pantallas, pocos se ocupan de páginas en libro y alguno se acerca al párrafo de pegatina que pegaron junto a la puerta con un pasaje valioso firmado por un poeta... y alguien, quizá para justificar estas líneas, pregunta a bocajarro: ¿cuál es tu palabra favorita?

DE COYOACÁN A CHAMBERÍ

Voy de Coyoacán a Chamberí, pasando por Polanco y el barrio de Salamanca; giro en Alcalá para confirmar si la avenida de los Insurgentes realmente mide cincuenta y dos kilómetros de largo. Me parece que de pronto la Castellana se parece al Paseo de la Reforma y que el entrañable paseo de Recoletos se clona con una calle bañada en jacarandas que desemboca en una de dos Cibeles.

Por instinto o corazonada me dejo llevar hasta el Zócalo o Plaza Mayor donde se venden sombreros bajo los portales que rodean el inmenso cuadrado donde ha desaparecido la más vieja Catedral de América y se cuelan por los arcos los albañiles que vienen a ofrecer sus servicios de mampostería recién disecada en las viejas callejas del Madrid de los Austrias que hoy se me confunde con la cuadrícula imperial de una calle que llaman Pino Suárez, donde hay un palacio en cuya esquina se asoma la cabeza de una serpiente emplumada en la rara geometría donde se junta la piedra chiluca de cantera gris con el rojo tezontle que es como esponja cuando tiembla la Tierra y empiezo a perder la brújula cuando veo que un niño lleva una vianda de mazapanes que parecen hechos en Toledo aunque consta que los hornean por el rumbo de San Ángel donde las bugambilias han explotado en una primavera de colores brillantes que nada tienen que ver con la nieve que colma los alrededores de El Escorial.

Camino por el Paseo del Prado hacia la estación de Atocha en medio de un frío de espanto que nada tiene que ver con el sol quemante que le cambia los colores a los edificios de la Colonia Condesa que me quedan al paso hasta doblar en una esquina con la intención de hacer una peregrinación a Lavapiés y dejarle unas flores a la estatua de Agustín Lara que parece instalarse por hoy en la esquina del Parque México.

El calor y el frío me enredan los sentidos y todas las palabras del mismo idioma encuentran por lo menos dos acentos distintos y dos definiciones diferentes en este enrevesado trayecto que me tatúa los insomnios y se enreda en las madrugadas de casi todos los días en que no dejo de llevar el corazón tan lleno de Madrid mientras camino sin despertar la entrañable pesadilla de la Ciudad de México. Dos ciudades, sístole y diástole, yin-yan de amores y odios que se arremolina sobre los siglos que las unen sobre los restos de dos lagos y un ensayo de río, pináceas con palmeras, sabores encontrados... tan cerca que se unen y tan lejos que se desconocen.

LLENAR EL VACÍO

Ese hombre sin colores que recibe la primavera como si fuese un renacimiento es el reflejo en el espejo de uno mismo entre todos los espacios abiertos que muestra Madrid vacío. Se van todos y se queda uno, solo entre muchos, acompañado por la sensación de que la primavera es cada vez más corta y falsa, casi verano con viento helado para que parezca extensión de un invierno que no ha de volver jamás y promesa de un otoño que parece aún lejano. Madrid empieza a susurrar las ausencias de todos los que huyen a la sierra o a la playa y su callada jaculatoria es un paseo de miércoles que parece domingo aunque huela a sábado.

Se llena el vacío con el monólogo hipnótico de los pasos en la vereda vacía y en los senderos de los parques poblados por fantasmas de todas las navidades pasadas que vuelven envueltos en bufandas sin colores para recordarnos su presencia constante y se llena el vacío con la risita lejana de un niño con gafas que parece carcajearse de la preciosa vida. Empiezan las hojas a moverse, recién nacidas en las ramas como yemas de los dedos de un tronco envejecido y la brisa fría baña sin agua las caras enrojecidas de los paseantes como espectros; empiezan a cantar los pájaros que han sobrevivido un año más el embate del plástico y pasan de largo varios autobuses vacíos, salvo los vagones descubiertos que llevan en andas a los turistas que no pueden creer el milagro de un Madrid tan vivible y andante, tan viable y feliz que parece construido en verso. Todo vuelve a comenzar en cuanto la semana del sacrificio aleja a todos los penitentes hacia las procesiones del silencio y en Madrid se instala una suerte de madrugada prolongada de soledad y silencio, de pensamiento andante en cada párrafo que camina el solitario sermón en soliloquio.

Para poder encontrar su rostro en esta santa semana, el solitario ha de interrogar a los muros disecados de los edificios que vivieron una guerra y ha de recorrer las callejas estrechas que han olido el hambre y el hartazgo de siglos pasados; para poder revelar su cara en los escaparates de cristales apagados, el solitario ha de recitar en silencio la saeta que supera toda traición y entregarse serenamente al misterio morado de reflejar su cara en el vacío... precisamente para llenarlo.

LO DE LAS FILAS

A veces creo que se trata de una malformación genética y otras, un dengue generalizado que se propagó en los programas de la educación básica; luego, hay días en que supongo que se trata de no más que de ansias ante un desamparo o avisos ajenos ante el abismo. Hablo de ese raro afán por tocar la espalda, cuello, hombros, codos o brazos de quien hace fila y lo hago por la confirmación estadística de que en España –y particularmente, Madrid—resultan ser los lugares del Universo con mayúscula donde parece inevitable que toda persona enfilada ha de tocar o al menos rozar a quien le quede por delante. Ni en la estación espacial –con todo y ausencia de gravedad—existe esta notable inclinación por tocar o rozar en fila como avisando que ha llegado un nuevo eslabón a la cola.

El tema no es baladí ni intrascendente si se considera que en otros países y culturas es asunto notablemente considerado (si no es que sancionado) el hecho de que un transeúnte, pasajero o pedestre, ose tocar al prójimo o próximo en cualesquier circunstancias, pero en Madrid ¡Viva la Virgen! que si me quedas a tiro, sea en la fila del cajero del banco, en la línea de las entradas al cine o al estadio, en la cola de las palomitas o churros y no se diga que en la hilera heroica de los mercados y supermercados, allí estará la mano tendida, el brazo incomodo que se acerca a la mitad de la espalda o el hombro enano que roza su estulticia anónima con la espalda ajena, normalmente ajena a todo lo que se va formando por detrás hasta que llega alguien a preguntar *¿es aquí la fila?*

Cascarrabias, intolerante y necio en fijación de minucias que no vienen a cuento son algunas de las respuestas que uno recibe por este tipo de ponderaciones, pero insistiré en la indagación hasta confirmar si se trata de una secreta conspiración de la liga de esparcimiento del microbio o bien una conmovedora necesidad de percibir el calor ajeno por parte de anónimos enfilados herederos o directamente víctimas de los horrores de una dictadura en el pretérito. He de confirmar si se trata de un mero problema de geometría superpuesta entre seres móviles e implumes, bípedos parlantes o bien un despiste más de la cotidiana fantasía española y zarzuela madrileña donde una inmensa mayoría de habitantes, gatos de nacimiento o felinos de adopción, andan sin ver, caminan con la vista distraída en el móvil o en el paisaje de al lado y al encontrarse con una fila han de tocarle el lomo a quien ya se encuentra formado como para avisarle que ha llegado, como para apartar su lugar en medio del mundo o bien, tan sólo para dar una pequeña lata... que de eso también se vive.

PITOL, CONSTANTE

C on estas líneas intento abrazar a todos los escritores de diversos países y culturas que se saben deudores de la alta literatura que cosechó, volvió a sembrar, tradujo e hizo florecer Sergio Pitol; con estas líneas quiero también abrazar a todos sus lectores que también son deudores de los paisajes, párrafos y parlamentos que este inmenso escritor nos hereda cada vez que lo leemos. Consta hoy en los diarios y enciclopedias que Sergio Pitol se ha ido de este mundo habiendo venido a la Tierra para leerla, viajar en lecturas y luego en travesías absoluta- mente literarias los paisajes diversos de la trama o la tundra, las calles grises de Praga y no pocos amaneceres en París; consta que dejó una novela en un hotel de Madrid que fue rescatada por un arcángel y que por ello se publicó; consta que fue un generoso introductorio de no pocos autores y cuentos y novelas de varios idiomas para que pudieran ser leídos en español; consta que fue cinéfilo y entrañable, amable y elegante, cultísimo y discreto. Pitol fue un hombre de letras que contagia lecturas, que multiplicaba las palabras eslavas en sílabas con eñes y vocales tropicales, el mismo que explicaba con generosa sapiencia los senderos por dónde él mismo empezó a poner en tinta cuentos que luego se desdoblaron en novelas, cuadernos de viaje que llevan de la mano al lector por un mundo donde los trenes inundaban de vapor los andenes de la imaginación y Venecia parece un juego de dioptrías enrevesadas, oropel sin gafas que se convierte en pared descascarada.

En un planeta o en un país donde poco a poco parece que nos poblamos de personajes de pacotilla, es particularmente triste ver el lento avance de un desahucio que parece dejarnos acéfalos o por lo menos, y para bien, conscientes de que los grandes hombres de la cultura, los escritores de a deveras, los poetas en silencio, los creadores allende la mercadotecnia se van diluyendo en una nube que no merece amnesia. Sergio Pitol vivió una vida refugiado en las páginas de los libros que lo aliviaron de todos los dolores de su infancia y su hogar está intacto en los párrafos entrañables que despertaron en él las ganas de poner en tinta su propia imaginación, su plan de evasión como ventana abierta al mundo y como los abrazos que daba con la sonrisa abierta, la mirada penetrante. Hay una secreta fórmula de la grandeza donde la incógnita quizá se despeja con una constante que hoy sabemos podríamos abreviarse como Pitol; es una tangente y a la vez, vector y en un plano de diversas dimensiones se puede representar como un moebius infinito, un desfile de palabras que caminan a Babel, corazón en la niebla, silencio luminoso en medio del ensayo y el estruendo de un relámpago en medio de un cafetal. Todo eso consta en este instante en que intento honrarlo...lo que no consta en los manuales es la certeza de que así pasen muchos años no olvidaremos jamás el legado que hoy signa su destino.

CANTA MARÍA

El silencio también tiene voz y la saudade es en realidad una feliz tristeza que supera la simple melancolía. La lluvia quería confundir la primavera con otoño y el cielo de Madrid se encapotaba con duelos lejanos cuando de pronto sonó el eco de un piano que salía de una finca de siglos pasados. Allí estaba Pepe Rivero que juega al piano como quien inventa alquimias de notas incansables y ritmos de los mares, imitando oleajes y el agua que lloran las nubes. De pronto, se elevó la voz de María.

María Berasarte es una maravilla que brotó en algún páramo floreado, germinó en canción y canta en seis idiomas. Es la voz desnuda, dicen los que la siguen desde hace tiempo, pero a mí se me figura que es la voz del silencio, de los fados que esperan en la orilla de las playas la llegada de un amor que no volverá y el murmullo de las casas de marineros que se reúnen para llorar un fado de pura alegría por el desahucio o la ausencia. María Berasarte entrelaza su voz con el piano de Pepe Rivero en versos vascos que suenan a cantos árabes, y luego un bolero que supuestamente sabíamos de memoria se convierte en una canción recién inventada en el silencio donde María eleva los brazos como ave y mira al vacío con el cuerpo entero entregado a la música que se filtra en el alma de quien la escuche.

Se trata de un delirio donde piano y voz se abrazan en todas las lenguas con las que se habla el viento con la nada, la mirada con la noche y la memoria con la imaginación. *Delirio* se llama el disco que han grabado María Berasarte y Pepe Rivero y hagamos fila para cuando salga a la venta y escuchemos solos o acompañados este ritual sigiloso que nos libra de tanto tedio. En un mundo plagado de ruido, de malas noticias teñidas de angustia y desolación, en una primavera que sigue añorando los fríos y mientras en las pantallas la gente se distrae con banalidades insalvables, ¡canta, María! Canta la voz desnuda de los silencios que se vuelven secretos y regala tu mirada, la que guardas al cerrar los párpados justo en el instante en que el piano de Pepe Rivero parece tocar un son cubano que repta por la piel como una mazurca antigua. Canta el instante, María, que tu voz ya se queda grabada en un sortilegio indescifrable que parecía de pronto reinventarle un mar a Madrid y salimos en andas los que te oímos por callejones inventados de Lisboa o esa calle anónima de San Sebastián donde dicen que te han visto volar cuando cantas.

JOY

Durante muchos martes que se fueron haciendo años se me concedió enamorarme de una maravillosa mujer inglesa. Ella pintaba y evocaba conciertos de Haydn donde se atrevió a tocar el chelo y me contaba historias de Jorge, el escritor al que debe aspirar todo aquel que escriba como quien narra y narra como quien cuenta y cuenta como pinta la vida misma, sin más chiste que el humor inteligente y la chispa del sarcasmo y la ironía que embonaban perfectamente con esa mujer inglesa que se llamaba Helene Joy Laville y que hoy me deja bañado en lágrimas bajo un cielo azul pastel donde todos los colores parecen tenues y tiernos. H. Joy Laville nació en Inglaterra en 1923 y se volvió mexicana en el instante en que decidió que su vida sería proyectada en pinturas de acrílico o acuarelas de ensueño como retratos de una mujer al filo de una ventana siempre abierta, sentada en silencio o recostada sobre los instantes entrañables de la más íntima y callada serenidad.

En algún martes que se alargaba sin tiempo —por la confianza y porque nos dio por la tristeza— Joy se puso a hablar de cuando se fue

Jorge, del avión que tomó en París y que no llegó a Madrid, ni a Bogotá donde lo esperaban otros muchos escritores. Hablamos del vacío y del dolor sordo; hablamos del silencio y en realidad, de la Nada, pero hablamos también de los libros de Jorge que nos habían reunido como por agua de azar y de las portadas de sus libros ya totalmente identificables por las pinturas de ella misma y entonces, se nos ocurrió imaginar a dos voces que la muerte es en realidad un viaje. Un viaje misterioso que lamentable y dolorosamente no se puede compartir con nadie vivo, donde quien se va decide rondar libremente por el mundo, por los paisajes que decida o las calles por donde siempre anduvo, en diferentes épocas que se eligen por placer y para cada día de la eternidad que queda por delante.

Hablamos mucho durante años que lograron convertir domingos en martes y jueves en martes y martes todas las llamadas telefónicas que se alargaban con referencias compartidas. Siempre de Jorge y de la rara sincronía con nuestras familias: la madre que vive con su hermana, mi padre y mis tíos que iban a la escuela con él hasta que se cambió al colegio donde se cruzó con Manuel Felgueres; las tías homónimas, los tíos afeminados, las comidas de domingo, el callejón del Salto del Mono allá por el Pípila, la casa de la Presa y una calle estrecha en París, los cuadros de El Prado y las novelas de detectives, una escuela de niñas en la Rue Saint Didier y la siesta que Jorge anunciaba diciéndose a sí mismo: "Soy un chingón" y la roja máquina de escribir y los soldaditos de plomo y las pinturas de Joy:

La mujer recostada sobre un diván en medio de un mar de sueño, las tres divas que están por entrar a una selva de verdes insinuados, el hombre que se para junto a un perro para mirar el atardecer en una duna, los muchos floreros que se abren lentamente en pétalos como lágrimas.... Y un avión en silueta que cruza el lienzo sin tiempo y sin escalas.

Con estas líneas intento abrazar a Trevor su hijo que ya es para mí, hermano; a Chabelita y Gloria, Juan Pablo y todos quienes cuidaron de Joy en su rinconcito alineado de cuadros y recuadros y recuerdos; a Enrique y Lupita que la procuraron tantos años y no caben todos los nombres que quisiera abrazar en tinta para que conste que me quedo profundamente enamorado de una mujer que me llenó de vida con su memoria en flor, sus recuerdos en ramo, sus cuadros en movimiento y su sonrisa imborrable.

Jorge Ibargüengoitia se fue de viaje en noviembre de 1993 y vive desde entonces en todos sus libros que nos son indispensables y entrañables. Ha recorrido cada callejón de Guanajuato y largas avenidas de París sin que lo reconozcan sus lectores o confundido con otros arcángeles de Cuévano y alrededores que de pronto se detienen en una esquina para comprar unas flores pintadas con pinceles viejos, en colores que le dan varios tonos al azul sobre un leve fondo verde. Por la calle como una playa ocre viene caminando descalza la mujer que se llamó Joy por júbilo y por esa sonrisa.

De lejos, veo que Joy y Jorge se vuelven a abrazar y se dan el mismo primer beso que se dieron en San Miguel de Allende hace medio siglo y es la misma niña que se vistió de uniforme durante la Segunda Guerra Mundial y la valiente mujer que viajó con su hijo Trevor desde Canadá para empezar una nueva vida en México en la década psicodélica y volverse con el tiempo en la pintora de sueños, la pareja de Jorge, la musa de los martes, la maravilla de un milagro que se me concedió abrazar incluso desde lejos, por teléfono trasatlántico, con tantas palabras que nos unen, tanto libro y tantas imágenes que parecen diluirse por una ligera llovizna de agua salada en los ojos. Veo que se van caminando, que se aman como ejemplo y se me pierden ya en la memoria en un andén de neblinas donde una niña inglesa se esconde entre baúles y maletas, carretillas con cajas para el vagón-comedor y exclama al aire su nombre como si fuera un verbo de bienvenida y a mí se me atraganta tanta tristeza por agradecerle cada trazo de su feliz y maravillosa vida.

CAFÉ DE VERDAD

Vine a Colombia porque me dijeron que aquí servían un tal café, tan café que era café de verdad. Al buscarlo, Bogotá fue abriendo sus calles con aromas como anuncios y en no pocas esquinas anónimas vi que aparecían arcángeles con cafeteras al calce. Al pedirlo, un paisano me corrigió: una cosa es café de Colombia que se exporta por los Siete Mares y se puede degustar en cualquier polo como si estuvieras en Valledupar y otra cosa, muy diferente, es el Café de Verdad con mayúsculas que te hace callar y te abre los ojos, que lejos del insomnio te permite soñar, el café cargado que no precisa azúcar porque las verdades que revela son a veces ácidas o acres, pero incontestables. Café de Verdad para los mentirosos irremediables y los políticos corruptos, los empresarios abusivos y las maestras que engañan; una probada de la infusión morena y se abatirían las trincheras de la simulación y del engaño, los espejos revelarían su verdadero reflejo y no quedaría títere con cabeza en la espesa selva de la improvisación y la mentirita.

Tanto me habló del mentado Café de Verdad que cuándo vi que se acercaba con una porción humeante en su mano izquierda, la cara ladeada y el paso de ballet folclórico pensé que estaría por iniciar una tortura de interrogatorios variados y confesiones impensables; el hombre sonreía quizá porque sabía que con solo probar el Café de Verdad quedaba yo expuesto de perfil y de frente al paredón inconfundible donde se diluye toda falsedad y sí, así fue: al primer trago juré no volver a tomar brebajes descafeinados ni bebidas embotelladas y poco a poco, fui reconociendo el verdadero color del azul y el peso de las nubes que enmarcan los cerros de Bogotá y el nombre de una flor aparentemente desconocida. Empezaron a desfilar todos los fantasmas de los tiranos impunes, los plagiarios potentados y las faldas de todas las mentiras que se iban encordando como raro peinado sobre la almohadilla que ofrecen en el avión para el despistado turista que duerme sobre el mar todas las pesadillas que se han de aliviar en cuanto va floreciendo lentamente en el alma del elegido ese primer Café de Verdad que hasta parece que nos peina y nos cambia la piel del rostro y nos eleva por encima de los cansancios y nos ayuda a caminar despacio y todo se vuelve una psicodélica nube en medio de la nada... ¿o acaso será que me dieron un thé de Coca?

TIERNO MAESTRO

El Viejo Profesor o Maestro Tierno Galván se llamó Enrique, nació en el año 18 y murió en el 86 del siglo pasado, fue traductor de Ludwig Wittgenstein y de Edmund Burke, él mismo autor de más de una veintena de títulos luminosos, ensayista lúcido y académico de cepa. Doctor en Derecho y catedrático, republicano durante la Guerra y antifranquista de toda la vida, sociólogo de bibliografía y práctica... y alcalde de Madrid entre 1979 y 1986.

Al morir el Maestro Tierno fue despedido por una inmarcesible ola de deudos, ciudadanos agradecidos, madrileños de nacimiento o adopción, gatos-gatos o recién llegados que inundaron Cibeles para darle el último adiós al Tierno Maestro que bailó *schotis* bajo la sombra de la estatua de Agustín Lara en Lavapiés y que sonreía discretamente como el vecino incómodo que advierte a los demás el delicado civismo de no convertir las vías públicas en basureros o retretes, el sereno de chubasquero que se acercó a las inmediaciones de un bombazo para aliviar a los heridos y el político en pro del prójimo aunque no fue necesariamente próximo. En bandos soberbiamente redactados por él mismo, que se leen como pliegos de una calma medieval o remansos de un pueblo que por mucho que crezca no deja de ser villa del oso y del madroño, Tierno Galván conminaba al respeto irrestricto por la siesta que merece todo trasnochado y el silencio que debe imponerse a la pedorrera de las motonetas.

Ajeno a la escoria de la corrupción que ha mancillado el paisaje de Madrid, Enrique Tierno Galván era hombre de reflexión en práctica y carisma al servicio de la función pública con las manos limpias, al amanecer España entera de los tiempos grises y en la agitada movida de una recargada psicodelia incansable. Su maqueta de Madrid izó el scalextric de Atocha hoy convertido en túnel y promovió hablar con las estrellas con la creación del Planetario y limpió las aguas residuales del Madrid de su entonces y reedificó en viviendas habitables las chabolas que poblaban Usera, Villaverde y Vallecas. Era irónico y literato, funcionario funcional y auténtico servidor público, pero sobre todo: hijo enamorado de Madrid, como un Sol radiante que quema en la alcantarilla la descarada falsedad del maquillaje robado, de la Maestría inexistente, de la crema restiradora del ego y de la mentira que parece disolverse en el olvido, hoy que nadie olvida al Tierno Maestro que cumpliría por estos días sus primeros cien años ejemplares.

APARECIDOS

Esa belleza que caminaba a pierna suelta por una tangente de Atocha era nada menos que Greta Garbo, renacida y palpable, aparecida de milagro y con prisa. De lejos, confirmaba la serena majestad de su belleza ahora en tiempos en que sería delito lanzarle un piropo y quizá por eso la dejé avanzar sin intentar acercarme, pero agradecido de que me lanzara un guiño a la distancia. Ese mismo día, en una de las salas del Museo del Prado escuché a mis espaldas la enrevesada explicación de un cuadro del Bosco, donde el de la voz se enredaba con aquello de aquí tenemos el jardín que no se sabe si es del Edén o del edamame donde por ejemplo, digo porque si no me entiendes, Dios hizo al hombre y ahí está Eva, porque yo tuve una tía que yendo por el crucero del cruce que tenemos todos que cruzar. Era Cantinflas, con uniforme de conserje pero el pantalón a media asta, los bigotitos a los labios y un paso danzarín que confundía al incauto grupo de turistas que lo seguían como flautista de un cuento de hadas.

Decidí entonces abordar un autobús y en la siguiente parada abordó vestido de gladiador romano un Russell Crowe ensangrentado y feroz que se fue abriendo paso por en medio de los pasajeros como si fuera a partir plaza en el Coliseo; se tiró exhausto en una banca reservada para la tercera edad y parecía dormir aunque todos advertimos que no soltaba la espada que llevaba empuñada como un mando a distancia. Volví entonces a las andadas y en una callecita de Chamberí me topé de frente con Charlie Chaplin, bigotito, bastón y chanclas; jugamos al juego de no saber a qué lado de la acera correspondían los pasos de cada quién y contra toda regla del cine mudo se escuchaban sus carcajadas que subían por los balcones hacia las nubes de un Madrid que parecía telón de cine.

Al tibio amparo de un café anónimo decidí sacar la libreta e intentar el dibujo de la diva que discutía el precio exacto de un cruasán, sin reparar que se trataba nada menos que de la Mujer Maravilla. Al parecer hacía una pausa en sus recorridos supersónicos para calmar un antojo y el hechizo parecía romperse cuando por la ventana del café vimos desfilar —todos a una— el reparto íntegro de la vieja película *Bienvenido Mr. Marshall* que se unían en coro con todos los orates fantásticos de *Amanece que no es poco*, en un ameno convivio que bien era una marcha en pro de los derechos de los obreros desaparecidos o bien un delirio desquiciante que me aqueja cada vez que acumulo más y más madrugadas de insomnio ante la pantalla de los desvelados, hipnotizado durante horas con el imán de las constantes repeticiones.

EL CIELO ES PROTAGONISTA

Deberían imprimir una pequeña guía donde se les recuerde a los vecinos y se les descubra a los viajeros el milagro cotidiano de los atardeceres de Madrid; sería un útil tríptico con algunas fotografías donde conste que cada 24 horas —en diferentes estaciones del año— Diego Velázquez en persona saca el pincel con el que combina la luz amarillenta que se anaranja en un lila con tintes azules difíciles de describir (o reproducir en papel) para que a nadie se le olvide que ha llegado un nuevo atardecer con el mismo mensaje e intensidad con los que los *milennials* del *new age* celebran cada amanecer. Atardece que no es poco, y tiene cada alma a la vista el telón inmarcesible de una advertencia callada: termina lo que ya pasó y se abre la noche como una madrugada en flor que puede encerrar mejores promesas que las vividas a la luz del sol.

Atardece en todos lados (según dicen los del clima) pero algo pasa en Madrid que la despedida diaria de la luz en el cielo se convierte en un lienzo impalpable de asombro y silencio. Las sombras cobran entonces la textura de un alivio o la insinuación de un secreto y por las veredas del cemento se va colando el fresco aviso de que todo puede suceder de noche, volver a crecer o dormir las horas del sueño hasta convertirse de nuevo en un día con sus tedios y sus horarios, el ruido de lo mismo y los planes de la nada... hasta que se cumplan las horas para que en un minuto preciso empiece de nuevo el atardecer renovado que es el mismo de la infancia, con el que terminaban los juegos en los columpios y se cerraba la alacena de las golosinas. Es el mismo y otro atardecer el que cambia las hojas del calendario y agita las ramas de todos los minutos que le restan al último paseo de un anciano por un sendero arbolado donde se cruza con la carriola de unos gemelos de meses que parecen cantar la nona con pequeños gritos que se confunden con la voz de una señora gorda que lleva prisa y va dictando en el móvil la receta exacta de los canelones con embutido que tanto le gustan al hijo que ha vuelto de un viaje de *quiénsabedónde* para volver a Madrid justo al tiempo de un atardecer en donde todas las miradas le dedican unos segundos a la serena contemplación de la tela de nubes donde los colores se funden con las últimas ligeras llamas de una luz que parece cerrarse en el párpado del horizonte para que nadie olvide que la felicidad sólo dura unos instantes, aparentemente irrepetibles, que sólo se pueden compartir de vez en cuando o, quizá, cada 24 horas.

RIVERO Y COLINA

Andaban sueltos los duendes, allá por donde el Manzanares, allí donde se vuelve entrañable el ensayo de río que evocaba Quevedo y a unos pasos de la capilla del Sordo, sentado como todo un Goya en bronce para de pronto ponerse a bailar en medio de la noche. Se inauguraba un pequeño templo llamado Patanegra y el ingenio incansable de un duende o dueño tuvo a bien convocar a José Rivero y Javier Colina para recordarnos que el piano a solas con un contrabajo se convierten en una instantánea unidad de cuidados intensivos. Dos genios izados a las cuerdas de un contrabajo que resucita cualquier corazón y un piano que parecía electrocardiograma o sismógrafo. Entre la improvisación y la contradanza, entre el silencio y la descarga de notas en taquicardia, la noche se volvió Caribe y no había un solo comensal con los pies quietos, sin sonrisa en la cara y un aroma de sana melancolía.

Ha tiempo que todo lo que toca Pepe Rivero lo vuelve oro sobre Steinway y las teclas de simulado marfil se vuelven la escalera al cielo que soñaban los ancestros: es capaz de insinuar una melodía envuelta en un *tumbao* hipnótico y luego enredarlo todo en un remolino de recuerdos clásicos, como si Chopin se soltara el pelo en La Habana y lo que podría ser no más que una mazurca se convierte en un bolero sensual. Ha tiempo que Javier Colina debió ser declarado Patrimonio de la Humanidad, mucho más allá de la sincronía que estableció con Bebo Valdés, sus diecisiete dedos de la mano derecha y sus catorce yemas en la izquierda hacen llorar o reír al más grande de los violines, ese violonchelo obeso que se llama contrabajo y que él domina para rima de su apellido con arco o sin él; cuando es con arco, parece que llora toda canción y cuando es con las huellas digitales no hay *tempo* que se quede quieto, entreverando —Colina y Rivero, Rivero y Colina— el *Son de la Loma con Manisero*, y el negrito se duerme soñando que no está tan lejos Madrid del corazón del mundo que canta a coro los pétalos de un lindo capullito de alelí o el mantra que nos mantiene a todos boquiabiertos, con esperanza renovada por culpa de un pequeño santuario de música que recién se estrena a la vera de un río en pleno Madrid de todos los tiempos para abono de una utopía palpable donde cada nota parece cantar que sí es posible la amistad a primera vista, la callada sonrisa de la empatía y la serena felicidad fugaz de la música que brota cada vez que se juntan como milagro el piano de Rivero y el bajo de Colina para insistir que todo, absolutamente todo, nos dice *Quizás*.

MIS AMIGAS ALADAS

Entrañables e insolentes, presumidas y silentes, volátiles y taconeras, mis amigas son quizá el primer síntoma de una callada demencia. Las observo cuando se reúnen en tertulia con el pretexto de compartir el pan y veo cómo aíslan a la cojita y a la que tiene una herida en el pequeño cráneo que parece la huella de una hélice, no de avión sino de ventilador. A menudo, vuelan raso y pasan zumbando las orejas de los paseantes y se frenan en pleno chisme para aterrizar como si conquistaran por primera vez el palmo del sendero en un parque o la mancha de una acera recién lavada.

Me gusta verlas cuando hinchan el buche y sacan el pecho como presumiendo una verdad desconocida o fardando plumas como joyería de fantasía y luego, cuando caminan lento cumpliendo ese secreto pacto que establecieron hace siglos con los vehículos: así venga pitando el autobús, la moto o el cochazo del año, ellas eluden el desastre con un ligero paso por peteneras, como brinquito de Lola Flores y siguen husmeando las grietas de la civilización como si nada. A menudo, viajo incluso distancias largas a los santuarios públicos donde aparecen parvadas que parecen ya amaestradas en una luminosa coreografía digna del Cirque du Soleil; allí donde con unas cuantas semillas en las manos convierten a los niños en estatuas y sus padres en humanos adornados como querubines de un retablo viviente, colgadas de las palmas de las manos como pintura barroca y montadas en el cráneo de los incautos. Me gusta escucharlas en coro, con ese murmullo de sonsonete que parece que se enreda para hipnotizar la tarde o calmar el insomnio y pienso que esa música ha de ser el himno agradable de la demencia o el delirio, cuando se arrejuntan las nostalgias y entre sus alas se esconde la etimología de la palabra saudade.

De vez en cuando es envidiable su particular manera de volar, cuando sus alas parecen dibujar un ángulo que no se observa en reposo; y luego, parece que no quieren volar y que se burlan de los gorriones pequeños que tienen que invertir más batidos a sus alas pequeñas y supongo que hay carcajadas inaudibles cuando escuchan al pedante que presume de los beneficios cinematográficos de los drones que ya parece que todo se filma desde arriba, desde el punto de vista que ellas dominan desde hace siglos, cagándose en los cráneos de bronce de los próceres más diversos y recorriendo leguas miles con el silencioso imán del viento... efectivamente, parecen palomas todas las ideas de las que hablo.

MERCI, OTRA VEZ

Cuando llegó le escribí las gracias por haber despertado del letargo al vestuario y haberle devuelto la esperanza a las gradas; ahora, le celebro la serena dignidad con la que se despide, los nueve títulos en dos años y medio, la leve sonrisa, la responsabilidad en la derrota y la humildad en los triunfos, el donaire con el que resolvía muchas ecuaciones e incluso, los atrevidos cambios de experimentación.

Dicen los que saben y al parecer, Vuesa Merced lo confiesa, que la táctica balística no es precisamente su especialidad y que tiene cuadrículas básicas en materia de defensa, trinchera y retaguardia, mientras que en el orden de la creatividad en la llanura, repartición de responsabilidades y juego, cobertura de la esfera (que bien puede ser un balón o un planeta) recuerda Usía sin mácula las épocas que Usted mismo reordenaba el orden del Universo con repentinos cambios de juego, un carrusel personal al girar sobre su propio eje, girar la esfera con la planta del pie y luego lanzar una propuesta de treinta metros de largo o bien, esperar que venga volando de la banda un Aleph pintado de estrellas para impactarlo y convertirlo en vértigo que se anida en la esquina más entrañable de una red cuadriculada ya en la retina... y todo eso se transpiraba en el vestuario con los jugadores que lo respetan por admirarlo y que obedecen por creer en el ánimo que contagia no sólo con el hablar pausado, sino con esa mirada que alumbra.

Merci, Zizou, otra vez y muchas por las tres consecutivas Copas de Europa que ahora llaman Champions, por los dos Mundiales de Clubes, dos Súper Copas UEFA, una Liga y la Súper Copa Española, un menú que intenté pedir en el mostrador del Burger y me lo negaron por el elevadísimo valor calórico que puede provocar mareos y alta tensión, engreimiento y soberbia en los mortales que no somos ecuánimes y magnánimos como Vuesa Merced, que como jugador eligió la mejor coyuntura aunque quizá no la mejor forma para salirse del gran circo de una Final en pleno Mundial o el ligero remate de cabeza con el que se despidió del Bernabéu vestido de blanco o la suprema elegancia con la que volvió a ese templo con trajes de sobrio azul, ecuánime hasta en los goles de último minuto y sonriente en las glorias intemporales que ahora parecen tatuarse en no pocos paisajes de Madrid: allí en los parques donde los niños ya se saben su nombre de memoria y los viejos recordamos los milagros que hacía en la cancha y el papel ejemplar que realizó siempre como director de orquesta, al filo del césped, en el diminuto rectángulo donde siempre se le vio animando al equipo y elevando la esperanza de miles de personas. *Merci.*

FLORECER

Durante días que se volvieron meses, la orquídea parecía languidecer como una delgadísima mano de esqueleto. Tallos como hilos sin alma, fideos erguidos por un inexplicable afán de mantenerse estirados y una breve cama de tierra enmohecida por donde se perdían sus raíces invisibles y sin embargo, un día y dos días después, Sebastián daba de beber a la planta y le hablaba a las pequeñas ramas con un aliento que era metáfora de lo que hace él mismo con todo lo que hace: ensayar metódicamente el piano o acompasar el ritmo de una melodía con un bajo eléctrico, tanto como hacer la compra y luego cocinar como chef y gozar cada comida como metrónomo de la vida que se va sumando por minutos sobre el pentagrama del tiempo. Eso es: cuidar una planta es también un espejo de vida, de cuidarse a uno mismo y velar por hidratarnos toda sequedad y mantener la esperanza, más que ilusión, de que hemos de florecer.

Allí donde parecía palo seco de pronto sonríen los racimos de unos pétalos en colores, como yemas de los dedos al escribir sobre un teclado o intentar por enésima vez una sonata callada que poco a poco va reptando por un Madrid iluminado por amables lloviznas y cursos de Sol que fertilizan el mejor ánimo para crecer y recrecerse. Allí donde se anidaba en seco la raíz de un poema o el proyecto de una conversación, poco a poco se fue hidratando el libro que ahora se presenta y los primeros pasos de una felicidad aunque sea fugaz; el parche de tierra que deja de sufrir la sed o el frío del invierno que ya se esfumó se convierte en primavera y en el quicio de una ventana, la orquídea parece amanecer en carcajadas de flores bicolores.

Bastián se queda hablando con la orquídea con el mismo idioma con el que habla el perro que lo mira hipnotizado como un dios. Tendidos, pasan las horas en un silencio que encierra todo el misterio del que intento hablar: la niña que ya come por su propia mano, el bebé que escucha los sonidos del mundo a punto de nacer, el cuento que va cuajando en párrafos lentos y el paseo que dan por las tardes unos ancianos enamorados que llevan boina y pañoleta como para contener todas las hermosas palabras que los unen en vida y sí, parece entonces que la palabra florecer es también sinónimo de agradecer. Hablo de esa gratitud que tiene la orquídea al responder con flores el cuidado paciente que se le ha conferido durante días que son meses, todo el tiempo que se alarga para dar fruto en el sencillo milagro de hacer que aparezca un pétalo o un verso allí... donde no había nada.

LA ILUSIÓN TAMBIÉN ES VERDE

No sólo la esperanza; sucedió en Moscú la confirmación de que la ilusión también se viste de verde. Hablo de la determinación, empeño y entrega de los jugadores mexicanos al derrotar a Alemania, campeón del mundo y sinónimo de arrolladoras perfecciones, pero hablo también de millones de niños y por lo menos, cuatro generaciones de mexicanos que vivimos ya la ilusión cumplida de ganarle por primera vez a una selección alemana en un Copa del Mundo (donde ellos acostumbran quedar, si no campeones, subcampeones). Dicen los sensores que el brinco de por lo menos 22 millones de personas provocó un pequeño sismo en la Ciudad de México y supongo que –de haberles permitido un televisor en sus celdas—los tres mil niños migrantes que se encuentran separados de sus padres en la frontera con los Estados Unidos quizá pudieron gritarle gol a los barrotes, como confirmación de que la ilusión no tiene nada que ver con todos los que creen en falsas definiciones de raza pura; hoy, la pura raza le dio la vuelta a la tortilla y en una jugada asombrosa, puso al mundo de cabeza.

Durante los primeros cuarenta y cinco minutos parecía que el estadio Azteca se había ido flotando a la sombra del Kremlin y se cantaba el *Cielito lindo* con un coro de miles de sombreros, como si el mariachi sonara mejor con balalaikas. El equipo de Alemania jugó esa primera mitad como jugaba antiguamente México: intimidado, amedrentado, dependiendo del contragolpe, asombrados ante los regates y desubicados por un enjambre de toques en taquicardia que provocaron el hermoso coro de *Olé* cada vez que triangulaban los mexicanos el balón entre ellos.

El gol merece un párrafo en tinta de oro: la cancha como bandera, el espacio largo y abierto como paisaje de novela de Rulfo, el breve guiño de un cuento de Fuentes al recortar a Mezut Özil y esperar como versito de Paz la llegada de Kroos para entonces fusilar al portero como ensayo de Alfonso Reyes. Todo un galimatías de *Cantinflas* envuelto en el producto del toque y los relevos, las líneas avanzando como si la Revolución Mexicana le pusiera el ejemplo a los bolcheviques en la entrada del Palacio de Invierno... y el mérito compartido por todos los verdes en la cancha, de pronto cristalizado en la bota de un jugador que se apellida Lozano y cuyo nombre (Hirving) lleva la H muda que cambia la ortografía oficial y de paso, acepta el apodo de *Chucky* en alusión a un muñeco asesino.

Allí está el detalle. Se enrevesó el orden del mundo con el milagroso miligramo de milisegundos en los que el *Chucky* anota el gol ya histórico, tanto como el milagroso vuelo del portero Francisco Guillermo Ochoa (el que había hecho milagros hace cuatro años ante Brasil en Brasil) y que ahora atajó el frustrado empata que intentó Kroos a balón parado. En la nerviolera hubo momentos en que los teutones parecían el reparto estelar de una película hitleriana y pausas de una reposada calma donde parecía que los mexicanos sólo querían aguantar el tiempo, recurrir al contragolpe y a punto estuvieron de meterle otros dos sustos a la maquinaria perfecta de la Novena Sinfonía, con una picardía de son jarocho que lamentablemente no llegó a las redes.

Se olvida entonces el refrán de que la selección de México "jugó como nunca y perdió como siempre" para empezar a digerir un futuro donde quizá podamos ganar como se merece quién se apoya en sus pares, quien se concentra en lo que tiene que hacer (a pesar y por encima del bochornoso reventón con el que se despidieron de México al viajar al Mundial) y quienes no se intimidan ante las columnas supuestamente inamovibles de eso que llaman el primer mundo. En el recurrente pesimismo mexica se decía desde hace semanas que nuestro equipo era capaz de ganarle a Alemania y luego, perder inexplicablemente con Corea. Lo dudo muy sinceramente, pues a mi parecer, el Chicharito ya trae el peinado de Kin Jong Un y sus compañeros el ánimo convencido de que somos capaces de saltar por encima de cualquier muro para demostrarle a millones de niños −o esos tres mil detenidos en la frontera norte−que México es un gran país, lleno de virtudes y verdades, paisajes y párrafos, ingenio y sonrisa, colores que se comen y canciones que se lloran, pintando de verde las gradas de cualquier estadio porque ya se sabe: para bien y para nervios, jugamos de local.

CIBELES COMO ADELITA

Imaginemos que el equipo de México avanza en el Mundial de Rusia a niveles de consideración ejemplar y —en tanto no le toque enfrentarse a España— en un acto de asombrosa hermandad la Cibeles se pone carreteras de balas para cruzarse el pecho, un rebozo de bolita y el sombrero que la alivie de los golpazos del sol. En ese ánimo, llenamos de trajineras de Xochimilco el estanque del parque del Retiro y declaramos *Chicharitos* a todo joven que porte corte de pelo a Kim Jong-un (táctica secreta para el partido contra Corea). Por unos días, al Cascorro de Lavapiés le ponemos el mote de *Chucky*, por travieso y por las llamas; y en plena plaza Mayor instalamos un playlist constante de mariachi en directo.

El milagro se completaría con un carro alegórico que recorriera la otrora Gran Vía (hoy convertida en Estrecha) y en el techo, un piano de cola donde Armando Manzanero interpreta en directo *Esta tarde vi llover* entre lluvia de pétalos de bugambilias moradas, mientras el asfalto está alfombrado de claveles y Agustín Lara va vestido de verde. Imaginemos que todos los kebabs se declaran tacos al pastor y que en el Jardín Botánico preparan un mole de guajolote que provoca largas filas hasta la entrada del Museo del Prado, donde desfilan 122 modelos disfrazadas de Frida Kahlo y 123 gordos clonando a Diego Rivera; aprovechamos el paseo de la Castellana para una fiesta charra con todo y alazanas, rayadas de caballo y el paso de la muerte.

En el colmo del delirio, resucitan todos los personajes de *El Chavo del 8* en una corrala de Lavapiés y decidimos todos bañar a Hugo Sánchez en bronce para eternizarlo en un rincón de la plaza de Oriente; en un hermoso detalle arqueológico, se coloca la inmensa Piedra de Sol, otrora conocida como calendario azteca, en el mero centro de la Puerta del Sol y se celebra con un contingente florido de 150 indígenas enloquecidos que bailan con penacho y plumas, taparrabo y flautines, a la misma hora en que se inaugura la instalación de unos voladores de Papantla en la plaza de Castilla que asombran al mundo con el vértigo de sus vuelos en homenaje a cada uno de los goles con los que la selección mexicana de fútbol va logrando poco a poco cambiar el paradigma histórico de la derrota en el insólito sabor de la victoria y España entera se pinta de verde en un acto de compenetrada alegría, deseando de corazón que el Tri de los verdes no se enfrente a la furia de la Roja y todo esto nomás porque soñar no cuesta nada y Madrid es ecuménica villa hospitalaria que bien puede vestirse como la mejor anfitriona posible.

ENCUENTRO IDEAL

Deseo fervientemente que los cuatro equipos que lleguen hasta la ronda final del Mundial en Rusia sean representantes del idioma que se habla con la Ñ, que Argentina y Colombia se repartan el tercer y cuarto puesto al son de la *balaika*, el cuatro y bandoneón, mientras que por un azar maravilloso la final se juegue entre España y México, rojo y verde, chile y guindilla, mariachi y flamenco, tortilla española y tortilla envuelta en tacos. Por la infinidad de semejanzas y diferencias que nos unen supongo que el encuentro significaría un cuplé con neblinas de bolero, un mano a mano de *Chiquito* con *Cantinflas*, un duelo en la niebla entre Jorge Negrete y Torrente o una zarzuela con la Montiel y María Félix, Thalía en paños menores desfilando por la Castellana, al tiempo que Paz Vega hace lo mismo por el Paseo de la Reforma y un discreto mural de metrosexuales trasatlánticos donde se abrazan en gallumbos Alejandro Fernández y Bertín Osborne en un delirio maquiavélico que deja mudo a Putin mientras despeina el copetito naranja de Trump, pues el mundo entero se quedaría azorado con los noventa minutos en Ñ que cuadricularían la cancha a la sombra del Kremlin.

Por un lado, la polémica rechifla y amnistía continua por Piqué (que suena a confesión de chile habanero) y por el otro, la filosofía onírica del guisante cuando el *Chícharo* cierra los ojos; el *Chucky* como entrañable muñeco diabólico abrazado a Isco como un diablito incontenible con la bola en la bota; Héctor Herrera, Layún y Márquez en la estudiantina o tuna estudiantil que canta "Clavelito" a coro con Ramos, Iniesta y Asensio. Sí señores, un delirio gramatical que honraría siglos de imaginación literaria y enderezaría todo el tiempo de nuestra enrevesada relación trasatlántica con el fin de declarar una vez terminado el partido la reconquista de la mitad del territorio mexicano que ahora bardea el imperialismo rancio y deportador, al tiempo que se resuelve el *procés de Catalunya* y el mercado mundial del aguacate. Un frenesí soberbio entre la jota aragonesa y el son de la Negra, el mole de guajolote y los callos a la madrileña, donde millones de niños cambiarían el necio fervor por los videojuegos en inglés por las sanas adivinanzas en castellano o español donde los acentos de todas nuestras regiones se escuchen como una sutil musicalización del alma, con las hermosas palabras que nos hermanan y contra todos los ruidos que nos separan sobre el entramado de esa utopía pasajera y efímera que gira como balón sin costuras, como planeta azul en medio de las tinieblas para que nadie olvide que soñar no cuesta nada.

VIENTO VERANO

Una joven se alzó en vuelo en pleno párrafo de poema en prosa; voló tras las páginas del libro que estaba leyendo y su vestido amarillo parecía el camisón de una musa con la cabellera al aire y una leve sonrisa en los labios que repetían la última sílaba de esa línea que se le fue volando entre dedos, alzándose allí donde el césped verde deja de ser pasto y se convierte en pavimento, acera de las calles que parecían también refrescarse con el viento que alzó a la muchacha.

Se trata de Viento Verano, la brisa que alivia el sopor del calorón de Madrid como regalo de la sierra para limpiarle el maquillaje empolvado que se le queda en las mejillas a las estatuas y simular entre las ramas de los miles de arbolitos urbanos un pequeño aplauso de hojas verdes que van escuchando las conversaciones ajenas. Viento Verano que pasa por la frente para limpiar las gotas de sudor de las señoras de antaño que siguen con medias hasta la rodilla, del brazo de sus fantasmas jubilados que insisten en llevar corbatines de verano y ligeras tebas de tela como gasa para no perder jamás la elegancia, incluso cuando parece que caminamos por senderos del mismísimo

Infierno con las altas temperaturas que jamás superan las que mentamos de memoria. Viento Verano que acompaña lascas de hielo que se van derritiendo en un glorioso granizado de limón o las rocas que flotan en un café y Viento Verano que arrebató el libro de la mujer que va volando tras la página donde alguien narra el olvido de un invierno y la melancolía constante de los amores contrariados, los horarios de las personas que jamás pueden faltar a sus deberes para escaparse en pos de una musa que va volando por el paisaje de un Madrid entrañable, poblado de sudorosos peregrinos que salen a pasear sus pensamientos en medio de una calma chicha, en medio del mar de la metrópolis, ajenos al clima que lleva a todo trapo el taxista que parece sonreír ante el paso de cebra por donde flotan las mujeres que se alzan en vuelo como sueños casi casi palpables en busca del verso que van deletreando entre sus cabellos sueltos, con las manos al frente y los pies descalzos porque las sandalias se han quedado sembradas en el mínimo espacio de cemento o césped donde se alzaron de pronto con el aliento del viento impredecible que de pronto aligera la temperatura de todo rencor posible. Viento Verano se debería llamar la chica que de pronto toma el libro en sus manos y se lo pega al pecho como un relicario recuperado y baja al suelo para seguir andando descalza siempre a unos metros de distancia por delante de quien intente abordarla, mientras ella retoma el camino con el libro entre las manos y la secreta seguridad de que nadie, en realidad, conocerá su verdadero nombre.

MICROSCOPIO

Ése que ronda Madrid sin rumbo y ésa que se detiene a media acera para mirarse clonada en maniquí de vitrina; aquél que parece hablar a solas y la ninfa que repite lo que escucha en los diminutos audífonos inalámbricos y también aquéllos que insisten en gritar tonterías como equilibrio verbal sobre los pasos de cebra y el gordito que se ha quitado la ropa para asolearse a la vera de un arroyo inventado en pleno parque de El Retiro y la doña que deambula del brazo de su difunto marido, fantasma impalpable que sin embargo le sigue la conversación en este verano que se prolonga como lánguido atardecer de somnolencia y el niño que da sus primeros pasos el mismo día en que estrena unas gafas de color rojo con las suficientes dioptrías como para que aprenda el nombre y textura de todas las flores o mejor aún, ésos que van cantando viejas canciones de zarzuelas y ésas que rodean a la amiga que parece embarazada o ellas mismas redactadas en tinta en una página de un solo párrafo en medio del capítulo ya casi olvidado donde una joven hoy anciana decidió esconder el pétalo ya reseco de una flor sin olor y ellos, todos, algunos que van en fila por la escalera que baja al Metro en la antigua estación de Gran Vía para verificar si se mantiene la sepia de las viejas fotografías donde ellos mismos creen aparecer en un ayer que ya no parece recuerdo... ésos, todos, algunos, son el reflejo de uno mismo que se multiplica con sólo recorrer en medio del trajín pesado de los calores el sendero largo que se va iluminando con el sol más intenso por los rincones inverificables del Barrio de las Letras hasta desembocar en un callejón de papel que conduce a la Plaza Mayor y se abre como abanico a las faldas del Palacio por donde parece que todo mundo se reúne para celebrar cada atardecer y acercarse al anciano templo egipcio por donde en unas cuantas horas ha de verificarse el amanecer de otro día de verano por el ojo de la aguja de las piedras que se alinean al borde del Parque del Oeste, cruzado por una góndola de teleférico para que el niño que se asome esta misma mañana pueda verse a sí mismo caminando a la vera del ensayo de río por donde caminará cuando se jubile de tantos espejos que reproducen y multiplican la silueta de todos en fila, bajo el cristal de una plaquita de vidrio donde una lágrima conserva intactos los personajes inéditos, formados en fila, todos a una, todos ajenos y sin embargo, unidos e idénticos para que la pupila inmensa observe de lejos el raro fenómeno donde nos multiplicamos todos, cabemos todos y somos lo que somos... vistos en la clarísima definición de un finísimo microscopio.

TETILLA

Quizá la vida misma no sea más que el oscilante antojo de un queso de tetilla o quizá simplemente, no completé mi formación en pecho. Descubro que hay momentos en que me quedo mirando al vacío y se materializa en las pupilas el discreto encanto de un queso de tetilla: su delicada forma (que un gringo confundiría con un *Kiss* de chocolate Hershey), el discreto baño de cera que hay que pelar como si fuera la piel de una pera y la tierna consistencia del manjar que se disuelve en el paladar con ecos vacunos de paisajes publicitarios.

He viajado al otro lado del mundo con un tetilla envuelto entre los calcetines de la maleta, confiado en que las bajas temperaturas de la panza del avión evitan su disolución y llegué a México para convertir ese manjar en quesadilla y derretir una de sus lonjas en un sopa azteca. También pensé llevarlo a bordo de la nave y cimbrar de envidia a los demás pasajeros, mientras ellos aliviaban su tedio y angustias con cacachuetes, yo iría saboreando el divino placer de ese queso gallego tan moldeable y feliz, tan etéreo y esotérico que hasta parece adrenalina de meiga, anatomía perfecta de una musa de bolsillo que va susurrando leyendas antiguas por cada una de las papilas gustativas hasta dejarte mareado con fabulosas narraciones que hablan de un mundo donde todos los duendes portan un gorro tipo tetilla y la realidad misma se cubre con esa capa de cera que hay que cortar con esmero para no mancillar la pulpa suave de la tetilla que viajaba en la panza de un inmenso avión para subrayar el sentido del viaje mismo: vine a México para ver a mi madre e impartir un taller de cuentos.

Edipo sabrá mejor que yo qué raro atavismo de los afectos, en estos tiempos tan políticamente correctos, impide la comprensión total de la teoría freudiana, pero algo tiene de sustento y alivio, placebo y placer, viajar con un queso de tetilla hasta las faldas entrañables de la casa de mi madre, la contemplación fugaz de las musas y el calor de la Ciudad de México tan diferente al calorón de Madrid, a donde pienso volver en breve no sólo para comprar otra dotación del manjar de leche y sueño en forma de discreto seno sustancial, sino también para imprimir los cuentos que impartí en el taller con el necio afán de amamantar la imaginación y seguir prendado al ensueño de soñar párrafos como si fueran quesos deliciosos, derretidos en el plato limpio de la memoria.

UN COLLAGE EN UNA CAJA

Habrá testimonios diferentes o divergentes, pero tengo ya graba-do en piel que Marie José Tramini, diré mejor: MarieJo Paz siempre me habló con sonrisa. En la primavera de 1989, en una semana de homenaje al poeta Luis Cernuda, me hice amigo de MarieJo y Octavio Paz y a no pocos consta que fue la dama francesa, mexicanizada en no pocos gestos y palabras, la que fomentó, fertilizó y fortaleció mi amistad con ambos, hasta el Sol de hoy. Gracias a ella, se abrían espacios en la agenda del inmenso poeta –antes y después del Nobel, con o sin relación a los temas de la revista que dirigía— y gracias a ella, pude ser comensal de confianza en sobremesas donde los manteles olían a pólvora o a flores. Era una pareja ejemplar, pero es el tiempo de celebrar las cajas que hacía MarieJo y los poemas que firmaba con seudónimo, la sombra que levitaba detrás del hombre al que se entregó en cuerpo y alma, la Musa con mayúscula del grandísimo Poeta y Ensayista que, cabellera rubia al vuelo, tenía una sensibilidad genuina y propia, una inspiración particular y un pequeño universo de símbolos y lentejuelas, hojas secas y postales diminutas que acomodaba en cajas como quien amueblaba los pasajes de la memoria, los recuerdos de toda una vida y el paisaje de la India.

La elegancia con la que siempre atendió las necedades de los autores jóvenes, la enrevesada cuadrícula de la vida de las letras, la sombra del poder, el aluvión o envión del Nobel, la soledad y el silencio y la amabilidad impagable de escribir o llamar para comentar artículos, conferencias o simples textos que cualquiera ofrendara a la memoria de la vida y obra de Octavio quedan como pequeñas joyas que intentan honrar hoy mismo el vacío. Nunca mejor dicho: descansa en Paz, MarieJo... *Merci pour tout, Madame.*

LA SUAVIDAD DEL ASFALTO

Lejos de Madrid, se echa de menos la suavidad del asfalto, las aceras que parecen afeitadas en cuadritos y los senderos sin cráteres. Por decir un ejemplo, la ahora CDMX antiguamente conocida como DF, sigue siendo no sólo la capital de México (que se escribe con X) sino la Reina de los Baches, hoyancos y lunares de cemento que parecen confirmar que no hay allí una sola calle, callejón, bulevar o ancha avenida que esté lisa como alfombra y –sin malinchismo alguno—el viajero evoca entonces la tersura de la Princesa, el vetusto terciopelo de Recoletos, la moqueta de Castellana como alfombra roja para daltónicos recién llegados a Chamartín y se van recreando los paseos por calles del barrio de Salamanca o laberintos leves de Chamberí e incluso Malasaña, que se oponen a las banquetas levantadas de San Ángel o Coyoacán por las groseras raíces de jacarandas entrañables o bugambilias increíbles.

Terso asfalto por donde vuelan ciclistas por el Parque del Oeste y suave oleaje de la Gran Vía cada vez más estrecha y peatonal, con al menos dos carriles para que hagan su lenta fila los automóviles que olvidaron que es mejor no circular por allí. Liso y lánguido el recorrido por el Paseo de la Habana y si acaso surge un hoyo por el calor, la lluvia o la estampida imprevisible de un club de obesos, se nos olvida que Madrid lo maquilla al instante, como operativo municipal contra el acné o la viruela urbana o bien, como si quisiera volver a pedir las Olimpiadas con o sin el rico café con leche.

Villa y Corte de caminitos y cuestas, rellanos y pendientes, de un asfalto que parece tan hospitalario como el agua fresca o la ensaladilla en la nevera; honra y prez de los pasajes sin precipicios, la andanada sin acantilados y los multiplicados paseos que permiten a cualquier paseante el bello arte de andar sin tener que detener las dioptrías o las pupilas sobre el camino.

Evocación que alivia el antojo de volver a caminar Madrid, tan sólo para confirmar la tersa suavidad de sus asfaltos... hasta que el agua del azar dicte que por un despiste, se pierda paso y se vaya uno de bruces, dándose con un canto en los dientes o con el filo más agresivo en la pantorrilla. Allí es cuando la escenografía o armadura del ensueño madrileño nos recuerda la dureza de las calles, la desolación de los portales donde duermen los desheredados y la agrietada realidad que ha ido tatuando sus carreras de siglos con el paso de todos los fantasmas que soñamos tan sólo pisarla.

LA SECRETA MANTEQUILLA

Hay un breve santuario en la calle del Conde de Aranda, corazón de Madrid, que honra el milagro del paladar y de paso, del alma. Se llama Café de París o L'Entrecote, pues es el único plato fuerte que se sirve en el templo: para abrir boca, una ensalada escanciada con un aliño tan secreto como el vinagre y luego, cada comensal sólo tiene derecho a elegir el término de la carne, siendo el único protagonista de la carta y en lo que espera la llegada de la ofrenda, generosa ración de patatas a la francesa. Ahora bien, lo saben los chefs de prestigio y mi tía Enedina: el secreto de toda cocina está en las salsas y el Café de París finca su grandeza en el origen de esa salsa mágica qur tuvo su origen en Ginebra, Suiza y que no es más que la rara mantequilla que baña el entrecote, un pedazo de buey que se viste de espuma láctea, derretida con el encanto de la nostalgia.

Dicen que fue en 1930, en Le Coq d'Or de Ginebra donde nació la salsa, idea del matrimonio Boubier, que heredó el secreto a la siguiente generación y nació el misterio de Café de París, que tiene selectas sucursales en cinco o seis ciudades del mundo, menos en París. Si acaso hay parroquianos que no pueden vivir sin un menú que ofrezca muchas más opciones, la casa ofrece una digna lista de postres y generosa lista de vinos, mas el pedazo de carne que embelesa a los visitantes se mantiene como el único plato fuerte de la casa y tengo para mí que no se precisa de otros, porque aquí siempre he comido rodeado de camareros en sonrisa y pajarita elegante, entre terciopelo rojo y mesas que resguardan las mejores tertulias. En aquélla esquina, un hombre canoso remata por tercera vez en su vida el segundo tomo de un delirio que firmara Marcel Proust hace un siglo y en la mesa aledaña, un trío de jóvenes emprendedores definen un viaje a la India que ha de terminar en un monasterio en el Tibet; envueltos en una mirada ya común, una pareja parece signar el pacto que ya habían establecido entre ellos desde hace décadas y en la solitaria mesa de la entrada, una dama llora sobre la última carta que dejó sobre la cama una bailarina del Bolshoi, de paso por su vida.

En una reciente efervescencia tuve a bien vivir –por rara vez en vida—que una mujer se levantase de su lugar y me abrazara como si fuera Nochevieja: le acababa de confiar el destino de dos nuevas novelas que ya se van a la imprenta, la navegación feliz de otros libros en cocción y la anhelada organización de un posible futuro y, de pronto, dejó por un momento la carne en tenedor y me abrazó. El camarero de sonrisa creyó que era romance y no erraba: era mi hermana y el secreto está en la mantequilla: sabor entrañable de los afectos incondicionales.

PROPONGO UN MAR

A la serena perfección de Madrid no le vendría mal un mar. Sobre todo, para los veranos en que se repiten días de canículas inclementes —¿quién dijo que cae el sol de justicia?— donde el hedor de axilas propias y ajenas hipnotiza lentamente al náufrago que arrastra sus alpargatas sobre aceras hirvientes, chiclosas y recubiertas de esa temblorosa gelatina que destilan los espejismos. Propongo la ilusión acuática de exagerar el río Manzanares con un torrente fresco cuyo caudal no entorpezca ni un segundo las miles de vidas que viven a la vera de lo que se burló Quevedo, y que esa zona llamada Madrid Río ofrezca el milagro de que el Matadero sea también Embarcadero de floridas trajineras como en Xochimilco, hamacas en las afueras de los teatros y unos cocos helados que alivien tanto tartamudeo y toda la sinrazón en la que nos hunde el calorón.

Propongo un mar allá por los rumbos del estadio que llaman Wanda Metropolitano, bordeando el inmenso crucigrama del aeropuerto Adolfo Suárez-Madrid Barajas como una deliciosa postal con la sierra al fondo, veleros al vuelo y discretos chiringuitos que repartan hielo en cucuruchos. Un mar que pueda bordear el palacio de la Moncloa y bañar los muros de la Caja de Cerillas, esa entrañable Facultad de Geografía e Historia donde no pocos doctorandos investigan los magníficos tiempos en que un monarca quiso hacer navegable la ruta Madrid-Lisboa, cabalgando sobre el río Tajo, desde la estrecha serpentina que rodea Toledo hasta ensancharse tanto que cambia de vocal en Portugal.

Imaginemos el alivio de inundar el Valle de los Caídos y que todo eso quede como una Atlántida mas no de Amnesia, y que a pocas hectáreas del monasterio de El Escorial emane el canto de las olas, la espuma de una frescura ambulante o, incluso, intermitente: ¿por qué no pensar que el mar de Madrid puede ser transeúnte? Un mar para los veranos que se congele en inviernos y se guarde en el trastero de un páramo en Parla, una covacha en Aluche o en los bajos de Argüelles. Mar de quita y pon, inflable como colchón para visitas, que añada una emoción particular al concepto de desembarcar en Atocha, soltar amarras allá por Chamartín y bogar por días enteros mirando flotar el Pirulí de la TVE como pajita, la Puerta de Alcalá como compuerta, Cibeles en lo suyo y Neptuno más feliz que nunca. Un mar inmarcesible, impalpable o bien imaginario, que se extienda como el atardecer en el Templo de Debod, volviendo inmenso crucero de repostería al palacio de Oriente, con los acantilados de la ronda de Segovia y quizá la mejor protección para eso que llaman golpe de calor.

GANAS DE DUMAS

Hay días que dan ganas de convertirse en Alexander Dumas, *pére*; urdir la trama de las dulces venganzas de *El conde de Montecristo* o cuajar las aventuras de *Los tres mosqueteros*, luego *Veinte años después* y, de pilón: *El Vizconde de Bragelonne*. Dan ganas de portar una elegante levita que roce las rodillas y cuellos almidonados abrochados al cuello de las más finas camisas de lino. Dan ganas de andar despeinado y llenar libretas y más libretas con impresiones de viaje donde se van anotando los sabores de los postres, las anécdotas al vuelo y la reflexión que podría abonar los enredos de una nueva historia en tinta.

A menudo sucede que en los paseos de Madrid, parques y plazas o bien aceras anónimas, se vuelven escenarios de encuentros caninos. Hay paseantes que aprovechan la circunstancia para abrir una conversación entre adultos, como si los dueños de toda mascota signaran el compromiso casi político de tener que congraciarse con los dueños del animal en turno, que en ese momento está siendo olisqueado por su propia mascota. Hay tertulias perrunas en las áreas arenosas de ciertos parques en donde los canes ladran libremente sus entendederas y rara vez, empiezan los gruñidos que podrían prefigurar un desaguisado entre colmillos. Es entonces, cuando se le concede a todo escritor el sueño de volverse Dumas.

Sucede que el gran Alejandro Dumas, padre, visitó Madrid en 1846, invitado a las bodas de la hermana de Su Majestad la Reina de España con el Duque de Montpensier, uno de sus mecenas. En esas andaba, cuando a la mitad de un recorrido por la calle de Santa Ana, la calesa donde viajaba el inmenso escritor ya no pudo avanzar por un tumulto que inundaba las calles de ladridos, carcajadas y alaridos de espanto. Los alaridos venían de la garganta de una marquesa cuyo perrito pequinés estaba siendo atacado vilmente por un *bulldog* sin dueño a la vista, pero con mandíbula de acero. Dumas decidió portarse como D'Artagnan y bajó presto de la berlina para envolver la diminuta cola del *bulldog* con un pañuelo y pegarle un mordisco. El malencarado perrazo atacante abrió las fauces y el pequinés saltó aliviadamente al regazo de su dueña la Marquesa, quien al día siguiente —ya sabiendo quién era Dumas— ofreció no solo recompensa jugosa, sino incluso, su mano en matrimonio. Dumas evadió la embestida, casi como hizo con el *bulldog*, una vez que le mordió la cola: lo lanzó a siete metros para asombro y aplauso del *populis* madrileño que lo vitoreaba sin imaginar que el lance digno de literatura tendría casi todas las aristas de lo políticamente incorrecto apenas siglo y medio más tarde.

ELOGIO DE LECTORES

Quiero celebrar al hombre que va tallando las páginas de este diario sobre la mesa de un bar hasta dejar cada plana como piel de papel cebolla, y a la señora que inicia sus días con la yema del índice sobre la pantalla de su *tablet* para enterarse del mundo; quiero agradecer a los tertulianos que conforman un criterio en conversación, argumentando el entrecejo con el diario abierto en la página que los apuntala, y al joven universitario que, a pesar del verano, no pierde huella de las noticias ni de las opiniones que todos los días contrasta y refracta sobre la sábana del diario que ha comprado con sus propios ingresos desde hace apenas tres años, y quiero honrar a los lectores que coleccionan el magacín dominical y al gran solitario que no se pierde una sola columna de un sabio y a la mujer que recorta, como antología, cada artículo que es columna de un novelista cuyos libros ha leído desde por lo menos tres lustros. Quiero que estas líneas conformen un solo párrafo donde pueda elogiar la fidelidad de quienes empezaron a leer estos papeles cuando aún no pintaban canas y a los quiosqueros que no solo lo venden, sino que lo leen con el afán de insertar algún que otro comentario con el comprador infalible o el paseante incidental o el suscriptor sin suscripción o el restaurante abonado, y sólo quiero felicitar y agradecer a quienes aún perciben la diferencia entre la redacción de un mismo hecho, la diversidad de criterios, la libertad de información y opinión en un país donde las tertulias de televisión han optado por la interrupción, el volumen y el embotellamiento verbal, y también quiero celebrar con gratitud a los miles de lectores que han internacionalizado no solamente la pulpa esencial del diario, sino la prosa y sus variedades con las que se escribe: los giros de todos los acentos, las palabras de cada paisaje, la pluralidad multiplicada del diario con el que siguen descubriendo sílabas los más jóvenes lectores, los niños que quizá lo leen con el auxilio de crayolas y los estudiantes que aprovechan las traducciones a otros idiomas para practicar como políglotas, y también a los políticos que miden sus políticas con la taquicardia diaria del diario y los deportistas que quizá ensanchen su vocabulario de vestuario con las declaraciones que leen en tinta, y a la discreta bailarina que ha leído cada reportaje de viaje en las páginas donde envuelve sus zapatillas o el marchante que antes de envolver pescado entre la manta de tipografía ha leído, al filo del muelle, el decurso de un crimen como quien lee un cuento de detectives infalibles, y quiero celebrar a quien lleva este diario enrollado bajo el brazo en el trayecto invariable de 14 kilómetros subterráneos o el que lo abre en una esquina y lo lee de pie, e incluso quiero celebrar a quienes aseguran ya no leer las páginas de este diario y sin embargo lo citan porque, de todas formas, ya se volvió parte inextricable de la vida misma.

ADANA Y EVO

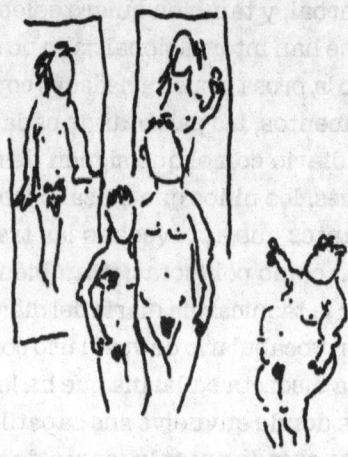

En el colmo de la confusión de nuestros tiempos una parejita decidió desnudarse ante los cuadros de Adán y Eva que pintó el alemán Albrecht Dürer en 1507. Los óleos sobre largas tablas de madera tienen su historia: fueron ideados en Venecia, calculados milimétricamente como modelos para representación de la perfecta proporción del cuerpo humano, según el ideal clásico. Alberto Durero los vendió al Ayuntamiento de Nüremberg y de allí, se regalaron al castillo de Praga. Saqueados durante la Guerra de Treinta años, Adán y Eva llegaron a manos del rey de Suecia y, en 1654, la reina sueca Cristina los regaló al rey español, Felipe IV. Dos siglos después, estuvieron a punto de ser quemados por órdenes de Carlos III, que los consideró algo así como degenerados o por lo menos, obscenos, pero se salvaron de las llamas y, luego de quién sabe cuántos años encerrados en la Real Academia de San Fernando, llegaron al Museo del Prado en 1827. Demasiadas expulsiones del Paraíso, diría Manzanero.

Ahora, la parejita de *performanceros* (de cuyos nombres no quiero acordarme) lograron luego de un intento fallido hace dos años, encuerarse frente a las tablas de Durero y redefinir el enredo, pues Él se hizo fotografiar ocultando sus genitales y Ella se ha declarado "biológicamente mujer", sin serlo "realmente". Es decir, lo de hoy es imaginar el Paraíso habitado por Adana y Evo. Los modernos padres de Abela y Caíno lo hicieron para ese gran teatro que nos rodea llamado "Redes sociales" y como batalla contra quién sabe cuántas ideas que consideran infundadas y "constructos sociales" que según ellos resultan ridículos, porque le atribuyen a las tablas de Durero haber instituido la idea de género con las tablas que anduvieron del tingo al tango. Al final, luego de exponerse a una multa de quién sabe cuántos euros, la pareja de encuerados aceptan haberlo hecho como diversión, para salir del aburrimiento y porque la sociedad en general les parece "una parida", pero el numerito suscita alguna duda que podría convertirse en antojo: si para mitigar el impacto y limitar el contagio que este atrevido lance ha suscitado, se programa una noche de visita topless o recorridos en bolas, sugiero tematizar la programación con grupos de *freaks* que quieran mimetizarse con los delirantes personajes del llamado *Jardín de las delicias* de El Bosco y que, por razones de peso y lonjas, me aparten un lugar en el *performance* exhibicionista a la sombra de las gordas que pintó Rubens.

ÍNDICE

Mirafijo	14-jul-17
Veraneo al volante	22-jul-17
Dedos de lluvia	29-jul-17
Síndrome de Sol	02-sep-17
Merecer el Retiro	16-sep-17
Octubre es un espejo	30-sep-17
Mi reférendum	06-oct-17
Tertulia de necios	13-oct-17
Hojas son alas	20-oct-17
No ve...	27-oct-17
Mira, que esconde	10-nov-17
Esto en pantalla	18-nov-17
Mariachi Madroño	24-nov-17
Ciudad que se lee	01-dic-17
Extraña ciudad entrañable	08-dic-17
Dos que son Uno	15-dic-17
Azul y fría	22-dic-17
Elogio del estorbo	29-dic-17
Cabalgata	05-ene-18
`Orwell por O´Donnell	20-ene-18
La sombra de Franco	27-ene-18
Sospechosos	02-feb-18
Barcelona simbólica	10-feb-18
La voz de una imagen	17-feb-18
Algunos pasos	03-mar-18
Ellas	09-mar-18
Llenar el vacío	29-mar-18
Lo de las filas	06-abr-18
Café de Verdad	20-abr-18
Tierno Maestro	28-abr-18
Aparecidos	05-may-18
El cielo es protagonista	11-may-18
Rivero y Colina	18-may-18
Mis amigas aladas	25-may-18
Merci, otra vez	01-jun-18
Florecer	09-jun-18

Café de Madrid/televisión

La Casa del Libro y los Panchos en Gran Vía
Círculos de Bellas y la FIL de Guadalajara
Antonio Muñoz Molina en el Parque de El Retiro I
Antonio Muñoz Molina en el Parque de El Retiro II
Museo Casa Dulciena y Miguel de Cervantes en El Toboso
Lola Larumbe en la librería Rafael Alberti
La ruta del jamón y el piano de Pepe River

www.ingramcontent.com/pod-product-compliance
Lightning Source LLC
Chambersburg PA
CBHW010526100726
47903CB00011B/2907